全国计算机技术与软件专业技术资格（水平）考试指定用书

信息系统管理工程师
2013至2018年试题分析与解答

全国计算机专业技术资格考试办公室　主编

U0366737

清华大学出版社
北京

内 容 简 介

信息系统管理工程师考试是全国计算机技术与软件专业技术资格（水平）考试的中级职称考试，是历年各级考试报名中的热点之一。本书汇集了从 2013 上半年到 2018 下半年的所有试题和权威的解析，参加考试的考生，认真读懂本书的内容后，将更加了解考题的思路，对提升自己考试通过率的信心会有极大的帮助。

本书免费附赠的配套资源为历年试题（2013 年以前）的电子版，请扫描封底刮刮卡中的二维码进行在线练习。

图书在版编目（CIP）数据

信息系统管理工程师 2013 至 2018 年试题分析与解答/全国计算机专业技术资格考试办公室主编. —北京：清华大学出版社，2019.10（2021.9 重印）
全国计算机技术与软件专业技术资格（水平）考试指定用书
ISBN 978-7-302-53911-7

Ⅰ．①信…　Ⅱ．①全…　Ⅲ．①信息系统－项目管理－资格考试－题解　Ⅳ．①G202-44

中国版本图书馆 CIP 数据核字（2019）第 209524 号

责任编辑：杨如林
封面设计：何凤霞
责任校对：徐俊伟
责任印制：宋　林

出版发行：清华大学出版社
　　　　　网　　址：http://www.tup.com.cn, http://www.wqbook.com
　　　　　地　　址：北京清华大学学研大厦 A 座　　　　邮　　编：100084
　　　　　社 总 机：010-62770175　　　　　　　　　邮　　购：010-83470235
　　　　　投稿与读者服务：010-62776969，c-service@tup.tsinghua.edu.cn
　　　　　质量反馈：010-62772015，zhiliang@tup.tsinghua.edu.cn
印 装 者：三河市龙大印装有限公司
经　　销：全国新华书店
开　　本：185mm×230mm　　　印　张：16.25　　　防伪页：1　　　字　数：348 千字
版　　次：2019 年 12 月第 1 版　　　　　　　印　次：2021 年 9 月第 5 次印刷
定　　价：59.00 元

产品编号：084055-01

前　言

根据国家有关的政策性文件，全国计算机技术与软件专业技术资格（水平）考试（以下简称"计算机软件考试"）已经成为计算机软件、计算机网络、计算机应用、信息系统、信息服务领域高级工程师、工程师、助理工程师（技术员）国家职称资格考试。而且，根据信息技术人才年轻化的特点和要求，报考这种资格考试不限学历与资历条件，以不拘一格选拔人才。现在，软件设计师、程序员、网络工程师、数据库系统工程师、系统分析师、系统架构设计师和信息系统项目管理师等资格的考试标准已经实现了中国与日本互认，程序员和软件设计师等资格的考试标准已经实现了中国和韩国互认。

计算机软件考试规模发展很快，年报考规模已经超过 50 万人，二十多年来，累计报考人数超过 500 万人。

计算机软件考试已经成为我国著名的 IT 考试品牌，其证书的含金量之高已得到社会的公认。计算机软件考试的有关信息见网站 www.ruankao.org.cn 中的资格考试栏目。

对考生来说，学习历年试题分析与解答是理解考试大纲的最有效、最具体的途径。

为帮助考生复习备考，全国计算机专业技术资格考试办公室组织编写了信息系统管理工程师 2013 至 2018 年的试题分析与解答，以便于考生测试自己的水平，发现自己的弱点，更有针对性、更系统地学习。

需要说明的是，信息系统管理工程师的考试，每年考一次，2013 年至 2018 年考试都安排在了上半年。

计算机软件考试的试题质量高，包括了职业岗位所需的各个方面的知识和技术，不但包括技术知识，还包括法律法规、标准、专业英语、管理等方面的知识；不但注重广度，而且还有一定的深度；不但要求考生具有扎实的基础知识，还要具有丰富的实践经验。

这些试题中，包含了一些富有创意的试题，一些与实践结合得很好的试题，一些富有启发性的试题，具有较高的社会引用率，对学校教师、培训指导者、研究工作者都是很有帮助的。

由于作者水平有限，时间仓促，书中难免有错误和疏漏之处，诚恳地期望各位专家和读者批评指正，对此，我们将深表感激。

编者

2019 年 9 月

目 录

第1章 2013上半年信息系统管理工程师上午试题分析与解答

试题（1）

CPU 主要包括　__(1)__ 。

（1）A．运算器和寄存器　　　　　　B．运算器和控制器

　　 C．运算器和存储器　　　　　　D．控制器和寄存器

试题（1）分析

存储程序式计算机的硬件系统由控制器、运算器、存储器、输入设备和输出设备五大部件构成。其中，控制器是控制整个计算机系统运行的核心部件，它的主要功能是对计算机指令进行解释和执行，控制计算机各部件协调工作。控制器工作时，从存储器取出一条指令，并指出下一条指令所在的地址，然后对所取指令进行分析，同时产生相应的控制信号，控制有关部件完成指令所规定的操作。这样逐一执行一系列指令组成的程序，自动完成预定的任务。运算器的作用是完成对数据的算术运算、逻辑运算和逻辑判断等操作。在控制器的控制下，运算器对取自存储器或内部寄存器的数据按指令码的规定进行相应的运算，将结果暂存在内部寄存器或送到存储器中。现在的控制器和运算器等部件是被制造在同一块超大规模集成电路中的，通常称为中央处理器（CPU）。

参考答案

（1）B

试题（2）

　__(2)__ 是能够反映计算精度的计算机性能指标。

（2）A．字长　　 B．数据通路宽度　　　 C．指令系统　　　 D．时钟频率

试题（2）分析

字长通常是指运算器的位数，进行计算的位数。字长越长，处理器能够计算的精度就越高。

数据通路宽度是指数据总线一次所能并行传送的位数，体现了信息的传送能力。

指令系统对处理器的性能有非常大的影响。

时钟频率一般是指 CPU 内部工作频率，在同样的时间内，提高时钟频率，使得时钟周期减少，指令的执行时间减少。

参考答案

（2）A

试题（3）

操作系统的主要功能是　__(3)__ 。

（3）A. 把源程序转换为目标代码

　　　　B. 管理计算机系统中所有的软、硬件资源

　　　　C. 管理存储器中各种数据

　　　　D. 负责文字格式编排和数据计算

试题（3）分析

　　操作系统是所有软件的基础和核心。它是管理、控制和监视计算机软硬件资源包括外部设备和数据存储的一系列可执行程序的总称。用户操作计算机实际上是通过使用操作系统来进行的，计算机工作的许多优异功能都是操作系统提供的，它给用户使用计算机处理信息提供了方便而高效的操作。

参考答案

　　（3）B

试题（4）

　　将 C 语言编写的源程序转换为目标程序的软件属于__（4）__软件。

　　（4）A. 汇编　　　　B. 编译　　　　C. 解释　　　　D. 装配

试题（4）分析

　　计算机不能直接地接受和执行用 C 语言编写的源程序，C 语言编写的源程序在输入计算机时，需通过语言处理程序（软件）将其翻译成机器语言形式的目标程序，计算机才能识别和执行。语言处理程序主要有汇编、解释和编译三种基本类型。其中，汇编程序的功能是将汇编语言所编写的源程序翻译成机器语言程序；编译程序首先将源程序翻译成目标语言程序，然后在计算机上运行目标程序；解释程序直接解释执行源程序，或将源程序翻译成某种中间表示形式后再执行。C 语言编写的源程序是通过编译程序将其翻译成机器语言形式的目标程序才能运行。

参考答案

　　（4）B

试题（5）

　　按逻辑结构的不同，数据结构通常可分为__（5）__两类。

　　（5）A. 线性结构和非线性结构　　　　B. 紧凑结构和稀疏结构

　　　　C. 动态结构和静态结构　　　　　D. 内部结构和外部结构

试题（5）分析

　　在数据结构中，节点（数据元素）及节点间的相互关系组成数据的逻辑结构。按逻辑结构的不同，数据结构通常可分为线性结构和非线性结构两类。

参考答案

　　（5）A

试题（6）

　　对于一棵非空二叉树，若先访问根节点的每一棵子树，然后再访问根节点的方式通

常称为 __(6)__ 。

（6）A．先序遍历　　　　B．中序遍历　　　　C．后序遍历　　　　D．层次遍历

试题（6）分析

　　二叉树的定义具有递归性质，一棵非空二叉树可以看作是由根节点、左子树和右子树三部分构成的，若能依次遍历这三部分，也就遍历了整棵二叉树。按照先遍历左子树后遍历右子树的约定，根据访问根节点位置不同，可得到先序、中序和后序三种方式。先序遍历方式通常是指首先访问根节点，然后依次访问根节点的左子树和右子树的方式。中序遍历通常是指首先访问根节点的左子树，然后访问根节点，再访问根节点的右子树的方式。后序遍历通常是指首先访问根节点的左子树，然后访问根节点的右子树，再访问根节点的方式。对二叉树还可以进行层次遍历，即从树根节点出发，首先访问第一层的树根节点，然后从左到右依次访问第二层上的节点，其次是第三层的节点，以此类推，自上到下，自左到右逐层访问访问树中各节点的过程。

参考答案

　　（6）C

试题（7）

　　以下关于 UML 的表述，不正确的是__(7)__。

（7）A．UML 是一种文档化语言　　　　B．UML 是一种构造语言

　　　C．UML 是一种编程语言　　　　　D．UML 是统一建模语言

试题（7）分析

　　UML 是面向对象开发方法的标准化建模语言，它不仅可以支持面向对象的分析与设计，且能够支持从需求分析开始的软件开发全过程。UML 是一种构造语言，它与各种编程语言直接相连，而且有较好的映射关系。UML 是一种文档化语言，它适合于建立系统体系结构及其所有的细节文档。

参考答案

　　（7）C

试题（8）

　　在需求分析阶段，可利用 UML 中的 __(8)__ 描述系统的外部角色和功能要求。

（8）A．用例图　　　　B．静态图　　　　C．交换图　　　　D．实现图

试题（8）分析

　　UML 是一个通用的标准建模语言，适用于系统开发过程中从需求描述到系统完成后测试的不同阶段。在需求分析阶段，可利用 UML 中的用例图描述用户需求，即描述系统的外部角色（功能的操作者）和功能要求。在系统分析阶段对问题域中的主要概念，如抽象、类和对象等，以及机制，用类图描述。当系统开发完成后，可使用 UML 图作为测试依据。例如，单元测试使用类图对类进行测试；集成测试使用组件图和合作图确认组件之间和类之间是否恰当协作；系统测试使用用例图验证系统行为，是否满足用户

需求等。静态图包括类图、对象图、包图，类图用于描述系统中类的静态结构，对象图是类图的实例，包图用于描述系统的分层结构。交换图用于描述对象间的交互关系，包括顺序图和合作图。实现图用于描述系统静态结构的静态模型，包括组件图和装配图。

参考答案

（8）A

试题（9）

关系数据库系统能实现的专门的关系运算包括＿＿（9）＿＿。

（9）A．排序、索引、统计　　　　　　　B．选择、投影、连接

　　　C．关联、更新、排序　　　　　　　D．显示、打印、制表

试题（9）分析

关系数据库系统能实现的专门的关系运算包括选择、投影、连接。选择运算是从关系 R 中选择满足给定条件的诸元组；投影运算是从关系 R 中选择出若干属性列 A 组成新的关系；连接运算是从两个关系 R 和 S 的笛卡儿积中选取满足条件的元组。

参考答案

（9）B

试题（10）

SQL 语言是用于＿＿（10）＿＿的数据操纵语言。

（10）A．层次数据库　　B．网络数据库　　C．关系数据库　　D．非数据库

试题（10）分析

SQL 语言是一种通用的、功能强大的关系数据库语言，其功能包括数据查询、数据操纵、数据定义和数据控制。

参考答案

（10）C

试题（11）

E-R 图是数据库设计的工具之一，它适用于建立数据库的＿＿（11）＿＿。

（11）A．概念模型　　　B．逻辑模型　　　C．结构模型　　　D．物理模型

试题（11）分析

概念模型是按用户的观点对数据和信息建模，它是用户和数据库设计人员交流的语言，主要用于数据库设计。概念模型中最常用的方法是 E-R 方法。该方法直接从现实世界中抽象出实体和实体间的联系，然后用非常直观的 E-R 图来表示数据模型。

参考答案

（11）A

试题（12）

＿＿（12）＿＿是为防止非法用户进入数据库应用系统的安全措施。

（12）A．存取控制　　　　　　　　　　　B．用户标识与鉴别

　　C．视图机制　　　　　　　　　　D．数据加密

试题（12）分析

　　用户标识与鉴别是验证用户合法性的，在用户登录数据库时进行验证，可以防止非法用户进入应用系统。数据加密与用户访问应用系统无关。视图机制是将视图之外的数据屏蔽达到安全性，也是针对系统合法用户。授权机制是对系统合法用户操作权限的设定。

参考答案

　　（12）B

试题（13）

　　　（13）　是一种面向数据结构的开发方法。

　　（13）A．结构化方法　　　　　　　B．原型化方法

　　　　　　C．面向对象开发方法　　　　D．Jackson 方法

试题（13）分析

　　Jackson 方法是一种面向数据结构的开发方法。首先描述问题的输入、输出数据结构，分析其对应性，然后推出相应的程序结构，完成问题的软件过程描述。

参考答案

　　（13）D

试题（14）

　　　（14）　是指系统或其组成部分能在其他系统中重复使用的特性。

　　（14）A．可重用性　　B．可移植性　　C．可维护性　　D．可扩充性

试题（14）分析

　　系统可重用性是指系统或（和）组成部分能在其他系统中重复使用的程度，分为硬件可重用性、软件可重用性。可移植性是指将系统从一种硬件环境/软件环境下移植到另一种硬件环境/软件环境下所需付出努力的程度，该指标取决于系统中软硬件特征以及系统分析和设计中关于其他性能指标的考虑。可维护性是指将系统从故障状态恢复到正常状态所需努力的程度，通常使用"平均修复时间"来衡量系统的可维护性。系统可扩充性是指系统处理能力和系统功能的可扩充程度，分为系统结构的可扩充能力、硬件设备的可扩充性和软件功能可扩充性等。

参考答案

　　（14）A

试题（15）

　　结构化开发中，数据流图是　（15）　阶段产生的成果。

　　（15）A．总体设计　　B．程序编码　　C．详细设计　　D．需求分析

试题（15）分析

　　结构化分析是面向数据流进行需求分析的方法，数据流图是分析过程中用来描述数

据处理过程的工具。它从数据传递和加工的角度，以图形的方式刻画数据流从输入到输出的移动变换过程，是对软件所要处理数据的抽象。

参考答案

（15）D

试题（16）

软件设计过程中，___（16）___ 设计确定各模块之间的通信方式以及各模块之间如何相互作用。

（16）A．接口　　　　B．数据　　　　C．结构　　　　D．模块

试题（16）分析

软件设计活动包括系统结构设计、数据设计和过程设计。系统结构设计需要确定构成整个系统的各模块结构及关系，其中接口设计需要确定模块之间的接口；数据设计需要确定软件涉及的文件系统结构、数据库模式、子模式，并进行数据完整性、安全性和保护性设计；模块设计需要确定各模块的功能应该如何实现。

参考答案

（16）A

试题（17）

在数据库设计过程的___（17）___ 阶段，完成将概念结构转换为某个 DBMS 所支持的数据模型，并对其进行优化。

（17）A．需求分析　　　　　　　　B．概念结构设计
　　　　C．逻辑结构设计　　　　　　　D．物理结构设计

试题（17）分析

数据库的设计过程可以分为需求分析阶段、概念结构设计阶段、逻辑结构设计阶段、物理结构设计阶段和数据库实施阶段。需求分析阶段完成需求收集和分析，其结果得到数据字典描述的数据需求（和数据流图描述的处理需求）；概念结构设计阶段，通过对用户需求进行综合、归纳与抽象，形成一个独立于具体 DBMS 的概念模型（可用 E-R 图表示）；逻辑结构设计阶段将概念结构转换为某个 DBMS 所支持的数据模型（如关系模型），并对其进行优化；物理结构设计阶段为逻辑数据模型选取一个适合应用环境的物理结构（包括存储结构和存取方法）；数据库实施阶段，运用 DBMS 提供的数据语言（如 SQL）及其宿主语言（如 C），根据逻辑设计和物理设计的结果建立数据库，编制与调试应用程序，组织数据入库，并进行试运行。

参考答案

（17）C

试题（18）

若信息系统的使用人员分为录入人员、处理人员和查询人员 3 类，则用户权限管理的策略适合采用___（18）___。

（18）A．针对所有人员建立用户名并授权

　　　　B．对关系进行分解，每类人员对应一组关系

　　　　C．建立每类人员的视图并授权给每个人

　　　　D．建立用户角色并授权

试题（18）分析

　　信息系统的使用人员可能很多，也可能经常变动，因此针对每个使用人员都创建数据库用户可能不切实际，也没有必要。因为权限问题对关系模式修改不可取。正确的策略是根据用户角色共享同一数据库用户，个人用户的标识和鉴别通过建立用户信息表存储，由应用程序来管理，用户对数据库对象的操作权限由 DBMS 的授权机制管理。

参考答案

　　（18）D

试题（19）

　　____（19）____ 是在程序设计过程中进行编码的依据。

　　（19）A．程序流程图　　　B．数据流图　　　C．E-R 图　　　D．系统流程图

试题（19）分析

　　程序流程图是指通过对输入输出数据和处理过程的详细分析，将计算机的主要运行步骤和内容用框图表示出来，它是进行程序设计（编码）的基本依据。数据流图是一种能全面地描述信息系统逻辑模型的工具，它从数据传递和加工的角度，以图形的方式描述系统内数据的运动情况，它是结构化分析工具。E-R 图是描述数据库概念结构设计的工具。系统流程图是描述系统执行过程，它着重表达数据在系统中传输时所通过的存储介质、工作站点和物理技术密切联系，不反映系统结构和模块功能。

参考答案

　　（19）A

试题（20）

　　在面向对象软件开发过程中，____（20）____ 不属于面向对象分析阶段的活动。

　　（20）A．评估分析模型　　　　　　　　　B．确定接口规格

　　　　　C．构建分析模型　　　　　　　　　D．识别分析类

试题（20）分析

　　面向对象的软件开发过程包括分析、系统设计、开发类、组装测试和应用维护等，其中分析过程包括问题域分析、应用分析，此阶段主要识别对象及对象之间的关系，最终形成软件的分析模型，并进行评估。设计阶段主要构造软件总的模型，实现相应源代码，在此阶段，需要发现对象的过程，确定接口规格。

参考答案

　　（20）B

试题（21）、（22）

为验证程序模块 A 是否实现了系统设计说明书的要求，需要进行 ___(21)___ ；该模块能否与其他模块按照规定方式正确工作，还需要进行 ___(22)___ 。

（21）A．模块测试　　　B．集成测试　　　C．确认测试　　　D．系统测试

（22）A．模块测试　　　B．集成测试　　　C．确认测试　　　D．系统测试

试题（21）、（22）分析

在软件开发过程中，测试是保证软件质量和可靠性的重要步骤。按测试阶段，软件测试可分为单元测试、集成测试、确认测试和系统测试。模块测试（单元测试）的目的是保证每个模块本身能正常运行，模块测试发现的问题大都是程序设计或详细设计中的错误。集成（组装测试）测试一般是把经过测试的模块放在一起来测试，主要是测试各模块之间的协调和通信，即重点测试各模块的接口。确认测试是检查软件功能是否满足需求说明书中规定的所有需求。

参考答案

（21）A　　（22）B

试题（23）

在执行设计的测试用例后，对测试结果进行分析，找出错误原因和具体的位置，并进行纠正（排除）的检测方法通常是指 ___(23)___ 。

（23）A．黑盒测试　　　B．排错调试　　　C．白盒测试　　　D．结构测试

试题（23）分析

软件测试的方法可分为人工测试（静态测试）和机器测试（动态测试）两类。黑盒测试（功能测试），不需要了解软件的内部结构，但对具体的功能有要求，可通过检测每一项功能是否能被正常使用；白盒测试（结构测试），需要知道软件的内部过程，通过检测软件的内部动作是否按照说明书的规定正常运行；排错调试通常首先执行设计的测试用例，对测试结果进行分析，如果有错误，找出错误原因和具体的位置，并进行纠正（排除），对错误进行定位的方法有多种，如试探法、对分查找法、归纳法、演绎法等，回溯法：从发现错误症状的位置开始，人工沿程序的控制流程往回跟踪程序代码，直到找出错误根源为止。

参考答案

（23）B

试题（24）

媒体可分为感觉媒体、表示媒体、表现媒体、存储媒体和传输媒体，___(24)___ 属于表现媒体。

（24）A．打印机　　　B．硬盘　　　C．光缆　　　D．图像

试题（24）分析

表现媒体指实现信息输入和输出的媒体，键盘、鼠标、扫描仪、话筒、摄像机等为

输入媒体，显示器、打印机、喇叭等为输出媒体。硬盘、光盘、ROM 及 RAM 等属于存储媒体；光缆、电缆、电磁波等属于传输媒体；图像、声音等属于感觉媒体。

参考答案

（24）A

试题（25）

声音信号数字化过程中首先要进行　（25）　。

（25）A. 解码　　　　　B. D/A 转换　　　C. 编码　　　　　D. A/D 转换

试题（25）分析

声音信号是一种模拟信号，计算机要对它进行处理，必须将它转换成为数字声音信号，即用二进制数字的编码形式来表示声音，通常将这一过程称为数字化过程。声音信号数字化过程中首先是将模拟信号转换成离散信号，即 A/D 转换（模数转换）。

参考答案

（25）D

试题（26）

　（26）　不属于计算机输入设备。

（26）A. 扫描仪　　　B. 投影仪　　　　C. 数字化仪　　D. 数码照相机

试题（26）分析

扫描仪用于把摄影作品、绘画作品或其他印刷材料上的文字和图像，甚至实物，扫描输入到计算机中，进而对这些图像信息进行加工处理、管理、使用、存储和输出。数字化仪是一种图形输入设备，它由平板加上连接的手动定位装置组成，主要用于输入地图、气象图等线型图。投影仪是一种将计算机输出的视频信号投影到幕布上的设备。

参考答案

（26）B

试题（27）

声音信号数字化时，　（27）　不会影响数字音频数据量的多少。

（27）A. 采样率　　　B. 量化精度　　　C. 波形编码　　D. 音量放大倍数

试题（27）分析

声音信号是一种模拟信号，计算机要对它进行处理，必须将它转换成为数字声音信号，即用二进制数字的编码形式来表示声音。最基本的声音信号数字化方法是取样-量化法，其过程包括采样、量化和编码。

采样是把时间连续的模拟信号转换成时间离散、幅度连续的信号。在某些特定的时刻获取声音信号幅值叫做采样，由这些特定时刻采样得到的信号称为离散时间信号。一般都是每隔相等的一小段时间采样一次，为了不产生失真，采样频率不应低于声音信号最高频率的两倍。因此，语音信号的采样频率一般为 8kHz，音乐信号的采样频率则应在40kHz 以上。采样频率越高，可恢复的声音信号分量越丰富，其声音的保真度越好。

量化处理是把在幅度上连续取值（模拟量）的每一个样本转换为离散值（数字量）表示，因此量化过程有时也称为 A/D 转换（模数转换）。量化后的样本是用二进制数来表示的，二进制数位数的多少反映了度量声音波形幅度的精度，称为量化精度，也称为量化分辨率。例如，每个声音样本若用 16 位（2 字节）表示，则声音样本的取值范围是 0～65 535，精度是 1/65 536；若只用 8 位（1 字节）表示，则样本的取值范围是 0～255，精度是 1/256。量化精度越高，声音的质量越好，需要的存储空间也越多；量化精度越低，声音的质量越差，而需要的存储空间越少。

经过采样和量化处理后的声音信号已经是数字形式了，但为了便于计算机的存储、处理和传输，还必须按照一定的要求进行数据压缩和编码，即选择某一种或者几种方法对它进行数据压缩，以减少数据量，再按照某种规定的格式将数据组织成为文件。波形编码是一种直接对取样、量化后的波形进行压缩处理的方法。

参考答案

（27）D

试题（28）

以像素点阵形式描述的图像称为___（28）___。

（28）A. 位图　　　　B. 投影图　　　　C. 矢量图　　　　D. 几何图

试题（28）分析

位图是指用像素点来描述的图。图像一般是用摄像机或扫描仪等输入设备捕捉实际场景画面，离散化为空间、亮度、颜色（灰度）的序列值，即把一幅彩色图或灰度图分成许许多多的像素（点），每个像素用若干二进制位来指定该像素的颜色、亮度和属性。位图图像在计算机内存中由一组二进制位组成，这些位定义图像中每个像素点的颜色和亮度。屏幕上一个点也称为一个像素，显示一幅图像时，屏幕上的一个像素也就对应于图像中的某一个点。根据组成图像的像素密度和表示颜色、亮度级别的数目，又可将图像分为二值图（黑白图）和彩色图两大类，彩色图还可以分为真彩色图、伪彩色图等。图像适合于表现比较细腻，层次较多，色彩较丰富，包含大量细节的图像，并可直接、快速地在屏幕上显示出来。

矢量图也称为几何图，它是用一系列计算机指令来描述和记录的一幅图的内容，即通过指令描述构成一幅图的所有直线、曲线、圆、圆弧、矩形等图元的位置、维数和形状，也可以用更为复杂的形式表示图像中的曲面、光照、材质等效果。矢量图法实质上是用数学的方式（算法和特征）来描述一幅图形图像，在处理图形图像时根据图元对应的数学表达式进行编辑和处理。在屏幕上显示一幅图形图像时，首先要解释这些指令，然后将描述图形图像的指令转换成屏幕上显示的形状和颜色。

参考答案

（28）A

试题（29）

M 画家将自己创作的一幅美术作品原件赠与了 L 公司。L 公司未经该画家的许可，擅自将这幅美术作品作为商标注册，且取得商标权，并大量复制用于该公司的产品上。L 公司的行为侵犯了 M 画家的　(29)　。

（29）A. 著作权　　　　B. 发表权　　　　C. 商标权　　　　D. 展览权

试题（29）分析

　　绘画、书法、雕塑等美术作品的原件可以买卖、赠与。但是，获得一件美术作品并不意味着获得该作品的著作权。我国著作权法第十八条规定："美术等作品原件所有权的转移，不视为作品著作权的转移，但美术作品原件的展览权由原件所有人享有。"这就是说，艺术类作品物转移的事实并不引起美术作品著作权的转移，受让人只是取得物的所有权和作品原件的展览权，作品的著作权仍然由作者等著作权人享有。除了艺术类作品之外，对任何原件所有权可能转移的作品，如书籍、软件等都要注意区分作品物质载体的财产权和作品的著作权这两种不同的权利。展览权是将作品原件或复制件公开陈列的权利。

　　发表权是指作者决定作品是否公之于众和以何种方式公之于众的权利，它是著作权的一项权利。发表权作为著作权人的一种权利，其包含两种含义：一是权利人有权决定是否发表，或许可他人发表；二是权利人有权以某种方式发表，如出版、发行、展览、销售等，以及确定在什么时间、地点发表。在一些情况下，作者虽未将作品公之于众，但可推定作者同意发表其作品。例如，作者许可他人使用其未发表的作品意味着作者同意发表其作品，认为作者已经行使发表权。又如，作者将其未发表的作品原件所有权转让给他人，意味着发表权与著作财产权的一起行使，即作者的发表权也已行使完毕，已随着财产权转移。再如，展览尚未发表的作品即为作品的发表，展览行为必然附带着发表，所以推定已经行使了发表权。发表权是一次性权利，即发表权行使一次后，不再享有发表权。例如，第一次出版、第一次表演、上网公布等都属于行使发表权。以后再次使用作品与发表权无关，而是行使作品的使用权。发表权须借助一定的作品使用方式行使，即作品的公之于众要以某种确定的方式实现。也就是说，发表权难以孤立地行使，要以某种确定的方式实现，如书籍的出版、剧本的上演、绘画的展出等，既是作品的发表，同时也是作品的使用。

　　在我国商标权的取得实行的是注册原则，即商标所有人只有依法将自己的商标注册后，商标注册人才能取得商标权，其商标才能得到法律的保护。M 画家并未将其美术作品实施商标注册，不享有其美术作品的商标权，因此 L 公司的行为未侵犯 M 画家的商标权，而是侵犯了 M 画家的在先权利。在先权利包括著作权、外观设计专利权、商号权、地理标志权、姓名权等。

参考答案

　　（29）A

试题（30）

某软件公司的软件产品注册商标为 S，为确保公司在市场竞争中占据优势，对员工进行了保密的约束。此情形下，该公司不享有该软件产品 ___（30）___。

（30）A．商业秘密权　　　　B．著作权　　　　C．专利权　　　　D．商标权

试题（30）分析

在我国，注册商标是指经国家主管机关核准注册而使用的商标，注册人享有专用权，所以 M 软件公司享有商标权。一项商业秘密受到法律保护的依据，必须具备构成商业秘密的三个条件，即不为公众所知悉、具有实用性、采取了保密措施。该软件公司的 M 软件产品具有商业秘密的特征，即包含着他人不能知道的技术秘密；具有实用性，即能为软件公司带来经济效益；对职工进行了保密的约束，即采取了相应的保密措施。所以该软件公司享有商业秘密权。著作权采用"自动保护"原则，软件的著作权是自动获得的。《计算机软件保护条例》第十四条规定："软件著作权自软件开发完成之日起产生。"，即软件著作权自软件开发完成之日起自动产生，不论整体还是局部，只要具备了软件的属性即产生软件著作权，既不要求履行任何形式的登记或注册手续，也无须加注著作权标记，且不论其是否已经发表都依法享有软件著作权。本题未涉及专利权。

参考答案

（30）C

试题（31）

王某是一名软件设计师，每当软件开发完成后，按公司规定编写的软件文档属于职务作品，___（31）___。

（31）A．著作权由公司享有

　　　 B．著作权由软件设计师享有

　　　 C．除署名权以外，著作权的其他权利由软件设计师享有

　　　 D．著作权由公司和软件设计师共同享有

试题（31）分析

公民为完成法人或者其他组织工作任务所创作的作品是职务作品。职务作品可以是作品分类中的任何一种形式，如文字作品、电影作品、计算机软件等。职务作品的著作权归属分两种情形：

一般职务作品的著作权由作者享有。所谓一般职务作品是指虽是为完成工作任务而为，但非经法人或其他组织主持，不代表其意志创作，也不由其承担责任的职务作品。对于一般职务作品，法人或其他组织享有在其业务范围内优先使用的权利，期限为两年。优先使用权是专有的，未经单位同意，作者不得许可第三人以与法人或其他组织使用的相同方式使用该作品。在作品完成两年内，如单位在其业务范围内不使用，作者可以要求单位同意由第三人以与法人或其他组织使用的相同方式使用，所获报酬，由作者与单位按约定的比例分配。

特殊的职务作品，除署名权以外，著作权的其他权利由法人或者其他组织（单位）享有。所谓特殊职务作品是指著作权法第十六条第二款规定的两种情况：一是主要利用法人或者其他组织的物质技术条件创作，并由法人或者其他组织承担责任的工程设计、产品设计图、计算机软件、地图等科学技术作品；二是法律、法规规定或合同约定著作权由单位享有的职务作品。

参考答案

（31）A

试题（32）

M 软件公司的软件工程师张某兼职于 Y 科技公司，为完成 Y 科技公司交给的工作，作出了一项涉及计算机程序的发明。张某认为自己主要是利用业余时间完成的发明，可以以个人名义申请专利。此项专利申请权应归属___（32）___。

（32）A．张某　　　　　　　　　　B．M 软件公司

　　　C．Y 科技公司　　　　　　　D．张某和 Y 科技公司

试题（32）分析

发明人是否能够就其技术成果申请专利，还取决于该发明创造与其职务工作的关系。发明人在任职单位基于本职工作而完成的发明创造被称为职务发明创造。依据我国专利法第六条第一款规定，职务发明创造分为两种情形：一是执行本单位的任务所完成的发明创造，二是主要是利用本单位的物质技术条件所完成的发明创造。我国专利法实施细则第十一条对"执行本单位的任务所完成的发明创造"和"本单位的物质技术条件"又分别作出了解释。所谓执行本单位的任务所完成的发明创造是指：（1）在本职工作中作出的发明创造；（2）履行本单位交付的本职工作之外的任务所作出的发明创造；（3）退职、退休或者调动工作后一年内所作出的，与其在原单位承担的本职工作或原单位分配的任务有关的发明创造。依据我国专利法第六条第二款的规定，职务发明创造申请专利的权利属于单位。申请被批准后，该单位为专利权人（"单位"涵盖了法人和其他组织）。对于职务发明创造的发明人而言，虽然申请专利的权利和获得批准的专利权均归其单位所有，但是发明人可享有署名权、获奖权、获酬权。获奖权是指被授予专利权的单位对职务发明创造的发明人给予奖励。获酬权是指发明创造专利实施后，根据其推广应用的范围和取得的经济效益，对发明人给予合理的报酬。

参考答案

（32）C

试题（33）

以下我国的标准代号中，___（33）___表示行业标准。

（33）A．GB　　　　B．GJB　　　　C．DB11　　　　D．Q

试题（33）分析

我国标准分为国家标准、行业标准、地方标准和企业标准四类。

　　国家标准的代号由大写汉字拼音字母构成，强制性国家标准代号 GB，推荐性国家标准的代号为 GB/T。

　　行业标准代号由汉字拼音大写字母组成，如 QJ（航天）、SJ（电子）、JB（机械）、HB（航空），再加上斜线 T 组成推荐性行业标准，如 HB/T。GJB 为中华人民共和国国家军用标准代号。

　　地方标准代号由大写汉字拼音 DB 加上省、自治区、直辖市行政区划代码的前两位数子，再加上斜线 T 组成推荐性地方标准（DB11/T），不加斜线 T 为强制性地方标准（DB11）。

　　企业代号可用大写拼音字母或阿拉数字或两者兼用所组成（Q/XXX）。

参考答案

　　（33）B

试题（34）

　　违反　（34）　而造成不良后果时，将依法根据情节轻重受到行政处罚或追究刑事责任。

　　（34）A．强制性国家标准　　　　　　　B．推荐性国家标准
　　　　　　C．实物标准　　　　　　　　　　D．推荐性软件行业标准

试题（34）分析

　　《中华人民共和国标准化法》将我国标准分为国家标准、行业标准、地方标准、企业标准四级。国家标准分为强制性标准（GB）、推荐性标准（GB/T）、实物标准（GBZ）。强制性标准是国家通过法律的形式明确要求对于一些标准所规定的技术内容和要求必须执行，不允许以任何理由或方式加以违反、变更，这样的标准称之为强制性标准，包括强制性的国家标准、行业标准和地方标准。对违反强制性标准的，国家将依法根据情节轻重追究当事人法律责任。

参考答案

　　（34）A

试题（35）

　　企业信息化建设的根本目的是　（35）　。

　　（35）A．解决管理问题，侧重于对 IT 技术管理、服务支持以及日常维护等
　　　　　　B．解决技术问题，尤其是对 IT 基础设施本身的技术性管理工作
　　　　　　C．实现企业战略目标与信息系统整体部署的有机结合
　　　　　　D．提高企业的业务运作效率，降低业务流程的运作成本

试题（35）分析

　　信息技术的发展以及企业对信息技术依赖程度的提高，使 IT 成为许多业务流程必不可少的组成部分，甚至是某些业务流程赖以运作的基础。然而企业信息化建设的根本是实现企业战略目标与信息系统整体部署的有机结合，这种结合当然是可以从不同的层次

或者角度出发来考虑，但是这种不同层次和角度的结合能够给企业带来的最终效益是不一样的。

参考答案

（35）C

试题（36）

企业 IT 战略规划不仅要符合企业发展的长远目标，而且战略规划的范围控制应该___（36）___。

（36）A．紧密围绕如何提升企业的核心竞争力来进行

　　　B．为企业业务的发展提供一个安全可靠的信息技术支撑

　　　C．考虑在企业建设的不同阶段做出科学合理的投资成本比例分析

　　　D．面面俱到，全面真正地实现 IT 战略与企业业务的一致性

试题（36）分析

企业 IT 战略规划不仅要符合企业发展的长远目标，而且战略规划的范围控制要紧密围绕如何提升企业的核心竞争力来进行，切忌面面俱到的无范围控制。如果说企业竞争最终归结于核心竞争力的较量，那么企业信息化建设的竞争也就最终表现为如何为企业获得这种核心竞争力的价值贡献问题。

参考答案

（36）A

试题（37）

系统管理指的是 IT 的高效运作和管理，它是确保战略得到有效执行的战术性和运作性活动，其核心目标是___（37）___。

（37）A．掌握企业 IT 环境，方便管理异构网络

　　　B．管理客户（业务部门）的 IT 需求，并且有效运用 IT 资源恰当地满足业务部门的需求

　　　C．保证企业 IT 环境整体可靠性和整体安全性

　　　D．提高服务水平，加强服务的可靠性，及时可靠地维护各类服务数据

试题（37）分析

系统管理指 IT 的高效运作和管理，而不是 IT 战略规划。简单地说，IT 规划关注的是组织的 IT 方面的战略问题，而系统管理是确保战略得到有效执行的战术性和运作性活动。系统管理核心目标是管理客户（业务部门）的 IT 需求，并且有效运用 IT 资源恰当地满足业务部门的需求。

参考答案

（37）B

试题（38）

目前，企业越来越关注解决业务相关的问题，往往一个业务需要跨越几个技术领域

的界限。例如，为了回答一个简单的问题"为什么订单处理得这么慢"，管理人员必须分析___（38）___以及运行的数据库和系统、连接的网络等。

    （38）A．硬盘、文件数据及打印机

          B．网络管理工具

          C．支持订单处理的应用软件性能

          D．数据链路层互联设备，如网桥、交换器等

试题（38）分析

    传统 IT 系统管理，是从一个技术的视角来完成。例如：网络管理工具一般只是关注网络的连接和设备的健康性。目前，企业越来越关注解决业务相关的问题，IT 基础设施的面向业务处理改变了传统的以"资源为中心"的视角，这就使组织可以更好地选择 IT 资源信息来处理业务问题。

参考答案

    （38）C

试题（39）

    传统的 IT 管理大量依靠熟练管理人员的经验来评估操作数据、确定工作负载、进行性能调整及解决问题，而在当今企业分布式的复杂 IT 环境下，如果要获得最大化业务效率，企业迫切需要对其 IT 环境进行有效的___（39）___，确保业务的正常运行。

    （39）A．系统日常操作管理   B．问题管理

          C．性能管理   D．自动化管理

试题（39）分析

    当今企业分布式的复杂 IT 环境下，新的策略需要获得最大化业务效率，这些策略使 IT 环境实现自修复和自调整成为可能。这个需求特别是在当今企业面对如此高的员工流失率和投资新 IT 资源的可用预算减少等挑战时，尤为突出。在这种情况下，企业迫切需要对其 IT 环境进行有效地自动化管理，以确保业务的正常运行。

参考答案

    （39）D

试题（40）

    为了真正了解各业务部门的 IT 服务需求，并为其提供令人满意的 IT 服务，企业需要进行___（40）___，也就是定义、协商、订约、检测和评审提供给客户的服务质量水准的流程。

    （40）A．服务级别管理   B．服务协议管理

          C．服务需求管理   D．服务目标管理

试题（40）分析

    为了真正了解各业务部门的 IT 服务需求，以及由此决定相应的服务级别，IT 部门与业务部门之间应进行全面沟通，结合客户对当前级别的体验，在此基础上帮助客户分

析和梳理那些真实存在却又尚未明确的 IT 服务。因为很多时候，用户和客户并不能准确地把握其真实的 IT 服务需求。除了需要明确组织的 IT 服务需求以外，还应结合相关的 IT 成本预算进一步确定组织对 IT 服务的有效需求，从而抑制客户在设备和技术方面"高消费"的欲望，为组织节约成本，提高 IT 投资的效益。因此，企业需要进行服务级别管理。

参考答案

（40）A

试题（41）

企业通过___（41）___对 IT 服务项目的规划、实施以及运作进行量化管理，解决 IT 投资预算、IT 成本、效益核算和投资评价等问题，使其走出"信息悖论"或"IT"黑洞。

（41）A．IT 资源管理　　　　　　　　B．IT 可用性管理
　　　C．IT 性能管理　　　　　　　　D．IT 财务管理

试题（41）分析

通过信息化增强企业的核心竞争力，信息技术对于企业发展的战略意义逐渐被企业界所认同。然而当企业豪情满怀地将巨资投在各种"IT 系统"上，期待着"利润滚滚来"时，他们最后发现，精良的设备和先进的技术有时并没有为企业创造实实在在的效益、提升企业的竞争力。相反，昂贵的"IT 系统"常常让他们骑虎难下。这种尴尬被称为"信息悖论"或者"IT 黑洞"。

如何走出"信息悖论"或者"IT 黑洞"？专家的意见是：管理重于技术，必须对 IT 项目的投资过程进行理性管理，研究 IT 项目投资的必要性和可行性、准确计量 IT 项目投资的成本和效益，并在此基础上进行投资评价和责任追究。IT 财务管理作为重要的 IT 系统管理流程，可以解决这些问题，从而为高层管理者提供决策支持。

参考答案

（41）D

试题（42）

IT 会计核算包括的活动主要有：IT 服务项目成本核算、投资评价以及___（42）___。这些活动分别实现了对 IT 项目成本和收益的事中和事后控制。

（42）A．投资预算　　　　　　　　　B．差异分析和处理
　　　C．收益预算　　　　　　　　　D．财务管理

试题（42）分析

IT 会计核算的主要目标在于：通过量化 IT 服务运作过程中所耗费的成本和收益，为 IT 服务管理人员提供考核依据和决策信息。IT 会计核算包括的活动主要有：IT 服务项目成本核算、投资评价和差异分析和处理。这些活动分别实现了对 IT 项目成本和收益的事中和事后控制。

参考答案

（42）B

试题（43）

对 IT 管理部门而言，IT 部门内部职责的有效划分、让职工理解自身的职责以及定期的职员业绩评定是___（43）___的首要目的。

(43) A. IT 人员管理　　　　　　　　B. IT 财务管理

　　　 C. IT 资源管理　　　　　　　　D. IT 能力管理

试题（43）分析

从 IT 管理部门而言，包括 IT 战略制定及应用系统规划、网络及基础设施管理、系统日常运行管理、人员管理、资源管理等。其中 IT 人员管理的首要目的就是 IT 部门内部职责的有效划分、让职工理解自身的职责以及定期的职员业绩评定、与职业发展相关的员工培训计划等。

参考答案

（43）A

试题（44）

在用户方的系统管理计划中，___（44）___可以为错综复杂的 IT 系统提供"中枢神经系统"，这些系统不断地收集有关的硬件、软件和网络服务信息，从组件、业务系统和整个企业的角度来监控电子商务。

(44) A. IT 性能和可用性管理　　　　B. 用户参与 IT 管理

　　　 C. 终端用户安全管理　　　　　　D. 帮助服务台

试题（44）分析

IT 性能和可用性管理可以为错综复杂的 IT 系统提供"中枢神经系统"，这些系统不断地收集有关的硬件、软件和网络服务信息，从组件、业务系统和整个企业的角度来监控电子商务。该管理计划可以有效识别重大故障、疑难故障和不良影响，然后通知支持人员采取适当措施，或者在许多情况下进行有效修复以避免故障发生。

参考答案

（44）A

试题（45）

系统运行过程中的关键操作、非正常操作、故障、性能监控、安全审计等信息，应该实时或随后形成___（45）___，并进行分析以改进系统水平。

(45) A. 故障管理报告　　　　　　　　B. 系统日常操作日志

　　　 C. 性能/能力规划报告　　　　　D. 系统运作报告

试题（45）分析

系统运行过程中的关键操作、非正常操作、故障、性能监控、安全审计等信息，应该实时或随后形成系统运作报告，并进行分析以改进系统水平。主要有系统日常操作日志、性能/能力规划报告、故障管理报告以及安全审计日志。

参考答案

（45）D

试题（46）

IT 组织结构的设计主要受到四个方面的影响和限制，包括客户位置、IT 员工工作地点、IT 服务组织的规模与 IT 基础架构的特性。受__(46)__的限制，企业实行远程管理 IT 服务，需要考虑是否会拉开 IT 服务人员与客户之间的距离。

（46）A．客户位置　　　　　　　　　　B．IT 员工工作地点

　　　　C．IT 服务组织的规模　　　　　D．IT 基础架构的特性

试题（46）分析

IT 组织结构的设计主要受到四个方面的影响和限制，包括客户位置、IT 员工工作地点、IT 服务组织的规模与 IT 基础架构的特性。客户位置因素，例如是否需要本地帮助台、本地系统管理员或技术支持人员；如果企业实行远程管理 IT 服务，需要考虑是否会拉开 IT 服务人员与客户之间的距离。

参考答案

（46）A

试题（47）

在做好人力资源规划的基础上，__(47)__是 IT 部门人力资源管理更为重要的任务。

（47）A．建立考核以及激励的机制

　　　　B．保障企业各 IT 活动的人员配备

　　　　C．IT 部门负责人须加强自身学习，保障本部门员工的必要专业培训工作

　　　　D．建设 IT 人员教育与培训体系以及为员工制定职业生涯发展规划，让员工与 IT 部门和企业共同成长

试题（47）分析

IT 部门的人力资源管理是从部门的人力资源规划和考核激励开始的，用于保障企业各 IT 活动的人员配备。IT 部门的人力资源管理在做好人力资源规划基础上，更为重要的是建设 IT 人员教育与培训体系以及为员工制定职业生涯发展规划，让员工与 IT 部门和企业共同成长。

参考答案

（47）D

试题（48）

Sony 经验最为可贵的一条就是：如果不把问题细化到 SLA 的层面，空谈外包才是最大的风险。这里 SLA 是指__(48)__，它是外包合同中的关键核心文件。

（48）A．服务评价标准　　　　　　　　B．服务级别管理

　　　　C．服务等级协议　　　　　　　　D．外包服务风险

试题（48）分析

服务等级协议（SLA）是外包合同中的关键核心文件。在合同中明确合作双方各自的角色和职责，明确判断项目是否成功的衡量标准。同时明确合同的奖惩条款和终止条款。

参考答案

（48）C

试题（49）

在 IT 外包日益普遍的浪潮中，企业为了发挥自身的作用，降低组织 IT 外包的风险，最大程度地保证组织 IT 项目的成功实施，应该加强对外包合同的管理，规划整体项目体系，并且　__（49）__。

（49）A．企业 IT 部门应该加强学习，尽快掌握新出现的技术并了解其潜在应用，不完全依赖第三方

　　　　B．注重依靠供应商的技术以及软硬件方案

　　　　C．注重外包合同关系

　　　　D．分析外包商的行业经验

试题（49）分析

IT 外包有着各种各样的利弊。在 IT 外包日益普遍的浪潮中，企业为了发挥自身的作用，降低组织 IT 外包的风险，最大程度地保证组织 IT 项目的成功实施。具体而言，可以从以下几点入手：第一，应该加强对外包合同的管理；第二，规划整体项目体系；第三，企业 IT 部门加强学习；第四，对新技术敏感，尽快掌握新出现的技术并了解其潜在应用，不完全依赖第三方。

参考答案

（49）A

试题（50）

在系统日常操作管理中，确保将适当的信息以适当的格式提供给全企业范围内的适当人员，企业内部的员工可以及时取得其工作所需的信息，这是　__（50）__　的目标。

（50）A．性能及可用性管理　　　　　　　B．输出管理

　　　　C．帮助服务台　　　　　　　　　　D．系统作业调度

试题（50）分析

系统日常操作管理涉及企业日常作业调度管理、帮助服务台管理、故障管理以及用户支持、性能及可用性管理和输出管理等。其中，输出管理的目标就是确保将适当的信息以适当的格式提供给全企业范围内的适当人员，企业内部的员工可以及时取得其工作所需的信息。

参考答案

（50）B

试题（51）

用户安全管理审计的主要功能有用户安全审计数据的收集、保护以及分析，其中　　(51)　　包括检查、异常探测、违规分析以及入侵分析。

(51) A. 用户安全审计数据分析

　　　 B. 用户安全审计数据保护

　　　 C. 用户安全审计数据的收集

　　　 D. 用户安全审计数据的收集和分析

试题（51）分析

用户安全管理审计的主要功能包括如下内容：用户安全审计数据的收集、用户安全审计数据分析以及保护用户安全审计数据。其中用户安全审计数据分析包括检查、异常探测、违规分析以及入侵分析。

参考答案

(51) A

试题（52）

在编制预算的时候，要进行　　(52)　　，它是成本变化的主要原因之一。

(52) A. 预算标准的制定　　　　　　B. IT 服务工作量预测

　　　 C. IT 成本管理　　　　　　　　D. 差异分析及改进

试题（52）分析

IT 工作量是成本变化的一个主要原因。因此，在编制预算的时候，要预测未来的 IT 工作量。不仅成本管理活动需要估计工作量，在服务级别管理中也要对工作量进行预测。

参考答案

(52) B

试题（53）

　　(53)　　通过构建一个内部市场并以价格机制作为合理配置资源的手段，迫使业务部门有效控制自身的需求、降低总体服务成本。

(53) A. 成本核算　　　　　　　　　　B. TCO 总成本管理

　　　 C. 系统成本管理　　　　　　　　D. IT 服务计费

试题（53）分析

通过向客户收取 IT 服务费用，一般可以迫使业务部门有效控制自身的需求、降低总体服务成本，并有助于 IT 财务管理人员重点关注那些不符合成本效益原则的服务项目。因此，从上述意义来说，IT 服务计费子流程通过构建一个内部市场并以价格机制作为合理配置资源的手段，使客户和用户自觉地将其真实的业务需求与服务成本结合起来，从而提高 IT 投资的效率。

参考答案

(53) D

试题（54）

企业制定向业务部门（客户）收费的价格策略，不仅影响到 IT 服务成本的补偿，还影响到业务部门对服务的需求。实施这种策略的关键问题是___（54）___。

（54）A．确定直接成本   B．为 IT 服务定价

        C．确定间接成本   D．确定定价方法

试题（54）分析

价格策略不仅影响到 IT 服务成本的补偿，还影响到业务部门对服务的需求。而为 IT 服务定价是计费管理的关键问题，其中涉及下列主要问题：确定定价目标、了解客户对服务的真实需求等。

参考答案

（54）B

试题（55）

IT 资源管理可以洞察并有效管理企业所有的 IT 资产，为 IT 系统管理提供支持，而 IT 资源管理能否满足要求在很大程度上取决于___（55）___。

（55）A．基础架构中特定组件的配置信息

        B．其他服务管理流程的支持

        C．IT 基础架构的配置及运行情况的信息

        D．各配置项相关关系的信息

试题（55）分析

IT 资源管理可以为企业的 IT 系统管理提供支持，而 IT 资源管理能否满足要求在很大程度上取决于 IT 基础架构的配置及运行情况的信息。配置管理就是专门负责提供这方面信息的流程。配置管理提供的有关基础架构的配置信息可以为其他服务管理流程提供支持。

参考答案

（55）C

试题（56）

在软件管理中，___（56）___是基础架构管理的重要组成部分，可以提高 IT 维护的自动化水平，并且大大减少维护 IT 资源的费用。

（56）A．软件分发管理   B．软件生命周期和资源管理

        C．软件构件管理   D．软件资源的合法保护

试题（56）分析

IT 部门需要处理的日常事务大大超过了他们的承受能力，他们要跨多个操作系统部署安全补丁和管理多个应用。在运营管理层面上，他们不得不规划和执行操作系统移植，主要应用系统的升级和部署。这些任务在大多数情况下需要跨不同地域和时区在多个硬件平台上完成。如果不对这样的复杂性和持久变更情况进行管理，将导致整体生产力下

降，额外的部署管理成本将远远超过软件自身的成本，因此，软件分发管理是基础架构管理的重要组成部分，可以提高 IT 维护的自动化水平，实现企业内部软件使用标准化，并且大大减少维护 IT 资源的费用。

参考答案

（56）A

试题（57）

对于 IT 部门来说，通过人工方式对分布在企业各处的个人计算机进行现场操作很是烦琐而且效率很低。因此，如果应用 ___（57）___ 方式，可帮助技术支持人员及时准确获得关键的系统信息，花费较少的时间诊断故障并解决问题。

（57）A．软件部署　　　　　　　　　B．远程管理和控制

　　　　C．安全补丁补发　　　　　　 D．文档管理工具

试题（57）分析

对于 IT 部门来说，手工对分布空间很大的个人计算机进行实际的操作烦琐而且效率很低。因此，如果有了远程诊断工具—远程管理和控制，可帮助技术支持人员及时准确地获得关键的系统信息，花费较少的时间诊断故障并解决问题。

参考答案

（57）B

试题（58）

网络安全机制主要包括接入管理、 ___（58）___ 和安全恢复等三个方面。

（58）A．安全报警　　 B．安全监视　　 C．安全设置　　 D．安全保护

试题（58）分析

网络安全机制的建立作为一种网络化运营模式而存在，与其他行业的电子商务交易模式一样，同样需要对网络的安全性进行实时监控和维护。对于安全机制，主要包括接入管理、安全监视、安全恢复等三个方面。

参考答案

（58）B

试题（59）

在数据的整个生命周期中，不同阶段的数据需要不同水平的保护、迁移、保留和处理措施。通常情况下，在生命周期的初期，数据的生成和使用都需要利用 ___（59）___ ，并相应提供高水平的保护措施，达到高可用性和提供相当等级的服务水准。

（59）A．低速存储　　　　　　　　　B．中速存储

　　　　C．高速存储　　　　　　　　　D．中低速存储

试题（59）分析

在数据的整个生命周期中，不同阶段的数据需要不同水平的保护、迁移、保留和处理。通常情况下，在生命周期的初期，数据的生成和使用高速存储，并相应地提供高水

平的保护措施，达到高可用性和提供相当等级的服务水准。随着时间的推移，数据的重要性逐渐降低，使用频率也会随之降低，企业就可以将数据进行不同级别的存储。

参考答案

（59）C

试题（60）

从在故障监视过程中发现故障，到__（60）__以及对故障分析定位，之后进行故障支持和恢复处理，最后进行故障排除终止，故障管理形成了包含 5 项基本活动的完整流程。

（60）A．故障记录　　　B．故障追踪　　　C．故障调研　　　D．故障判断

试题（60）分析

故障管理包含了故障监视、故障调研、故障支持和恢复以及故障终止 5 项基本活动，为了实现对故障流程完善的管理，需要对故障管理的整个流程进行跟踪，从在故障监视过程中发现故障，到对故障调研以及故障分析定位，之后对故障支持和恢复处理，最后进行故障排除终止，故障管理形成了包含 5 项基本活动的完整流程。

参考答案

（60）C

试题（61）

在 IT 系统运营过程中，经过故障查明和记录，基本上能得到可以获取的故障信息，接下来就是故障的初步支持。这里强调初步的目的是__（61）__。

（61）A．为了能够尽可能快地恢复用户的正常工作，尽量避免或者减少故障对系统服务的影响

　　　B．先简要说明故障当前所处的状态

　　　C．尽可能快地把发现的权宜措施提供给客户

　　　D．减少处理所花费的时间

试题（61）分析

在 IT 系统运营过程中，经过故障查明和记录，基本上能得到可以获取的故障信息，接下来就是故障的初步支持。这里强调初步的目的是为了能够尽可能快地恢复用户的正常工作，尽量避免或者减少故障对系统服务的影响。"初步"包括两层含义：一是根据已有的知识和经验对故障的性质进行大概划分，以便采取相应的措施；二是这里采取的措施和行动不以根本上解决故障为目标，主要的目的是维持系统的持续运行。

参考答案

（61）A

试题（62）

与故障管理尽快恢复服务的目标不同，问题管理是__（62）__。因此，问题管理流程需要更好地进行计划和管理。

（62）A．要防止再次发生故障

　　　B．发生故障时记录相关信息，并补充其他故障信息

　　　C．根据更新后的故障信息和解决方案来解决故障并恢复服务

　　　D．降低故障所造成的业务成本的一种管理活动

试题（62）分析

与故障管理尽快恢复服务的目标不同，问题管理是要防止再次发生故障。因此，问题管理流程需要更好地进行计划和管理，特别是对那些可能引起业务严重中断的故障更要重点关注并给予更高的优先级。

参考答案

（62）A

试题（63）

鱼骨图法是分析问题原因常用的方法之一。鱼骨图就是将系统或服务的故障或者问题作为"结果"，以　(63)　作为"原因"绘出图形，进而通过图形来分析导致问题出现的主要原因。

（63）A．影响系统运行的诸多因素　　　　B．系统服务流程的影响因素

　　　C．业务运营流程的影响因素　　　　D．导致系统发生失效的诸因素

试题（63）分析

鱼骨图法是分析问题原因常用的方法之一。鱼骨图就是将系统或服务的故障或者问题作为"结果"，以导致系统发生失效的诸因素作为"原因"绘出图形，进而通过图形来分析导致问题出现的主要原因。

参考答案

（63）D

试题（64）

技术安全是指通过技术方面的手段对系统进行安全保护，使计算机系统具有很高的性能，能够容忍内部错误和抵挡外来攻击。它主要包括系统安全和数据安全，其中　(64)　属于数据安全措施。

（64）A．系统管理　　　　　　　　　　B．文件备份

　　　C．系统备份　　　　　　　　　　D．入侵检测系统的配备

试题（64）分析

技术安全是指通过技术方面的手段对系统进行安全保护，使计算机系统具有很高的性能，能够容忍内部错误和抵挡外来攻击。它主要包括系统安全和数据安全，其中文件备份属于数据安全措施。系统管理、系统备份以及入侵检测系统的配备属于系统安全措施。

参考答案

（64）B

试题 (65)

　　如果一个被 A、B 两项服务占用的处理器在高峰阶段的使用率是 75%，假设系统本身占用 5%，那么剩下的 70%如果被 A、B 两项服务均分，各为 35%，不管 A 还是 B 对处理器占用翻倍，处理器都将超出负载能力；如果剩下的 70%中，A 占 60%，B 占 10%，A 对处理器的占用翻倍会导致超载，但 B 对处理器的占用翻倍并不会导致处理器超载。由此我们可以看出，在分析某一项资源的使用情况时，　　(65)　　。

　　(65) A. 要考虑资源的总体利用情况

　　　　　 B. 要考虑各项不同服务对该项资源的占用情况

　　　　　 C. 既要考虑该资源的总体利用情况，还要考虑各项不同服务对该项资源的占用情况

　　　　　 D. 资源的总体利用情况与各项不同服务对该项资源的占用情况取其中较为重要的一个方面考虑

试题 (65) 分析

　　分析某一项资源的使用情况时，既要考虑该资源的总体利用情况，还要考虑各项不同服务对该项资源的占用情况。这样，在某些系统服务需要做出变更时，我们可以通过分析该服务目前的资源占用情况对变更及其系统整体性能的影响进行预测，从而对系统变更提供指导。例如，如果一个被 A、B 两项服务占用的处理器在高峰阶段的使用率是 75%，假设系统本身占用 5%，那么剩下的 70%如果被 A、B 两项服务均分，各为 35%，不管 A 还是 B 对处理器占用翻倍，处理器都将超出负载能力；如果剩下的 70%中 A 占 60%，B 占 10%，A 对处理器的占用翻倍会导致超载，但 B 对处理器的占用翻倍并不会导致处理器超载。

参考答案

　　(65) C

试题 (66)

　　电子邮件地址 liuhy@163.com 中，"liuhy"是　　(66)　　。

　　(66) A. 用户名　　　　 B. 域名　　　　　 C. 服务器名　　　 D. ISP 名

试题 (66) 分析

　　电子邮件地址是在用户在 ISP 所开设的邮件账号上加上 POP3 服务器的域名。liuhy@163.com 中"liuhy"是用户名，即用户在 ISP 所提供的 POP3 服务器上所注册的电子邮件账号，163.com 是 POP3 服务器的域名。

参考答案

　　(66) A

试题 (67)

　　WWW 服务器与客户机之间主要采用　　(67)　　协议进行网页的发送和接收。

　　(67) A. HTTP　　　　 B. URL　　　　　 C. SMTP　　　　 D. HTML

试题（67）分析

HTTP 协议是用于从 WWW 服务器传输超文本到本地浏览器的传送协议。

URL 是统一资源定位符，它用于确定要浏览的网页地址。

SMTP 是简单邮件传输通信协议，它是用来发送邮件的协议。

HTML 是超文本标记语言，它使用若干标记来定义文档的显示方式和内容。

参考答案

（67）A

试题（68）

5 类非屏蔽双绞线（UTP）由　（68）　对导线组成。

（68）A．2　　　　　　B．3　　　　　　C．4　　　　　　D．5

试题（68）分析

双绞线是较普遍使用的网络传输介质，它分为非屏蔽双绞线（UTP）和屏蔽双绞线（STP）。非屏蔽双绞线内部与屏蔽双绞线相同。非屏蔽双绞线是其外皮作为屏蔽层，适用于网络流量不大的场合。屏蔽双绞线具有一层铝箔层，对电磁干扰具有较强的抵抗能力，适用于网络流量较大、高速的应用。通常，双绞线分为 3、4、5、6、7 类双绞线，较常用的是 5 类非屏蔽双绞线，它由 4 对导线组成。

参考答案

（68）C

试题（69）

以下列出的 IP 地址中，　（69）　不能作为目标地址。

（69）A．100.10.255.255　　　　　　　B．127.0.0.1

　　　C．0.0.0.0　　　　　　　　　　　D．10.0.0.1

试题（69）分析

全 0 的 IP 地址表示本地计算机，在点对点通信中不能作为目标地址。

参考答案

（69）C

试题（70）

三层 B/S 结构中包括浏览器、服务器和　（70）　。

（70）A．解释器　　　　B．文件系统　　　　C．缓存　　　　D．数据库

试题（70）分析

由浏览器、服务器构成的计算机系统称为 B/S 系统，当应用程序的功能更为复杂时，可以在两者之间加第三层，用于实现应用程序逻辑和配置。中间层可以是数据库，也可以是独立的应用服务器。

参考答案

（70）D

试题（71）～（75）

A management information system ___（71）___ the business managers the information that they need to make decisions. Early business computers were used for simple operations__such ___（72）___ tracking inventory, billing, sales, or payroll data, with little detail or structure. Over time, these computer applications became more complex, hardware storage capacities grew, and technologies improved for connecting previously ___（73）___ applications. As more data was stored and linked, managers sought greater abstraction as well as greater detail with the aim of creating significant management reports from the stored ___（74）___. Originally, the term "MIS" described applications providing managers with information about sales, inventories, and other data that would help in ___（75）___ the enterprise. Over time, the term broadened to include: decision support systems, resource management and human resource management, enterprise resource planning (ERP), enterprise performance management (EPM), supply chain management (SCM), customer relationship management (CRM), project management and database retrieval applications.

（71）A. brings　　　　B. gives　　　　C. takes　　　　D. provides

（72）A. as　　　　　B. to　　　　　　C. as to　　　　D. that

（73）A. special　　　B. obvious　　　C. isolated　　　D. individual

（74）A. data　　　　B. number　　　C. word　　　　D. detail

（75）A. setting up　　B. founding　　C. improving　　D. managing

参考译文

管理信息系统为企业管理者提供信息，来帮助其制定决策。早期的企业计算机被用来进行几乎没有细节或者结构的简单操作，例如库存跟踪、账单、销售额或者薪资数据。随着时间流逝，这些计算机应用变得越来越复杂，硬件存储能力增强，而且连接以往孤立应用的技术提高。随着更多的数据被存储与链接，管理者寻求更多的抽象概念与细节来从这些存储数据中得到有效的管理报告。起初，"MIS"这个词描述应用，它可以为管理者提供销售、库存以及其他会有助于管理企业的信息。后来，这个词扩展到：决策支持系统、资源管理和人力资源管理、企业资源规划、企业绩效管理、供应链管理、客户关系管理、项目管理以及数据库检索应用。

参考答案

（71）B　　（72）A　　（73）C　　（74）A　　（75）D

第2章 2013上半年信息系统管理工程师 下午试题分析与解答

试题一（共15分）

阅读下列说明，回答问题1至问题3，将解答填入答题纸的对应栏内。

【说明】

信息管理系统设计主要包括概要设计和详细设计。详细设计的主要任务是对每个模块完成的功能进行具体描述，并将功能描述转变为精确的、结构化的过程描述。详细设计一般包括代码设计、数据库设计、输入/输出设计、处理过程设计和用户界面设计等。其中，数据库设计分为4个主要阶段，在对应用对象的功能、性能和限制等要求进行分析后，进入对应用对象进行抽象和概括阶段，完成企业信息模型；处理过程设计是用一种合适的表达方法来描述每个模块的执行过程，并可由此表示方法直接导出用编程语言表示的程序。

【问题1】（4分）

请指出数据库设计过程主要包括哪4个阶段。

【问题2】（4分）

概念结构设计最常用的方法是什么？请简要说明其设计过程主要包括哪些步骤。

【问题3】（7分）

请指出处理过程设计常用的描述方式有哪3种，常用的图形表示方法是哪2种图。

试题一分析

通常将数据库的设计分为需求分析、概念结构设计、逻辑结构设计和物理结构设计4个阶段。需求分析阶段完成收集和分析用户对系统信息的需求和处理需求，其结果得到数据字典描述的数据需求，以及数据流图描述的处理需求。数据库设计的第二阶段是概念结构设计阶段，其目标是对需求说明书提供的所有数据和处理要求进行抽象和综合处理，按一定的方法构造反映用户环境的数据及其相互联系的概念模型，即通过对用户需求进行综合、归纳与抽象，形成一个独立于具体DBMS的概念模型。逻辑结构设计阶段的设计目标是将概念结构设计阶段得到的与 DBMS 无关的概念模型数据模型转换成等价的，并为某个特定的 DBMS 所接受的逻辑模型所表示的概念模型，即将概念结构转换为某个 DBMS 所支持的数据模型（如关系模型），并对其进行优化；物理结构设计阶段的任务是将逻辑结构设计阶段得到的满足用户需求的已确定的逻辑模型在物理上加以实现，即为逻辑数据模型选取一个适合应用环境的物理结构。其主要的内容是根据DBMS提供的各种手段，设计数据的存储形式和存储路径，如文件结构、索引的设计等，即设计数据库的内模式或存储模式。

概念结构设计阶段所涉及的信息不依赖于任何实际实现时的环境即计算机的硬件和软件系统，其设计的目标是产生一个用户易于理解的，反映系统信息需求的整体数据库概念结构。概念结构设计的任务是在需求分析中产生的需求说明书的基础上按照一定的方法抽象成满足应用需求的用户的信息结构（概念模型），最常用的方法是 E-R 方法。其设计过程主要包括选择局部应用、逐一设计分 E-R 图、E-R 图合并、修改重构、消除冗余等。

处理过程设计是系统模块设计的展开和具体化，要确定各个模块的实现算法和处理过程。通过处理过程设计，制定一个周密的计划，为编写程序做好准备。描述处理过程的方式有多种，常用的描述方式是图形、语言和表格，如程序流程图、程序设计语言。程序流程图是通过对输入输出数据和处理过程的详细分析，将计算机的主要运行步骤和内容用框图表示。程序设计语言是描述模块内部具体算法和处理细节的某种程序设计语言。描述处理过程的图形方式有多种，流程图、NS 图（盒图）是较常用的。NS 图是一种符合结构化设计原则的图形描述工具。在 NS 图中，每个处理步骤用一个盒子表示。盒子可以嵌套，只能从上进入，从下走出。

参考答案

【问题 1】

需求分析、概念结构设计、逻辑结构设计、物理结构设计。

【问题 2】

① 实体-联系或 E-R。

② 选择局部应用、逐一设计分 E-R 图、E-R 图合并、修改重构、消除冗余。

【问题 3】

① 图形、语言和表格。

② 流程图（程序框图）、盒图（或 NS 图）。

试题二（共 15 分）

阅读下列说明，回答问题 1 至问题 3，将解答填入答题纸的对应栏内。

【说明】

某企业管理部门拟开发信息管理系统，部分需求分析结果如下：

（1）管理部门有多个不同科室，科室信息主要包括科室编号、科室名称；

（2）每一个科室由若干名科员组成，科员信息主要包括职工号、姓名、性别；

（3）每个科室都有一名主管上级领导，上级领导信息主要包括编号、姓名、职务；

（4）科室科员负责为职工提供服务，职工信息主要包括职工号、姓名、车间，服务信息主要包括服务日期、服务事宜、处理结果。

【问题 1】（4 分）

依据上述说明设计的实体-联系图如图 2-1 所示（不完整），请将图中（a）、（b）处正确实体名和联系名填写在答题纸对应的位置上。

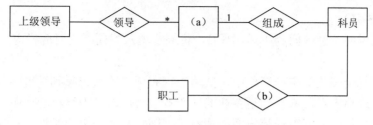

图 2-1   实体-联系图

【问题 2】（6 分）

请将图 2-1 对应的各实体之间的联系类型填写在答题纸对应的位置上。

（1）上级领导与（a）之间的联系类型；

（2）（a）与科员之间的联系类型；

（3）科员与职工之间的联系类型。

【问题 3】（5 分）

请指出科室、职工关系模式的主键，以及图 2-1 中（b）的属性，并将其填写在答题纸对应的位置上。

试题二分析

本题考查数据库概念结构设计。根据题目对现实问题的描述，可确定实体及其联系。题目中给出了上级领导、科室、科员和职工 4 个实体。由"每个科室都有一名主管上级领导"知上级领导与科室间为 1:n 联系；"每一个科室由若干名科员组成"知科室与科员间为 1:n 联系；"科室科员负责为职工提供服务"知科员与职工间为 m:n 联系。由"科室科员负责为职工提供服务"知科员与职工间的联系名为"服务"。由"服务信息主要包括服务日期、服务事宜、处理结果"知属性为服务日期、服务事宜、处理结果。科室、职工关系模式的主键分别为科室编号、职工号。

参考答案

【问题 1】

（a）科室

（b）服务

【问题 2】

（1）1:n（主管领导与科室之间是一对多联系）

（2）1:n（科室与科员之间也是一对多联系）

（3）m:n（科员与职工之间是多对多联系）

【问题 3】

科室：科室编号；

职工：职工号；

（b）：服务日期、服务事宜、处理结果。

试题三（共 15 分）

阅读下列说明，回答问题 1 至问题 3，将解答填入答题纸的对应栏内。

【说明】

企业在应付全球化的市场变化中，战略管理和项目管理将起到关键性的作用。战略管理立足于长远和宏观，考虑的是企业的核心竞争力，以及围绕核心竞争力的企业流程再造、业务外包和供应链管理等问题；项目管理则立足于一定的时期，相对微观，主要考虑有限的目标、学习型组织和团队合作等问题。

项目管理是项目管理者在有限的资源约束下，运用系统的观点、方法和理论，对项目涉及的全部工作进行有效地管理，即从项目的投资决策开始到项目结束的全过程进行计划、组织、指挥、协调、控制和评价，以实现项目的目标。在领导方式上，它强调个人责任，实行项目经理负责制；在管理机构上，它采用临时性动态组织形式，即项目小组；在管理目标上，它坚持效益最优原则下的目标管理；在管理手段上，它有比较完整的技术方法。因此，项目管理是一项复杂的工作，具有创造性，需要集权领导并建立专门的项目组织，项目负责人在项目管理中起着非常重要的作用。

目前比较流行的项目管理知识体系（PMBOK）把项目管理划分为九大知识领域，包括项目范围管理、项目进度管理、项目人力资源管理、项目沟通管理、项目采购管理等。信息系统中的项目管理同样包括此九个方面的知识领域，只不过是具体的管理对象不同而已，其基本原理是共性的。

【问题 1】（6 分）

就一家公司而言，公司的战略管理和公司所实行的项目管理，两者有何联系与区别？

【问题 2】（5 分）

公司的项目管理具有什么特点？

【问题 3】（4 分）

按照项目管理知识体系（PMBOK）对项目管理九大知识领域的划分，除了项目范围管理、项目进度管理、项目人力资源管理、项目沟通管理、项目采购管理五个方面外，还包括哪四个方面？

试题三分析

本题考查企业管理知识。

企业的战略管理与项目管理是密切联系的。一个信息系统中涉及管理的工作分为两个层次：第一层次是企业战略管理，从企业发展战略的高度研究宏观的全局性的问题，以确定发展方向、目标和总体计划等；第二层次是项目管理，是将经过战略研究后确定的构思和计划付诸实施，用一整套项目管理的方法、手段、措施，确保实现项目总目标。

简单来说，企业战略是宏观的、全局性的；项目管理是微观的、局部的、个体的，项目是实施企业战略的手段。

项目管理是对项目计划、组织以及对项目所需资源的控制，目的是确保项目在规定时间内、规定预算内达成预定的绩效目标。

项目管理知识体系（PMBOK）由项目管理协会（PMI）提出，总结了项目管理实践中成熟的理论、方法、工具和技术，也包括一些富有创造性的新知识。PMBOK 把项目管理知识划分为 9 个知识领域，分别为集成、范围、时间、成本、质量、人力资源、沟通、风险和采购，每个知识领域包括数量不等的项目管理过程。

参考答案

【问题 1】

两者有机联系，战略管理指导项目管理，项目管理支持战略管理，没有项目管理，公司的战略目标就无法顺利实现。

战略管理立足于长远和宏观，考虑的是企业的核心竞争力，以及围绕核心竞争力的企业流程再造、业务外包和供应链管理等问题。

项目管理则立足于一定的时期和相对微观，考虑的是有限的目标、学习型组织和团队合作等问题。

【问题 2】

（1）管理对象是特定的软件，而不是其他对象，如房地产或教改项目等；

（2）管理机构或组织具有动态性和临时性；

（3）需要集权领导并建立专门的项目组织；

（4）项目经理所起作用的重要性；

（5）有比较完整的技术方法；

（6）坚持效益最优原则下的目标管理；

（7）工作复杂、管理方式需科学。

【问题 3】

项目成本管理、项目质量管理、项目风险管理、项目综合（或集成）管理。

试题四（共 15 分）

阅读下列说明，回答问题 1 至问题 3，将解答填入答题纸的对应栏内。

【说明】

企业信息化是企业以业务流程的优化和重构为基础，利用计算机技术、网络技术和数据库技术，集成化管理企业生产经营活动中的各种信息，实现企业内外部信息的共享和有效利用，以提高企业的经济效益和市场竞争力的一项建设工作，它涉及对企业管理理念的创新，管理流程的优化，管理团队的重组和管理手段的创新。

企业信息化涉及面广，就制造型企业而言，企业信息化包括了生产过程控制的信息化、企业管理的信息化、企业供应链管理的信息化等内容。企业信息化建设要应用计算机辅助设计（CAD）、计算机辅助制造（CAM）、复杂工程结构设计（CAE）、辅助工艺设计（CAPP）、集散型控制系统（DCS）、计算机集成制造系统（CIMS）、计算机集成生产系统（CIPS）、事务处理系统（TPS）、管理信息系统（MIS）、决策支持系统（DSS）、智能决策支持系统（IDSS）、企业资源计划（ERP）、产品数据管理（PDM）、安全防范系统（PPS）、办公自动化（OA）等软件工具以及企业网站的建设等。而事实上，企业信息化建设的主要工作之一就是选择各种适宜的软件以应用于企业的各项工作，从而提高企业各项工作的现代化管理水平。

【问题 1】（4 分）

结合实际工作对企业信息化的了解，你认为应该从哪些方面正确理解企业信息化？

【问题 2】（4 分）

企业信息化是一项系统工程，涉及面广，请根据你对企业信息化的认知，用箭线标出下列左右各项的单一对应关系。

企业信息化的基础　　　　　　　　计算机技术

企业信息化的实现手段　　　　　　企业的管理和运行模式

企业建设信息化的关键点　　　　　人机合一的有层次的系统工程

企业信息化建设的突出特征　　　　信息的集成和共享

【问题 3】（7 分）

企业信息化建设包括了生产过程控制的信息化、企业管理的信息化等内容，不同的建设内容应用的软件工具不完全相同，请根据说明指出哪些软件常用于生产过程控制的信息化建设（指出 3 项）？哪些软件常用于企业管理信息化建设（指出 4 项）？

试题四分析

本题考查企业信息化知识。

企业利用计算机、网络、数据库等一系列现代信息技术，通过对信息资源的深度开发和广泛利用，不断提高生产、经营、管理、决策的效率和水平，从而提高企业经济效益和企业竞争力的过程就是企业信息化的建设过程。从内容上看，企业信息化主要包括产品设计的信息化、生产过程的信息化、产品销售的信息化、经营管理信息化、决策信息化以及信息化人才队伍培养等多个方面。

显然，企业管理和运行模式是企业信息化的基础，计算机技术是实现手段，关键点在于实现信息的集成和共享，突出特征是构建人机合一的有层次的系统工程。

常见的应用于生产过程控制信息化建设的软件工具有计算机辅助设计（CAD）、计算机辅助制造（CAM）、复杂工程结构设计（CAE）、辅助工艺设计（CAPP）、集散型控制系统（DCS）、计算机集成制造系统（CIMS）、事务处理系统（TPS）以及计算机集成生产系统（CIPS）等。

常见的应用于企业管理信息化建设的软件工具有管理信息系统（MIS）、决策支持系统（DSS）、智能决策支持系统（IDSS）、企业资源计划（ERP）、产品数据管理（PDM）、安全防范系统（PPS）、办公自动化（OA）等。

参考答案

【问题 1】

（1）企业信息化是国家信息化、行业信息化等整个信息化建设的一项重要内容；

（2）企业信息化必须利用计算机技术、网络技术和数据库技术等电子信息技术；

（3）企业信息化是企业业务流程的优化或重构；

（4）集成化管理企业生产经营活动中的各种信息，实现信息共享和有效利用；

（5）企业管理理念的创新，管理流程的优化，管理团队的重组和管理手段的创新；

（6）企业信息化是信息化建设中数据的集成和人的集成。

【问题 2】

企业信息化的基础　————————→　企业的管理和运行模式

企业信息化的实现手段　————————→　计算机技术

企业建设信息化的关键点　————————→　信息的集成和共享

企业信息化建设的突出特征　————————→　人机合一的有层次的系统工程

【问题 3】

① 应用于生产过程控制信息化建设的软件工具包括：计算机辅助设计（CAD）、计算机辅助制造（CAM）、复杂工程结构设计（CAE）、辅助工艺设计（CAPP）、集散型控制系统（DCS）、计算机集成制造系统（CIMS）、事务处理系统（TPS）以及计算机集成生产系统（CIPS）等。

② 应用于企业管理信息化建设的软件工具包括：管理信息系统（MIS）、决策支持系统（DSS）、智能决策支持系统（IDSS）、企业资源计划（ERP）、产品数据管理（PDM）、安全防范系统（PPS）、办公自动化（OA）等。

试题五（共 15 分）

阅读下列说明，回答问题 1 至 4 问题，将解答填入答题纸的对应栏内。

【说明】

IT 外包是指企业将其 IT 部门的职能全部或部分外包给专业的第三方管理，集中精力发展企业的核心业务。选择 IT 外包服务能够为企业带来诸多的好处，如将计算机系统维护工作外包可解决人员不足（或没有）的问题；将应用系统和业务流程外包，可使企业用较低的投入获得较高的信息化建设和应用水平。依据某研究数据，选择 IT 外包服务能够为企业节省 65%以上的人员开支，并减少人力资源管理成本，使企业更专注于自己的核心业务，并且可以获得更为专业、更为全面的稳定热情服务。因此，外包服务以其有效降低成本、增强企业核心竞争力等特性成了越来越多企业采取的一项重要的商业措施。

IT 外包成功的关键因素之一就是选择具有良好社会形象和信誉、相关行业经验丰富、能够引领或紧跟信息技术发展的外包商作为战略合作伙伴。因此，对外包商的资格审查应从技术能力、经营管理能力和发展能力等方面着手。具体而言，应包括外包商提供信息技术产品的创新性、安全性和兼容性；外包商在信息技术方面取得的资格认证如软件厂商证书；外包商的领导层结构、员工素质、客户数量、社会评价；外包商的项目管理水平；外包商所具有的良好运营管理能力的成功案例；员工间团队的合作精神；外包商客户的满意度；外包商财务指标和盈利能力；外包商的技术费用支出合理等等。

IT 外包有着各种各样的利弊。在 IT 外包日益普遍的形势下，企业应该发挥自身的作用，应该重视外包商选择中的约束机制，应该随时洞察技术的发展变化，应该不断汲取新的知识，倡导企业内良好的 IT 学习氛围等，从而最大程度地保证企业 IT 项目的成功实施。

【问题 1】（4 分）

IT 外包已成为未来发展趋势之一，那么 IT 外包对企业有何好处？

【问题 2】（4 分）

外包成功的关键因素之一就是选择外包商，那么你认为选择外包商的标准有哪些？

【问题 3】（4 分）

外包商资格审查的内容之一就是其经营管理能力，请简要说明外包商的经营管理能力具体应包括哪些方面？

【问题 4】（3 分）

企业的 IT 外包也会面临一定的风险，应采取哪些措施来控制外包风险？

试题五分析

本题考查 IT 外包知识。

由于 IT 技术涉及的范围相当广泛，一个企业的需要也是多层次的，IT 服务商则拥有各层次的专业人员，技术力量更为雄厚，相比企业要构建自己的 IT 服务部门，就人力和物力投入而言，将 IT 开发与维护业务外包给专业的 IT 服务商投入的费用要低得多，可以达到节约企业成本、得到更专业的技术服务，另外还有提高工作效率、保障安全性和持续的服务等好处。

IT 外包成功的关键因素之一就是选择具有良好社会形象和信誉、相关行业经验丰富、能够引领或紧跟信息技术发展的外包商作为战略合作伙伴。

评价一个 IT 外包商的经营管理能力从其管理人员构成与素质、管理水平和效率、已有成功案例和客户反映等方面分析，具体包括外包商的领导层结构、员工素质、客户数量、社会评价；外包商的项目管理水平；外包商所具有的良好运营管理能力的成功案例；员工间团队的合作精神；外包商客户的满意度等都体现着外包商的经营管理能力。

IT 服务外包是一种新的业务运营模式，它是一个负责的过程，存在许多风险，例如成本增加、潜在的安全风险、核心业务外包带来的竞争力流失、外包商服务质量的风险等，因此需要加强对外包合同的管理，对整个项目体系进行科学的规划并对外包商进行综合评估，界定外包业务，避免核心业务损失，加强对新技术的学习，随时洞察技术的发展变化，倡导企业内良好的 IT 学习氛围等。

参考答案

【问题 1】

（1）可以扬长避短，集中精力发展企业的核心业务；

（2）可以为企业节省人员开支；

（3）可以减少企业的人力资源管理成本；

（4）可使企业获得更为专业，更为全面的热情服务。

【问题 2】

（1）良好的社会形象和信誉；

（2）相关行业经验丰富；

（3）能够引领或紧跟信息技术发展；

（4）具有良好的技术能力、经营管理能力和发展能力；

（5）加强战术和战略优势，建立长期战略关系；

（6）聚焦于战略思维，流程再造和管理的贸易伙伴关系。

【问题 3】

（1）外包商的领导层结构、员工素质、客户数量、社会评价；

（2）外包商的项目管理水平；

（3）外包商所具有的良好运营管理能力的成功案例；

（4）员工间团队的合作精神；

（5）外包商客户的满意度。

【问题 4】

（1）加强对外包合同的管理；

（2）对整个项目体系进行科学的规划；

（3）对新技术要敏感；

（4）要不断学习，倡导良好的 IT 学习氛围。

第3章 2014上半年信息系统管理工程师 上午试题分析与解答

试题 (1)

并行性是指计算机系统具有可以同时进行运算或操作的特性，它包含___(1)___。

(1) A. 同时性和并发性   B. 同步性和异步性

     C. 同时性和同步性   D. 并发性和异步性

试题 (1) 分析

本题考查计算机系统基础知识。

并行性是指计算机系统具有可以同时进行运算或操作的特性，它包含同时性和并发性。同时性指两个或两个以上事件在同一时刻发生。并发性指两个或两个以上事件在同一时间间隔发生。

参考答案

(1) A

试题 (2)

某计算机系统的结构如下图所示，其中，PU_i (i=1,···,n) 为处理单元，CU 为控制部件，MM_j (j=1,···,n) 为存储部件。该计算机___(2)___。

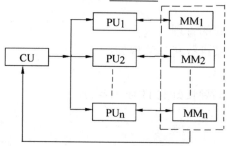

(2) A. 通过时间重叠实现并行性   B. 通过资源重复实现并行性

     C. 通过资源共享实现并行性   D. 通过精简指令系统实现并行性

试题 (2) 分析

本题考查计算机系统基础知识。

上图中有多个处理单元，可将任务分配给多个处理单元进行并行运算，是通过资源重复的方式实现并行性。

参考答案

(2) B

试题（3）

在高速缓冲存储器（Cache）-主存层次结构中，地址映像以及和主存数据的交换由　__(3)__　完成。

（3）A．硬件　　　　　　　　　　B．中断机构

　　　C．软件　　　　　　　　　　D．程序计数器

试题（3）分析

本题考查计算机系统基础知识。

高速缓冲存储器是存在于主存与 CPU 之间的一级存储器，由静态存储芯片（SRAM）组成，容量比较小但速度比主存高得多，接近于 CPU 的速度。为了保证高速缓冲存储器的速度，其地址映像以及和主存数据的交换由硬件完成。

参考答案

（3）A

试题（4）

计算机系统的内存储器主要由　__(4)__　构成。

（4）A．Flash 存储器　　　　　　B．只读存储器

　　　C．辅助存储器　　　　　　　D．半导体存储器

试题（4）分析

本题考查计算机系统基础知识。

半导体存储器是一种以半导体电路作为存储媒体的存储器，内存储器就是由称为存储器芯片的半导体集成电路组成。

参考答案

（4）D

试题（5）、（6）

__(5)__　是指 CPU 一次可以处理的二进制数的位数，它直接关系到计算机的计算精度、速度等指标；运算速度是指计算机每秒能执行的指令条数，通常以　__(6)__　为单位来描述。

（5）A．带宽　　　　B．主频　　　　C．字长　　　　D．存储容量

（6）A．MB　　　　B．Hz　　　　C．MIPS　　　　D．BPS

试题（5）、（6）分析

本题考查计算机系统基础知识。

字长是指同时参与运算的数的二进制位数，它决定着寄存器、加法器、数据总线等设备的位数，因而直接影响着硬件的代价，同时字长标志着计算机的计算精度和表示数据的范围。微型计算机的字长有 8 位、准 16 位、16 位、32 位、64 位等。

MIPS（Million Instructions Per Second）意为单字长定点指令平均执行速度，即每秒处理的百万级的机器语言指令数，这是衡量 CPU 速度的一个指标。

参考答案

（5）C　　（6）C

试题（7）

与高级程序语言相比，用机器语言精心编写的程序的特点是　__(7)__　。

（7）A. 程序的执行效率低，编写效率低，可读性强

　　　B. 程序的执行效率低，编写效率高，可读性差

　　　C. 程序的执行效率高，编写效率低，可读性强

　　　D. 程序的执行效率高，编写效率低，可读性差

试题（7）分析

本题考查计算机系统基础知识。

机器语言是用二进制代码表示的计算机能直接识别和执行的一种机器指令的集合，具有灵活、直接执行和速度快等特点。

用机器语言编写程序，编程人员要首先熟记所用计算机的全部指令代码和代码的含义，程序员需自己处理每条指令和每一数据的存储分配和输入输出，还要记住编程过程中每步所使用的工作单元处在何种状态。这是一件十分烦琐的工作，程序的可读性很差，还容易出错。

参考答案

（7）D

试题（8）

更适合于开发互联网络应用的程序设计语言是__(8)__。

（8）A. SQL　　　　　B. Java　　　　　C. Prolog　　　　　D. Fortran

试题（8）分析

本题考查计算机系统基础知识。

结构化查询语言（Structured Query Language）简称 SQL，是一种数据库查询和程序设计语言，用于存取数据以及查询、更新和管理关系数据库系统。

Java 是一种可以撰写跨平台应用软件的面向对象的程序设计语言，广泛应用于 PC、数据中心、游戏控制台、科学超级计算机、移动电话和互联网，同时拥有全球最大的开发者专业社群。

Prolog（Programming in Logic）是一种逻辑编程语言。它建立在逻辑学的理论基础之上，最初被运用于自然语言等研究领域。现已广泛地应用在人工智能的研究中，可以用来建造专家系统、自然语言理解、智能知识库等。

Fortran（Formula translator），是世界上最早出现的计算机高级程序设计语言，广泛应用于科学和工程计算领域。

参考答案

（8）B

试题（9）

编写源程序时在其中增加注释，是为了 ___(9)___ 。

（9）A. 降低存储空间的需求量　　　　B. 提高执行效率

　　　C. 推行程序设计的标准化　　　　D. 提高程序的可读性

试题（9）分析

本题考查计算机系统基础知识。

在代码中使用注释的目的是提升代码的可读性，以让那些非原始代码开发者能更好地理解它们。

参考答案

（9）D

试题（10）

___(10)___ 不属于线性的数据结构。

（10）A. 栈　　　　B. 广义表　　　　C. 队列　　　　D. 串

试题（10）分析

本题考查计算机系统基础知识。

栈、队列和串都属于线性数据结构，其共性是元素类型相同且形成了一个序列。广义表不属于线性的数据结构，其元素可以是单元素，也可以是一个表。

参考答案

（10）B

试题（11）

概括来说，算法是解决特定问题的方法，___(11)___ 不属于算法的 5 个特性之一。

（11）A. 正确性　　　　B. 有穷性　　　　C. 确定性　　　　D. 可行性

试题（11）分析

本题考查计算机系统基础知识。

算法（Algorithm）是指解题方案的准确而完整的描述，是一系列解决问题的清晰指令，其 5 个特性为有穷性、确定性、可行性、有 0 个或多个输入、有一个或多个输出。

参考答案

（11）A

试题（12）、（13）

关系模型是采用 ___(12)___ 结构表达实体类型及实体间联系的数据模型。在数据库设计过程中，设计用户外模式属于 ___(13)___ 。

（12）A. 树型　　　　B. 网状　　　　C. 线型　　　　D. 二维表格

（13）A. 概念结构设计　　　　　　　　B. 物理设计

　　　C. 逻辑结构设计　　　　　　　　D. 数据库实施

试题（12）、（13）分析

本题考查的是考生对数据库基本概念掌握程度。

试题（12）的正确选项为 D。关系模型是采用二维表格结构来表达实体类型及实体间联系的数据模型。

试题（13）的正确选项为 C。因为，在数据库设计过程中，外模式设计是在数据库各关系模式确定之后，根据需求来确定各个应用所用到的数据视图，故设计用户外模式属于逻辑结构设计。

参考答案

（12）D （13）C

试题（14）、（15）

数据库管理系统（DBMS）提供的数据定义语言的功能是 __(14)__ 。某单位开发的信息系统要求：员工职称为"工程师"的月基本工资和奖金不能超过 5000 元，该要求可以通过 __(15)__ 约束条件来完成。

（14）A. 实现对数据库的检索、插入、修改和删除

　　　B. 描述数据库的结构，为用户建立数据库提供手段

　　　C. 用于数据的安全性控制、完整性控制、并发控制和通信控制

　　　D. 提供数据初始装入、数据转储、数据库恢复、数据库重新组织等手段

（15）A. 用户定义完整性　　　　　B. 参照完整性

　　　C. 实体完整性　　　　　　　D. 主键约束完整性

试题（14）、（15）分析

本题考查的是考生对数据库基本概念掌握程度。

试题（14）的正确选项为 B。数据库管理系统（DBMS）提供的数据定义语言的功能是描述数据库的结构，为用户建立数据库提供手段。

试题（15）的正确选项为 A。因为数据库的完整性是指数据的正确性和相容性，是防止合法用户使用数据库时向数据库加入不符合语义的数据。保证数据库中数据是正确的，避免非法的更新。数据库完整性主要有：实体完整性、参照完整性以及用户定义完整性。试题（15）"某单位开发的信息系统要求工程师的基本工资和奖金不能超过 5000 元"这样的数据完整性约束条件是用户定义完整性。因为，对于不同的用户可能要求不一样，例如某单位的职工号为数字型的 1～9999，另一个单位的职工号共 5 位，其第一个字符为英文字母，其余 4 为数字字符。

参考答案

（14）B （15）A

试题（16）、（17）

设有一个员工关系 EMP（员工号,姓名,部门名,职位,薪资），若需查询不同部门中担任"项目主管"职位的员工平均薪资，则相应的 SQL 语句为：

```
SELECT 部门名,AVG(薪资)  AS 平均薪资
FROM EMP
GROUP BY   (16)
    (17)
```

（16）A．员工号　　　　B．姓名　　　　　C．部门名　　　　　D．薪资
（17）A．HAVING 职位='项目主管'　　　　B．HAVING'职位=项目主管'
　　　C．WHERE 职位='项目主管'　　　　D．WHERE'职位=项目主管'

试题（16）、（17）分析

本题考查考生对 SQL 语言的掌握程度。

试题（16）、（17）正确的答案分别是选项 C 和 A。因为根据题意查询不同部门中担任"项目主管"的职工的平均工资，需要先按"部门名"进行分组，然后再按条件职位='项目主管'进行选取，因此正确的 SELECT 语句如下：

```
SELECT 部门名,AVG(工资)  AS 平均工资
FROM EMP
GROUP BY 部门名
HAVING 职位=  '项目主管'
```

参考答案

（16）C　　（17）A

试题（18）

计算机病毒是一种　　(18)　　。

（18）A．软件故障　　B．硬件故障　　C．程序　　D．黑客

试题（18）分析

计算机病毒（Computer Virus）在《中华人民共和国计算机信息系统安全保护条例》中被明确定义为："编制或者在计算机程序中插入的破坏计算机功能或者破坏数据，影响计算机使用，并且能够自我复制的一组计算机指令或者程序代码"，它有如下几个特征：

① 寄生性：病毒程序的存在不是独立的，它总是悄悄地附着在磁盘系统区或文件中；

② 传染性：病毒可以修改其他程序（系统程序或可执行文件），进行自我复制；

③ 隐蔽性：病毒的传染以一种不明显的方式进行，发作前也不露任何症状。隐蔽性是保证病毒迅速蔓延的必要条件；

④ 危害性：每种病毒都表现出一定的危害性，小到占用计算机资源，大到永久性的破坏程序、数据甚至操作系统，使计算机完全瘫痪。

寄生在存贮媒介上的病毒必须有某种机会被激活，被激活的病毒必须能够把自己的病毒程序复制到别的存贮媒介上。有了这两个条件，病毒程序才能传染。目前全球有几十万种病毒，按照基本类型划分，可归为 6 种类型：引导型病毒、可执行文件病毒、宏

病毒和混合病毒、特洛伊木马型病毒、Internet 语言病毒。

参考答案

（18）C

试题（19）

通过 　（19）　 不能减少用户计算机被攻击的可能性。

（19）A．选用比较长和复杂的用户登录口令

　　　　B．使用防病毒软件

　　　　C．尽量避免开放过多的网络服务

　　　　D．定期使用硬盘碎片整理程序

试题（19）分析

本题考查的是在计算机日常操作安全方面的一些基本常识。

在实际中，人们往往为了易于记忆、使用方便而选择简单的登录口令，例如生日或电话号码等，但也因此易于遭受猜测或字典攻击。因此，使用比较长和复杂的口令有助于减少猜测攻击、字典攻击或暴力攻击的成功率。使用防病毒软件，及时更新病毒库，有助于防止已知病毒的攻击。人们编制的软件系统经常会出现各种各样的问题（Bug），因此，尽量避免开放过多的网络服务，也意味着减少可能出错的服务器软件的运行，能够有效减少对服务器攻击的成功率。尽量避免开放过多的网络服务，可以避免针对相应网络服务漏洞的攻击。定期使用硬盘碎片整理程序对系统效率会有所帮助，但是对安全方面的帮助不大。

参考答案

（19）D

试题（20）

计算机加电以后，首先应该将 　（20）　 装入内存并运行，否则，计算机不能做任何事情。

（20）A．操作系统　　　B．编译程序　　　C．Office 系列软件　　　D．应用软件

试题（20）分析

本题考查操作系统的基本知识。

操作系统是在硬件之上，所有其他软件之下，是其他软件的共同环境与平台。操作系统的主要部分是频繁用到的，因此是常驻内存的（Reside）。计算机加电以后，首先应该将操作系统装入内存并运行，否则，计算机不能做任何事。

参考答案

（20）A

试题（21）

软件开发过程中，常采用甘特（Gantt）图描述进度安排。甘特图以　（21）　。

（21）A．时间为横坐标、人员为纵坐标　　B．时间为横坐标、任务为纵坐标

　　C．任务为横坐标、人员为纵坐标　　D．人数为横坐标、时间为纵坐标

试题（21）分析

本题考查软件工程技术方面的基础知识。

为了表现软件开发过程中各项任务之间进度的相互依赖关系，采用图示的方法比使用语言叙述更清楚。常用的图示方法如甘特图、计划评审技术和关键路径法。其中甘特图用水平线段表示任务的工作阶段，线段的起点和终点分别对应任务的开工时间和完成时间，线段的长度表示完成任务所需要的时间。所以甘特图的横坐标表示时间，而纵坐标表示任务。

参考答案

（21）B

试题（22）、（23）

　　　(22)　不属于 DFD（Data Flow Diagram，数据流图）的要素。如果使用 DFD 对某企业的财务系统进行建模，那么该系统中　(23)　可以被认定为外部实体。

（22）A．加工　　　　　B．联系　　　　　C．数据流　　　　D．数据存储

（23）A．转账单　　　　　　　　　　　B．转账单输入

　　　　C．接收转账单的银行　　　　　　D．财务系统源代码程序

试题（22）、（23）分析

数据流图或称数据流程图（Data Flow Diagram，DFD）是一种便于用户理解、分析系统数据流程的图形工具。它摆脱了系统的物理内容，精确地在逻辑上描述系统的功能、输入、输出和数据存储等，是系统逻辑模型的重要组成部分。

DFD 由数据流、加工、数据存储和外部实体 4 个要素构成。外部实体是指存在于软件系统之外的人员或组织，它指出系统所需数据的发源地和系统所产生数据的归宿地。因此选项 A、B、D 都不符合外部实体的定义。

参考答案

（22）B　　（23）C

试题（24）

某企业通过对风险进行了识别和评估后，采用买保险来　(24)　。

（24）A．避免风险　　B．降低风险　　　C．接受风险　　　D．转嫁风险

试题（24）分析

本题考查风险管理方面的基本知识。

通过对风险进行了识别和评估后，可通过降低风险（例如安装防护措施）、避免风险、转嫁风险（例如买保险）、接受风险（基于投入/产出比考虑）等多种风险管理方式得到的结果来协助管理部门根据自身特点来制定安全策略。

参考答案

（24）D

试题（25）

某软件公司举行程序设计竞赛，软件设计师甲、乙针对同一问题，按照规定的技术标准，采用相同的程序设计语言，利用相同的开发环境完成了程序设计。两个程序相似，软件设计师甲先提交，软件设计师乙的构思优于甲。此情形下，　（25）　享有软件著作权。

（25）A．软件设计师甲　　　　　　　　B．软件设计师甲、乙都

　　　　C．软件设计师乙　　　　　　　　D．软件设计师甲、乙都不

试题（25）分析

本题考查知识产权基本知识，即软件著作权归属。

根据题意，某软件公司举行程序设计竞赛，软件设计师甲、乙针对同一问题，按照规定的技术标准，采用相同的程序设计语言，利用相同的开发环境完成了程序设计。尽管两个程序相似，软件设计师甲先提交，软件设计师乙的构思优于甲，但属于独立创作。受保护的软件必须由开发者独立开发创作，任何复制或抄袭他人开发的软件不能获得著作权。程序的功能设计往往被认为是程序的思想概念，根据著作权法不保护思想概念的原则，任何人都可以设计具有类似功能的另一件软件作品。可见，软件设计师甲、乙都享有软件著作权。

参考答案

（25）B

试题（26）

在我国商标专用权保护对象是指　（26）　。

（26）A．商标　　　　B．商品　　　　C．已使用商标　　　　D．注册商标

试题（26）分析

本题考查知识产权的保护方面的基础知识。

商标是生产经营者在其商品或服务上所使用的，由文字、图形、字母、数字、三维标志和颜色，以及上述要素的组合构成，用以识别不同生产者或经营者所生产、制造、加工、拣选、经销的商品或者提供的服务的可视性标志。已使用商标是用于商品、商品包装、容器以及商品交易书上，或者用于广告宣传、展览及其他商业活动中的商标。注册商标是经商标局核准注册的商标，商标所有人依法将自己的商标注册后，商标注册人享有商标专用权，受法律保护。未注册商标是指未经商标局核准注册而自行使用的商标，其商标所有人不享有法律赋予的专用权，不能得到法律的保护。一般情况下，使用在某种商品或服务上的商标是否申请注册完全由商标使用人自行决定，实行自愿注册。但对与人民生活关系密切的少数商品实行强制注册，如对人用药品，必须申请商标注册，未经核准注册的，不得在市场销售。

参考答案

（26）D

试题（27）

利用　(27)　可以保护软件的技术信息、经营信息。

（27）A．著作权　　　　　B．专利权　　　　C．商业秘密权　　　　D．商标权

试题（27）分析

本题考查计算机软件的商业秘密权。

在《反不正当竞争法》中商业秘密定义为"指不为公众所知悉的、能为权利人带来经济利益、具有实用性并经权利人采取保密措施的技术信息和经营信息"。经营秘密和技术秘密是商业秘密的基本内容。经营秘密，即未公开的经营信息，是指与生产经营销售活动有关的经营方法、管理方法、产销策略、货源情报、客户名单、标底和标书内容等专有知识。技术秘密，即未公开的技术信息，是指与产品生产和制造有关的技术诀窍、生产方案、工艺流程、设计图纸、化学配方和技术情报等专有知识。

参考答案

（27）C

试题（28）

《GB 8567－88 计算机软件产品开发文件编制指南》是　(28)　标准，违反该标准而造成不良后果时，将依法根据情节轻重受到行政处罚或追究刑事责任。

（28）A．强制性国家　　　　　　　　B．强制性软件行业

　　　　C．推荐性国家　　　　　　　　D．推荐性软件行业

试题（28）分析

本题考查的是标准化的基本概念。

根据标准制定的机构和标准适用的范围，可分为国际标准、国家标准、行业标准、企业（机构）标准及项目（课题）标准。

国家标准是由政府或国家级的机构制定或批准的、适用于全国范围的标准，是一个国家标准体系的主体和基础，国内各级标准必须服从且不得与之相抵触。GB 是我国最高标准化机构——中华人民共和国国家技术监督局所公布实施的标准，简称为"国标"。可见，《GB 8567－88 计算机软件产品开发文件编制指南》是属于强制性国家标准。

参考答案

（28）A

试题（29）、（30）

以下媒体中，　(29)　是表示媒体，　(30)　是表现媒体。

（29）A．图像　　　B．图像编码　　　C．电磁波　　　D．鼠标

（30）A．图像　　　B．图像编码　　　C．电磁波　　　D．鼠标

试题（29）、（30）分析

本题考查多媒体方面的基础知识。

表示媒体（Representation Medium）指传输感觉媒体的中介媒体，即用于数据交换的编码。如图像编码（JPEG、MPEG）、文本编码（ASCII、GB2312）和声音编码等。

表现媒体（Presentation Medium）指进行信息输入和输出的媒体。如键盘、鼠标、扫描仪、话筒和摄像机等为输入媒体；显示器、打印机和喇叭等为输出媒体。

参考答案

（29）B　　（30）D

试题（31）

　　　(31)　　是表示显示器在横向（行）上具有的像素点数目指标。

（31）A．显示分辨率　　B．水平分辨率　　C．垂直分辨率　　D．显示深度

试题（31）分析

本题考查多媒体图像方面的基础知识。

显示分辨率是指显示屏上能够显示出的像素数目。例如，显示分辨率为 1024×768 表示显示屏分成 768 行（垂直分辨率），每行（水平分辨率）显示 1024 个像素，整个显示屏就含有 796 432 个显像点。屏幕能够显示的像素越多，说明显示设备的分辨率越高，显示的图像质量越高。

参考答案

（31）B

试题（32）

可用于因特网信息服务器远程管理的是　　(32)　　。

（32）A．SMTP　　　　B．RAS　　　　C．FTP　　　　D．Telnet

试题（32）分析

本题考查因特网方面的基础知识。

Telnet 是基于客户机/服务器模式的服务系统，它由客户软件、服务器软件以及 Telnet 通信协议等三部分组成。远程登录服务是在 Telnet 协议的支持下，将用户计算机与远程主机连接起来，在远程计算机上运行程序，将相应的屏幕显示传送到本地机器，并将本地的输入送给远程计算机，由于这种服务基于 Telnet 协议且使用 Telnet 命令进行远程登录，故称为 Telnet 远程登录。

RAS（Remote Access Service）是用于远程访问服务的，例如使用拨号上网时，在远端的服务器上需要启动远程访问服务 RAS。

FTP 是文件传输协议，用来通过网络从一台计算机向另一台计算机传送文件，它是互联网上继 WWW 服务之后的另一项主要服务，用户可以通过 FTP 客户程序连接 FTP 服务器，然后利用 FTP 协议进行文件的"下载"或"上传"。

SMTP 是简单邮件管理协议，是一种通过计算机网络与其他用户进行联系的快速、

简便、高效、价廉的现代化通信手段，是一种利用网络交换信息的非交互式服务。在 TCP/IP 网络上的大多数邮件管理程序使用 SMTP 协议来发信，且采用 POP 协议（常用的是 POP3）来保管用户未能及时取走的邮件。

参考答案

（32）D

试题（33）、（34）

给定 URL 为：http://www.xxx.com.cn/index.htm，其中 index.htm 表示　(33)　，顶级域名是　(34)　。

（33）A．使用的协议　　　　B．查看的文档　　C．网站的域名　　D．邮件地址

（34）A．www　　　　　　B．http　　　　　　C．cn　　　　　　D．htm

试题（33）、（34）分析

给定 URL 为：http://www.xxx.com.cn/index.htm，其中 index.htm 表示查看的文档。

统一资源地址（URL）用来在 Internet 上唯一确定位置的地址。通常用来指明所使用的计算机资源位置及查询信息的类型。例如：http:// www.xxx.com.cn /index.htm 中，http 表示所使用的协议，www.xxx.com.cn 表示访问的主机和域名，index.htm 表示请求查看的文档名。下表所示的是常见的域名类型代码。

常见的域名类型代码

域名类型	主机所在单位类型	域名类型	主机所在单位类型
.com	商业机构	.edu	教育科研机构
.gov	政府机构	.net	网络服务机构
.org	非盈利性专业组织	.mil	军事机构
.firm	公司企业	.store	销售类公司企业
.web	从事 Web 活动的机构	.arts	艺术类机构
.rec	娱乐类机构	.info	信息服务部门
.nom	个人性质	.int	具有国际性质的特殊组织

Internet 的域名系统的逻辑结构是一个分层的域名树，Internet 网络信息中心（Internet Network Information Center，InterNIC）管理着域名树的根，称为根域。根域没有名称，用句号 "."表示，这是域名空间的最高级别。在 DNS 的名称中，有时在末尾附加一个 "."，就是表示根域，但经常是省略的。

根域下面是顶级域（Top-Level Domains，TLD），分为国家顶级域（country code Top Level Domain，ccTLD）和通用顶级域（generic Top Level Domain，gTLD）。国家顶级域名包含 243 个国家和地区代码，例如 cn 代表中国，uk 代表英国等。最初的通用顶级域有 7 个，这些顶级域名原来主要供美国使用，随着 Internet 的发展，com、org 和 net 成为全世界通用的顶级域名，这就是所谓的 "国际域名"。

顶级域下面是二级域，这是正式注册给组织和个人的唯一名称，例如 www.microsoft.com 中的 microsoft 就是微软注册的域名。在二级域之下，组织机构还可

以划分子域。

参考答案

（33）B　　（34）C

试题（35）

企业 IT 管理可分为战略规划、系统管理、技术管理及支持三个层次，其中战略规划工作主要由公司的___（35）___完成。

（35）A．高层管理人员　　　　　　　B．IT 部门员工

　　　 C．一般管理人员　　　　　　　D．财务人员

试题（35）分析

本题考查企业 IT 管理方面的基础知识。

企业 IT 管理可分为战略规划、系统管理、技术管理及支持三个层次，其中战略规划工作主要由公司的高层管理人员。

参考答案

（35）A

试题（36）

信息资源管理（IRM）工作层上最重要的角色是___（36）___。

（36）A．企业领导　　B．数据管理员　　C．数据处理人员　　　D．项目组组长

试题（36）分析

本题考查信息资源管理方面的基础知识。

信息资源管理（IRM）工作层上最重要的角色是数据管理员。因为，信息资源是存放在数据库中的，以供相关人员对信息资源的利用，所以数据管理员是最重要的角色。例如，企业可以利用已有的信息资源进行分析，供企业领导决策。数据管理员的任何工作失误带来的损失可能无法估量。

参考答案

（36）B

试题（37）

在企业 IT 预算中其软件维护与故障处理方面的预算属于___（37）___。

（37）A．技术成本　　B．服务成本　　C．组织成本　　　D．管理成本

试题（37）分析

本题考查成本管理方面的基础知识。

在企业 IT 预算中其软件维护与故障处理方面的预算属于服务成本。

参考答案

（37）B

试题（38）

从数据处理系统到管理信息系统再到决策支持系统，信息系统的开发是把计算机科

学、数学、管理科学和运筹学的理论研究工作和应用的实践结合起来，并注重社会学、心理学的理论与实践成果。这种方法从总体和全面的角度把握信息系统工程。在信息系统工程中我们把这种研究方法称为　 (38) 。

(38) A．技术方法　　　　　　　　　B．社会技术系统方法

　　　 C．行为方法　　　　　　　　　D．综合分析法

试题 (38) 分析

本题考查对信息系统工程所涉及的研究方法的基本认识与理解。

信息系统工程的研究方法分为技术方法、行为方法和社会技术系统方法。

技术方法重视研究信息系统规范的数学模型，并侧重于系统的基础理论和技术手段。

行为方法的重点一般不在技术方案上，其侧重在态度、管理和组织政策、行为方面。社会技术系统方法从总体和全面的角度把握信息系统工程，从数据处理系统到管理信息系统再到决策支持系统，信息系统的开发是把计算机科学、数学、管理科学和运筹学的理论研究工作和应用的实践结合起来，并注重社会学、心理学的理论与实践成果。因此，从单一的视角（如技术方法或行为方法）不能准确地把握信息系统的实质，而社会技术系统方法有助于避免对信息系统采取单纯的技术或行为看法。

参考答案

(38) B

试题 (39)

某企业使用的电子数据处理系统主要用来进行日常业务的记录、汇总、综合、分类。该系统输入的是原始单据，输出的是分类或汇总的报表，那么该系统应该是　 (39) 。

(39) A．面向作业处理的系统　　　　B．面向管理控制的系统

　　　 C．面向决策计划的系统　　　　D．面向数据汇总的系统

试题 (39) 分析

本题考查信息系统开发的基础知识——信息系统的主要类型。

区分面向作业处理的系统、面向管理控制的系统、面向决策计划的系统。用来进行日常业务的记录、汇总、综合、分类。该系统输入的是原始单据，输出的是分类或汇总报表的电子数据处理系统是事务处理系统，是属于面向作业处理的系统。

参考答案

(39) A

试题 (40)

在系统分析阶段，需要在全面掌握现实情况、分析用户信息需求的基础上才能提出新系统的　 (40) 。

(40) A．战略规划　　B．逻辑模型　　C．物理模型　　D．概念模型

试题（40）分析

本题考查对系统分析阶段主要工作和任务的掌握。

系统分析是用系统的思想和方法，把复杂的对象分解成简单的组成部分，并找出这些部分的基本属性和彼此间的关系，是信息系统开发工作中最重要的一环。其主要任务是：（1）了解用户需求，通过对目标系统中数据和信息的流程以及所需功能给出逻辑的描述，得出目标系统的逻辑模型；（2）确定目标系统逻辑模型，形成系统分析报告，为系统设计提供依据。

逻辑模型包括数据流程图、数据字典、基本加工说明等。它们不仅在逻辑上表示目标系统所具备的各种功能，而且还表达了输入、输出、数据存储、数据流程和系统环境等，逻辑模型只告诉人们目标系统要"干什么"而暂不考虑系统怎样来实现的问题。只有在系统分析阶段全面掌握现实情况、分析用户信息需求之后才能对新系统建立逻辑模型。

参考答案

（40）B

试题（41）

以下　　（41）　　能够直接反映企业中各个部门的职能定位、管理层次和管理幅度。

（41）A．数据流程图　　　B．信息关联图　　C．业务流程图　　D．组织结构图

试题（41）分析

本题考查信息系统开发的基础知识。

理解结构图与数据流程图有着本质的差别：数据流程图着眼于数据流，反映系统的逻辑功能，即系统能够"做什么"；结构图着眼于控制层次，反映系统的物理模型，即"怎样逐步实现系统的总功能"。

组织结构图用于描述各个部门的隶属关系与职能，结构图的层数称为深度。一个层次上的模块总数称为宽度。深度和宽度反映了系统的大小和复杂程度。

参考答案

（41）D

试题（42）

在系统分析过程中，编写数据字典时各成分的命名和编号必须依据　　（42）　　。

（42）A．数据流图　　　B．决策表　　　C．数据结构　　　D．U/C 矩阵

试题（42）分析

本题考查在系统分析过程中编写数据字典的基本要求。

编写数据字典的基本要求是：

（1）对数据流图上各种成分的定义必须明确、唯一、易于理解。命令、编号与数据流图一致，必要时可增加编码，以方便查询、检索、维护和统计报表；

（2）符合一致性和完整性的要求，对数据流图上的成分定义与说明没有遗漏；

（3）数据字典中无内容重复或内容相互矛盾的条目；

（4）数据流图中同类成分的数据字典条目中，无同名异义或异名同义者；

（5）格式规范、风格统一、文字精练，数字与符号正确。

参考答案

（42）A

试题（43）

信息系统总体设计阶段的任务包括＿＿（43）＿＿。

（43）A．软件总体结构设计、数据库设计和网络配置设计

　　　B．软件总体结构设计、代码设计和网络配置设计

　　　C．用户界面设计、数据库设计和代码设计

　　　D．用户界面设计、数据库设计和软件总体结构设计

试题（43）分析

本题考查信息系统开发过程的基本知识。

在信息系统设计阶段应包括软件结构设计和计算机物理系统的配置方案设计。软件结构设计的任务是划分子系统，然后确定子系统的模块结构，并画出模块结构图。在这个过程中必须考虑以下几个问题：（1）如何将一个系统划分成多个子系统；（2）每个子系统如何划分成多个模块；（3）如何确定子系统之间、模块之间传送的数据及其调用关系。计算机物理系统具体配置方案的设计，要解决计算机软硬件系统的配置、通信网络系统的配置、机房设备的配置等问题。

参考答案

（43）A

试题（44）

确定存储信息的数据模型和所用数据库管理系统，应在＿＿（44）＿＿。

（44）A．系统规划阶段　　　　　　　B．系统设计阶段

　　　C．系统分析阶段　　　　　　　D．系统实施阶段

试题（44）分析

本题考查信息系统开发过程的基本知识。

系统设计的主要任务是进行总体设计和详细设计。系统总体结构设包括系统总体布局设计和系统模块化结构设计两方面的内容，而详细设计一般包括：（1）代码设计；（2）数据库设计；（3）输入/输出设计；（4）用户界面设计；（5）处理过程设计。

参考答案

（44）B

试题（45）

系统抵御各种外界干扰、正常工作的能力称为系统的＿＿（45）＿＿。

（45）A．正确性　　　B．可靠性　　　C．可维护性　　　D．稳定性

试题（45）分析

本题考查信息系统关于可靠性的概念。

系统的可靠性是只保证系统正常工作的能力。这是对系统的基本要求，系统在工作时，应当对所有可能发生的情况都予以考虑，并采取适当的防范措施，提高系统的可靠性。系统的可靠性主要分系统硬件和软件的可靠性。

参考答案

（45）B

试题（46）

某企业信息化建设中，业务流程重组是对企业原有业务流程进行　（46）　。

（46）A．改良调整　　　B．循序渐进的修改　　　C．局部构造　　　D．重新构造

试题（46）分析

本题考查企业的业务流程重组。

业务流程重组必将导致业务流程、数据流程、信息关联等等发生变化，只有对企业原有业务流程进行重新构造才能满足企业信息化建设新的管理目标。

参考答案

（46）D

试题（47）

现代企业对信息处理不仅要求及时，而且要准确反映实际情况。所以，信息准确性还包括的另一层含义是　（47）　。

（47）A．信息的统一性　　　　　　　　　B．信息的共享性
　　　　C．信息的概括性　　　　　　　　　D．信息的自动化

试题（47）分析

本题考查信息标准化及资源管理的基础知识。

信息资源管理基础标准是进行信息资源开发利用的最基本的标准，这些标准都要体现在数据模型之中。信息准确性还包括的另一层含义信息的统一性。

参考答案

（47）A

试题（48）

系统开发的特点中，"质量要求高"的含义是　（48）　。

（48）A．系统开发的结果不容许有任何错误，任何一个语法错误或语义错误，都会
　　　　　　使运行中断或出现错误的处理结果
　　　　B．系统开发一般都要耗费大量的人力、物力和时间资源
　　　　C．系统开发的结果是无形的
　　　　D．系统开发的结果只要在规定的误差范围内就算是合格品

试题（48）分析

本题考查信息系统开发的管理知识。

在系统开发过程中必须有相应的质量管理（即质量计划、质量保证、质量控制），来保证所开发的系统能够使需求得到满足。其中"质量控制"就是监视特定的结果以判定是否满足相关的质量标准，并找出方法来消除不能满足要求的原因。

"质量要求高"的含义是：系统开发的结果不容许有任何错误，任何一个语法错误或语义错误，都会使运行中断或出现错误的处理结果。

参考答案

（48）A

试题（49）

按结构化设计的思想编制应用程序时，最重要的是___（49）___。

（49）A．贯彻系统设计的结果　　　B．避免出现系统或逻辑错误

　　　C．具有丰富的程序设计经验　　D．必须具有系统的观点

试题（49）分析

本题考查结构化设计的基础知识。

结构化系统分析和设计方法的基本思想是：用系统的思想和系统工程的方法，按用户至上的原则，结构化、模块化、自上而下地对信息系统进行分析与设计。

在进行编制应用程序详细设计之前就建立一个逻辑模型，这么做最重要的一点就是为了避免出现系统或逻辑错误。

参考答案

（49）B

试题（50）

在系统测试中发现的子程序调用错误属于___（50）___。

（50）A．功能错误　　B．系统错误　　C．数据错误　　D．编程错误

试题（50）分析

本题考查系统测试的基础知识。

测试有模块测试、联合测试、验收测试、系统测试 4 种类型。在系统测试中如果能找到子程序调用错误，就可以确定错误原因和具体的位置，子程序调用错误不属于功能错误、数据错误、编程错误；而是系统错误。

参考答案

（50）B

试题（51）

某企业的信息中心要自行开发一套信息管理系统，在系统设计阶段需要完成的主要任务有___（51）___。

（51）A．逻辑模型设计、物理模型设计、数据模型

B. 系统总体设计、系统详细设计、编写系统设计报告

C. 系统可行性分析、系统测试设计、数据库设计

D. 数据库系统设计、系统切换设计、代码设计

试题（51）分析

本题考查系统设计的基础知识。

系统设计的内容和任务因系统目标的不同和处理问题不同而各不同，但一般而言，系统设计包括总体设计（也被称为概要设计）和详细设计。

总体设计只是为整个信息系统提供了一个设计思路和框架，框架内的血和肉需要系统的设计人员在详细设计这个阶段充实。总体设计完成后，设计人员要向用户和有关部门提交一份详细的报告，说明设计方案的可行程度和更改情况，得到批准后转入系统详细设计。

详细设计阶段主要是在总体设计的基础上，将设计方案进一步详细化、条理化和规范化，为各个具体任务选择适当的技术手段和处理方法。包括：代码设计、数据库设计、输入/输出设计、用户界面设计、处理过程设计等。

参考答案

（51）B

试题（52）

为提高软件系统的可重用性、可扩充性和可维护性，目前较好的开发方法是 (52) 。

（52）A. 生命周期法   B. 面向对象方法

      C. 原型法   D. 结构化分析方法

试题（52）分析

本题考查信息系统开发的基础知识，对结构化开发和设计方法、面向对象的开发方法及原型方法等特点的了解。

结构化方法，能够辅助管理人员对原有的业务进行清理，理顺和优化原有业务，使其在技术手段上和管理水平上都有很大提高。发现和整理系统调查、分析中的问题及疏漏，便于开发人员准确地了解业务处理过程。有利于与用户一起分析新系统中适合企业业务特点的新方法和新模型。能够对组织的基础数据管理状态、原有信息系统、经营管理业务、整体管理水平进行全面系统的分析。

原型方法，是一种基于 4GL 的快速模拟方法。它通过模拟以及对模拟后原型的不断讨论和修改，最终建立系统。要想将这样一种方法应用于大型信息系统的开发过程中的所有环节是根本不可能的，故多被用于小型局部系统或处理过程比较简单的系统设计到实现的环节。

面向对象方法，围绕对象来进行系统分析和系统设计，然后用面向对象的工具建立系统的方法。这种方法可以普遍适用于各类信息系统开发，但是它不能涉足系统分析以前的开发环节。

　　面向对象方法的出发点和基本原则是尽可能模拟人类习惯的思维方式，使开发软件的方法与过程尽可能接近人类认识世界、解决问题的方法与过程。为提高软件系统的可重用性、可扩充性和可维护性，常用面向对象方法。

参考答案

　　（52）B

试题（53）

　　在信息时代，企业将一些不具备竞争优势或效率相对低下的业务内容外包并虚拟化的改革创新行为称为　　（53）　　。

　　（53）A．业务流程重组　　　　　　　　B．供应链管理
　　　　　　C．虚拟企业　　　　　　　　　　D．电子商务

试题（53）分析

　　本题考查信息时代发展变化催生、延展的信息化运营管理模式。

　　虚拟企业是一种适应信息化知识化网络化的新型企业形式。虚拟企业的出现常常是参与联盟的企业追求一种完全靠自身能力达不到的超常目标，即这种目标要高于企业运用自身资源可以达到的限度。外包通常是指企业中的非关键功能交由外部伙伴。虚拟企业可以将企业自身营销网络达不到目标的业务内容进行外包，而仅保留并专注于自己所擅长的业务或产品上。实体企业可以靠外部或战略联盟的资源集成和整合来经营自己的虚拟企业。

参考答案

　　（53）C

试题（54）

　　现有一部分 U/C 矩阵如下表所示，则下列描述不正确的是　　（54）　　。

功能数据	成品库存	材料供应
库存控制	C	U
材料需求		C

　　（54）A．成品库存信息是在库存控制功能中产生的
　　　　　　B．材料供应信息是在库存控制功能中产生的
　　　　　　C．材料供应信息是在材料需求功能中产生的
　　　　　　D．库存控制功能要应用材料供应信息

试题（54）分析

　　本题考查信息系统中 U/C 矩阵的应用。

　　库存控制功能可以产生成品库存信息和要应用的材料供应信息，但是不能产生材料供应信息的，而材料供应信息的是在材料需求功能中产生的。

参考答案

　　（54）B

试题（55）

绘制数据流程图时，系统中的全系统共享的数据存储常画在___（55）___。

（55）A. 任意层次数据流程图　　　　B. 扩展数据流程图

　　　　C. 低层次数据流程图　　　　D. 顶层数据流程图

试题（55）分析

本题考查的是信息系统分析的基础知识。

数据流程图是一种最常用的结构化分析工具，它从数据传递和加工的角度，以图形的方式刻画系统内数据的运动情况。

为了描述复杂的软件系统的信息流向和加工，可采用分层的 DFD 来描述，分层 DFD 有顶层、中间层、底层之分。

① 顶层，决定系统的范围，决定输入输出数据流，它说明系统的边界，把整个系统的功能抽象为一个加工，顶层 DFD 只有一张；

② 中间层，顶层之下是若干中间层，某一中间层既是它上一层加工的分解结果，又是它下一层若干加工的抽象，即它又可进一步分解；

③ 底层，若一张 DFD 的加工不能进一步分解，这张 DFD 就是底层的了。底层 DFD 的加工是由基本加工构成的，所谓基本加工是指不能再进行分解的加工。

绘制数据流程图时，通常将系统中的全系统共享的数据存储绘制在顶层数据流程图。

参考答案

（55）D

试题（56）

建立系统平台、培训管理人员及基础数据的准备等工作所属阶段为___（56）___。

（56）A. 系统分析　　B. 系统设计　　C. 系统实施　　D. 系统维护

试题（56）分析

本题考查系统实施的基础知识。

系统实施必须在系统分析、系统设计工作完成以后，必须具备完整、准确的系统开发文档，严格按照系统开发文档进行。系统实施阶段的任务包括以下几个方面内容：硬件配置、软件编制、人员培训、数据准备。这里建立系统平台是指配置系统的软硬件环境。

参考答案

（56）C

试题（57）

系统安全性保护措施包括物理安全控制、人员及管理控制和___（57）___。

（57）A. 存取控制　　B. 密码控制　　C. 用户控制　　D. 网络控制

试题（57）分析

本题考查信息系统管理的安全知识。

（1）为保证系统安全，除加强行政管理外，并采取下列措施：

物理安全控制。物理安全控制是指为保证系统各种设备和环境设施的安全而采取的措施；

（2）人员及管理控制，主要指用户合法身份的确认和检验。用户合法身份检验是防止有意或无意的非法进入系统的最常用的措施；

（3）存取控制，通过用户鉴别，获得使用计算机权的用户，应根据预先定义好的用户权限进行存取，称为存取控制；

（4）数据加密，数据加密由加密（编码）和解密（解码）两部分组成。加密是将明文信息进行编码，使它转换成一种不可理解的内容。这种不可理解的内容称为密文。解密是加密的逆过程，即将密文还原成原来可理解的形式。

参考答案

（57）A

试题（58）

原型法开发信息系统，先要提供一个原型，再不断完善，原型是__（58）__。

（58）A．系统的逻辑模型　　　　　　　　B．系统的物理模型

　　　C．系统工程概念模型　　　　　　　D．可运行模型

试题（58）分析

本题考查信息系统开发方法中的原型法的概念。

在信息系统开发中，用"原型"来形象地表示系统的一个早期可运行版本，它能反映新系统的部分重要功能和特征。由于软件项目的特点，运用原型的目的和开发策略的不同，原型方法可表现为不同的运用方式，一般可分为探索型、实验型、演化型三种类型。

参考答案

（58）D

试题（59）

在决定管理信息系统应用项目之前，首先要做好系统开发的__（59）__。

（59）A．详细调查工作　　　　　　　　　B．可行性分析

　　　C．逻辑设计　　　　　　　　　　　D．物理设计

试题（59）分析

本题考查信息系统开发中系统分析的基础知识。

可行性分析是确定要解决什么问题，确立目标，是系统设计中一个非常重要的环节。在决定管理信息系统应用项目之前，一定要做好系统开发的可行性分析。

参考答案

（59）B

试题（60）

___(60)___ 是由管理信息系统与计算机辅助设计系统以及计算机辅助制造系统结合在一起形成的。

（60）A．计算机集成制造系统　　　　B．决策支持系统

　　　 C．业务处理系统　　　　　　　D．作业控制系统

试题（60）分析

本题考查信息系统开发的基础知识——系统集成化的概念。

计算机集成制造系统（Computer Integrated Manufacturing System，CIMS）。适用于制造企业，是一个基于现代管理技术、信息技术、计算机技术、柔性制造技术、自动化技术的新兴领域。它有机地集成了管理信息系统（MIS）、计算机辅助设计（CAD），计算机辅助工艺生产（CAM）和柔性制造系统（FMS），不仅具有信息采集和处理功能，而且还具有各种控制功能，并且集成于一个系统中，将产品的订货、设计、制造、管理和销售过程，通过计算机网络综合在一起，达到企业生产全过程整体化的目的。

参考答案

（60）A

试题（61）

当信息系统的功能集中于为管理者提供信息和支持决策时，这种信息系统就发展成为 ___(61)___ 。

（61）A．信息报告系统　　　　　　　B．专家系统

　　　 C．决策支持系统　　　　　　　D．管理信息系统

试题（61）分析

本题考查信息系统开发的基础知识。

在信息管理方面，我们正经历着从单项事务的电子数据处理，向以数据库为基础的管理信息系统，及以数据库、模型库和方法库为基础的决策支持系统（Decision Support System，DSS）发展的过程。决策支持系统能够为决策者迅速而准确地提供决策所需的数据、信息和背景材料，帮助决策者明确目标，建立或修改决策模型，提供各种各选方案，对各种方案进行评价和优选，通过人机对话进行分析、比较和判断，为正确决策提供有力支持。

参考答案

（61）C

试题（62）

___(62)___ 是开发单位与用户间交流的桥梁，同时也是系统设计的基础和依据。

（62）A．系统分析报告　　　　　　　B．系统开发计划书

　　　　　C．可行性分析报告　　　　　　D．系统设计说明书

试题（62）分析

本题考查系统分析的基础知识。

系统分析的主要任务是理解和表达用户对系统的应用需求。通过深入调查，和用户一起沟通，确定目标系统的逻辑模型，形成系统分析报告，为目标系统设计提供依据。

参考答案

（62）A

试题（63）

管理信息系统成熟的标志是__（63）__。

（63）A．计算机系统普遍应用

　　　　B．广泛采用数据库技术

　　　　C．可以满足企业各个管理层次的要求

　　　　D．普遍采用联机响应方式装备和设计应用系统

试题（63）分析

本题考查系统管理规划基础知识。

企业管理分为三个层面，战略层、战术层和操作层（又称作业层或运作层）。可以满足企业各个管理层次的要求是管理信息系统成熟的显著标志。

参考答案

（63）C

试题（64）

在信息中心的人口资源管理中，对县级以上的城市按人口多少排序，其序号为该城市的编码，如上海为 001，北京为 002，天津为 003。这种编码方式属于__（64）__。

（64）A．助忆码　　　　B．尾数码　　　　C．顺序码　　　　D．区间码

试题（64）分析

本题考查系统详细设计中的代码种类。

顺序码又被称为系列码，它用一串连续的数字来代表系统的实体或实体属性。顺序码是一种无实义的代码，这种代码只作为分类对象的唯一标识，只代替对象名称，而不提供对象的任何其他信息。

参考答案

（64）C

试题（65）

若想了解一个组织内部处理活动的内容与工作流程的图表，通常应该从__（65）__着手。

（65）A．系统流程图　　　　　　　　　B．数据流程图

　　　　C．程序流程图　　　　　　　　　D．业务流程图

试题（65）分析

本题考查信息系统开发的基础知识。

系统流程图的特点在于它着重表达的是数据在系统中传输时所通过的存储介质和工作站点，与物理技术有密切的联系。系统流程图表达的是系统各部件的流动情况，而不是表示对信息进行加工处理的控制过程。

程序流程图是人们对解决问题的方法、思路或算法的一种描述。

数据流程图（Data Flow Diagram，DFD/Data Flow Chart），是描述系统数据流程的工具，它将数据独立抽象出来，通过图形方式描述信息的来龙去脉和实际流程。

业务流程图是一种描述系统内各单位、人员之间业务关系、作业顺序和管理信息流向的图表，利用它可以帮助分析人员找出业务流程中的不合理流向，它是物理模型，是一种系统分析人员都懂的共同语言，用来描述系统组织结构、业务流程。

想了解一个组织内部处理活动的内容与工作流程通常从业务流程图着手。

参考答案

（65）D

试题（66）

通常，在对基础设施进行监控中会设置相应的监控阀值（如监控吞吐量、响应时间等），这些阀值必须低于 ___（66）___ 中规定的值，以防止系统性能进一步恶化。

（66）A．服务级别协议（SLA）　　　　B．性能最大值的 30%

　　　　C．性能最大值的 70%　　　　　　D．性能最大值

试题（66）分析

本题考查信息系统管理中的系统能力管理方面基础知识。

在服务级别协议和服务级别需求中确定的要求将会提供能力管理流程需要记录和监控的数据，为了保证达到服务级别协议中的服务目标，服务级别管理的阀值应该被包括进去，这样监控活动就能根据这些阀值进行测量然后产生异常报告。通过设置高于或低于实际目标的阀值，可以唤起一个系统动作或人为操作来避免破坏既有的服务级别协议。

参考答案

（66）A

试题（67）

对监控数据进行分析主要针对的问题是 ___（67）___ 。

① 服务请求的突增

② 低效的应用逻辑设计

③ 资源争夺（数据、文件、内存、CPU 等）

（67）A．①③　　　　B．①②　　　C．②③　　　　D．①②③

试题（67）分析

本题考查信息系统管理中的性能及能力管理方面的基础知识。

对监控数据进行分析主要针对的问题包括如下项：

（1）资源争夺（数据、文件、内存、处理器）；

（2）资源负载不均衡；

（3）不合理的锁机制；

（4）低效的应用逻辑设计；

（5）服务请求的突增；

（6）内存占用效率低。

对每一类资源和服务的使用需要分别从短期、中期和长期三个角度进行考虑。考虑它们在每一个时间跨度上的最大、最小及平均占用情况。通常，短期可以理解为一天 24 小时，中期为一周到一个月，长期为一年。这样，不同 IT 服务的使用情况随时间跨度上的变化便可以一目了然。

参考答案

（67）D

试题（68）

系统响应时间是衡量计算机系统负载和工作能力的常用指标。小赵在某台计算机上安装了一套三维图形扫描系统，假设小赵用三维图形扫描系统完成一项扫描任务所占用的计算机运行时间 $T_{user} = 100s$，而启动三维图形扫描系统需要运行时间 $T_{sys} = 30s$，那么该系统对小赵这次扫描任务的响应时间应该是＿＿（68）＿＿。

（68）A．100s　　　　B．30s　　　　C．130s　　　　D．70s

试题（68）分析

本题考查系统性能评价方面的基础知识。

系统响应时间（Elapsed Time）中时间是衡量计算机性能最主要和最为可靠的标准，系统响应能力根据各种响应时间进行衡量，它指计算机系统完成某任务（程序）所花费的时间，例如访问磁盘、访问主存、输入或输出等待、操作系统开销等等。

响应时间为用户 CPU 时间和系统 CPU 时间的和：$T = T_{user} + T_{sys} = 100s + 30s = 130s$

参考答案

（68）C

试题（69）

信息系统建成后，根据信息系统的特点、系统评价的要求与具体评价指标体系的构成原则，可以从三个方面对信息系统进行评价，这些评价一般不包括＿＿（69）＿＿。

（69）A．技术性能评价　　　　　　B．管理效益评价

　　　　C．经济效益评价　　　　　　D．社会效益评价

试题（69）分析

本题考查信息系统评价方面的基础知识。

根据信息系统的特点、系统评价的要求与具体评价指标体系的构成原则，可从技术

性能评价、管理效益评价和经济效益评价等三个方面对信息系统进行评价，不包括社会效益评价。

参考答案

（69）D

试题（70）

企业信息化建设需要大量的资金投入，成本支出项目多且数额大。在企业信息化建设成本支出项目中，系统切换费用属于____（70）____。

（70）A．设备购置费用 　　　　　　B．设施费用

　　　　C．开发费用 　　　　　　　　D．系统运行维护费用

试题（70）分析

本题考查信息系统评价方面的基础知识。

企业信息化的成本包括如下：

（1）设备购置费用，指购置计算机系统硬件、软件、外设及各种易耗品等；

（2）设施费用，指安装、调试和运行系统需建立的支撑环堤的费用，如软件硬件的安装费用、机房建设费、网络布线、入网费等；

（3）开发费用，指开发系统所需的费用，如人员工资、咨询费等；

（4）系统运行维护费用，指系统运行、维护过程中经常发生的费用，如系统切换费用、折旧费用、培训费、管理费、人工费、通信费等。

参考答案

（70）D

试题（71）～（75）

Information systems planners in accordance with the specific information system planning methods developed information system architecture. Information Engineering follow ____（71）____ approach, in which specific information systems from a wide range of information needs in the understanding derived from (for example, we need about customers, products, suppliers, sales and processing of the data center), rather than merging many detailed information requested (orders such as a screen or in accordance with the importation of geographical sales summary report). Top-down planning will enable developers ____（72）____information system, consider system components provide an integrated approach to enhance the information system and the relationship between the business objectives of the understanding, deepen their understanding of information systems throughout the organization in understanding the impact.

Information Engineering includes four steps: ____（73）____, ____（74）____, design and implementation. The planning stage of project information generated information system architecture, ____（75）____enterprise data model.

（71）A．Down-top planning   B．sequence planning

　　　 C．Top-down planning   D．parallel planning

（72）A．to plan more comprehensive   B．to study more comprehensive

　　　 C．to analysis more comprehensive   D．to plan more unilateral

（73）A．studying   B．planning

　　　 C．researching   D．considering

（74）A．consider   B．study   C．plan   D．analysis

（75）A．including   B．excepting   C．include   D．except

参考译文

信息系统的规划者按照信息系统规划的特定方法开发出信息系统的体系结构。信息工程遵循自顶向下规划的方法，其中特定的信息系统从对信息需求的广泛理解中推导出来（例如，我们需要关于顾客、产品、供应商、销售员和加工中心的数据），而不是合并许多详尽的信息请求（如一个订单输入屏幕或按照地域报告的销售汇总）。自顶向下规划可使开发人员更全面地规划信息系统，提供一种考虑系统组件集成的方法，增进对信息系统与业务目标的关系的理解，加深对信息系统在整个组织中的影响的理解。

信息工程包括四个步骤：规划、分析、设计和实现。信息工程的规划阶段产生信息系统体系结构，包括企业数据模型。

参考答案

（71）C　　（72）A　　（73）B　　（74）D　　（75）A

第4章 2014上半年信息系统管理工程师
下午试题分析与解答

试题一

阅读以下有关信息系统开发方面的叙述，回答问题 1 至问题 3，将答案填入答题纸的对应栏内。

【说明】

信息系统测试是信息系统开发过程中的一个非常重要的环节，主要包括软件测试、硬件测试和网络测试三个部分，它是保证系统质量和可靠性的关键步骤，是对系统开发过程中的系统分析、系统设计与实施的最后审查。

在软件测试中，逻辑覆盖法可分为语句覆盖、判定覆盖、路径覆盖等方法。其中：

语句覆盖的含义是设计若干个测试用例，使得程序中的每条语句至少执行一次；判定覆盖也称为分支覆盖，其含义是设计若干个测试用例，使得程序中的每个判断的取真分支和取假分支至少执行一次；路径覆盖的含义是设计足够多的测试用例，使被测程序中的所有可能路径至少执行一次。

【问题1】

一个规范化的测试过程如图 1-1 所示。请将图 1-1 所示的测试过程中的（1）～（3）处的内容填入答题纸上对应位置。

【问题2】

信息系统测试应包括软件测试、硬件测试和网络测试三个部分，请简要描述这三个部分需要做的工作。

【问题3】

程序 M 流程如图 1-2 所示，假设设计的测试用例及覆盖路径如下：

① 输入数据的数据 A=3，B=0，X=3（覆盖路径 acd）

② 输入数据的数据 A=2，B=0，X=6（覆盖路径 ace）

③ 输入数据的数据 A=2，B＝1，X=6（覆盖路径 abe）

④ 输入数据的数据 A=1，B＝1，X=1（覆盖路径 abd）

（1）采用语句覆盖法应选用___(a)___，判定覆盖法应选用___(b)___，路径覆盖法应选用___(c)___测试用例。

（2）就图 1-2 所示的程序 M 流程简要说明语句覆盖和判定覆盖会存在什么问题。

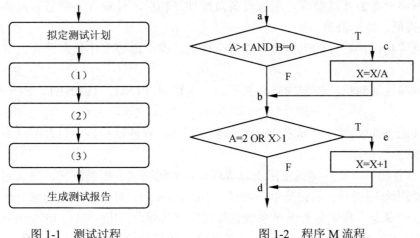

图 1-1　测试过程　　　　　　　　　图 1-2　程序 M 流程

试题一分析

【问题 1】

一个规范化的测试过程的活动主要包括：拟定测试计划、编制测试大纲、设计和生成测试用例、实施测试、生成测试报告。

【问题 2】

信息系统测试应包括软件测试、硬件测试和网络测试三个部分。

（1）硬件测试，在进行信息系统开发中，通常需要根据项目的情况选购硬件设备。在设备到货后，应在各个相关厂商配合下进行初验测试，初验通过后将与软件、网络等一起进行系统测试。初验测试所做的工作主要如下：

① 配置检测，检测是否按合同提供了相应的配置，如系统软件、硬盘、内存、CPU等的配置情况；

② 硬件设备的外观检查，所有设备及配件开箱后，外观有无明显划痕和损伤。这些包括计算机主机、工作站、磁带库、磁盘机柜和存储设备等；

③ 硬件测试，首先进行加电检测，观看运行状态是否正常，有无报警及屏幕有无乱码提示和死机现象，是否能进入正常提示状态。然后进行操作检测，用一些常用的命令来检测机器是否能执行命令，结果是否正常，例如，文件拷贝、显示文件内容、建立目录等。最后检查是否提供了相关的工具，如帮助系统、系统管理工具等。

通过以上测试，要求形成相应的硬件测试报告，在测试报告中包含测试步骤、测试过程和测试的结论等。

（2）网络测试，如果信息系统不是单机，需要在局域网或广域网运行，按合同会选购网络设备，在网络设备到货后，应在各个相关厂商配合下进行初验测试。初验通过后将与软件、硬件等一起进行系统测试。初验测试所做的工作主要有：

① 网络设备的外观检查，所有设备及配件开箱后，外观有无明显划痕和损伤，这些包括交换机、路由器等；

② 硬件测试，进行加电检测，观看交换机、路由器等工作状态是否正常，有无错误和报警；

③ 网络连通测试，检测网络是否连通，可以用 P1NG、TELNET、FTP 等命令来检查。

通过以上测试，要求形成相应的网络测试报告，在测试报告中包含测试步骤、测试过程和测试的结论等。

（3）软件测试，软件测试实际上分成四步：单元测试、组装测试、确认测试和系统测试，它们接顺序进行。首先是单元测试（Unit Testing），对源程序中的每一个程序单元进行测试，验证每个模块是否满足系统设计说明书的要求。组装测试（Integration Testing）是将已测试过的模块组合成子系统，重点测试各模块之间的接口和联系。确认测试（Validation Testing）是对整个软件进行验收，根据系统分析说明书来考查软件是否满足要求。系统测试（System Testing）是将软件、硬件、网络等系统的各十部分连接起来，对整个系统进行总的功能、性能等方面的测试。

【问题 3】

（1）逻辑覆盖主要用于模块的测试，它以程序内部的逻辑结构为基础，考虑测试数据执行（覆盖）程序的逻辑程度。根据覆盖情况的不同，逻辑覆盖可分为：语句覆盖、判定覆盖、条件覆盖、判定/条件覆盖、多重覆盖、路径覆盖、循环覆盖。以图 1-2 所示的程序段为例。这是一个非常简单的程序，共有 2 个判断，4 条不同的路径：acd、ace、abe 和 abd。

空（d）语句覆盖（Statement Coverage）是通过设计若干个检测用例，使得程序中的每条语句至少执行一次。根据题意，本题只要选择能通过路径 ace 的测试用例 A=2，B=0，X=6 即可。

空（e）判定覆盖（Decision Coverage）也称为分支覆盖，就是设计若干个检测用例，使得程序中的每个判断的取真分支和取假分支至少执行一次。对本题只要选择能通过路径 acd 和 abe（或 abd 和 ace）的测试用例：A=3，B=0，X=3（覆盖 acd）；A=2，B=1，X=6（覆盖 abe）即可。

空（f）路径覆盖就是设计足够多的测试示例，使被测程序中的所有可能路径至少执行一次。对上面的例子来说，可以选择这样的 4 组测试数据来覆盖程序中的所有路径。覆盖 abd 测试数据：A=1，B=1，X=1；覆盖 ace 测试数据：A=2，B=0，X=3；覆盖 acd 测试数据：A=3，B=0，X=3；覆盖 abe 测试数据：A=2，B=1，X=1。

（2）语句覆盖对程序的逻辑覆盖程度很少，如果把每一个判断语句中的"AND"错写成"OR"，或把第二个语句中的"OR"错写成"AND"，用上面的测试用例是不能发现问题的。这说明语句覆盖有可能发现不了判断条件中算法出现的错误。判定覆盖比语句覆盖的程度稍强，因为如果通过了每个分支的测试，则各语句也都执行了。但仍有不足，如上述的测试用例不能发现把第二个判断语句中的 X>1 错写成 X<1 的错误。所以，判定覆盖还不能保证一定能查出判断条件中的错误。因此，需要更强的逻辑覆盖来检查内部条件的错误。

参考答案

【问题 1】

（1）编制测试大纲；

（2）设计和生成测试用例；

（3）实施测试。

【问题 2】

（1）硬件测试所做的主要工作有配置检测、硬件设备的外观检查、硬件测试（加电检测、操作检测），形成相应的硬件测试报告。

（2）网络测试所做的主要工作有网络设备的外观检查（如：交换机、路由器等）、硬件测试、网络连通测试，形成相应的网络测试报告。

（3）软件测试主要是对软件的模块、功能等进行测试，软件测试通常分为单元测试、组装测试、确认测试和系统测试四步进行。

【问题 3】

（1）（a）②

（b）①③ 或 ②④

（c）①②③④

（2）语句覆盖有可能发现不了判断条件中算法出现的错误，例如，将判断语句中的"AND"错写成"OR"，或把第二个语句中的"OR"错写成"AND"，用上面的测试用例是不能发现问题的。判定覆盖还不能保证一定能查出判断条件中的错误，例如给出的测试用例不能发现把第二个判断语句中的 X>1 错写成 X<1 的错误。

试题二（15 分）

阅读下列说明，回答问题 1 至问题 3，将解答填入答题纸的对应栏内。

【说明】

某酒店拟构建一个信息系统以方便酒店管理及客房预订业务运作活动，该系统的部分功能及初步需求分析的结果如下所述：

（1）酒店有多个部门，部门信息包括部门号、部门名称、经理、电话和邮箱。每个部门可以有多名员工，每名员工只属于一个部门，每个部门有一名经理，负责管理本部门的事务和员工。

（2）员工信息包括员工号、姓名、职位、部门号、电话号码和工资。职位包括：经理、业务员等，其中员工号唯一标识员工关系中的每一个元组。

（3）客户信息包括客户号、单位名称、联系人、联系电话、联系地址，其中客户号唯一标识客户关系中的每一个元组。

（4）客户要进行客房预订时，需要填写预订申请。预订申请信息包括申请号、客户号、入住时间、入住天数、客房类型、客房数量。其中，一个申请号对应唯一的一个预订申请，一个客户可以有多个预订申请，但一个预订申请对应唯一的一个客户号。

（5）当客户入住时，业务员根据客户预订申请负责安排入住事宜，如入住的客户的姓名、性别、身份证号、电话、入住时间、天数。一个业务员可以安排多个预订申请，但一个预订申请只由一个业务员处理。

【概念模型设计】

根据需求阶段收集的信息，设计的实体联系图如图 2-1 所示。

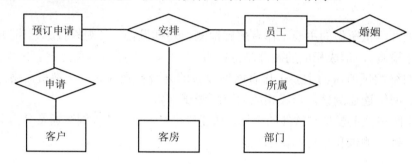

图 2-1　实体联系图

【关系模式设计】

部门（部门号,部门名称,经理,电话,邮箱）

员工（员工号,姓名,__(a)__,职位,电话号码,工资）

客户（__(b)__,单位名称,联系人,联系电话,联系地址）

客房（客房号,客房类型）

预订申请（__(c)__,__(d)__,入住时间,天数,客房类型,客房数量）

安排（申请号,客房号,姓名,性别,身份证号,电话,__(e)__,__(f)__,业务员）

【问题 1】（6 分）

根据题意，将关系模式中的空（a）～（f）的属性补充完整，并填入答题纸对应的位置上。

【问题 2】（4 分）

根据题意，可以得出图 2-1 所示的实体联系图中四个联系的类型，两个实体集之间的联系类型分为三类：一对一（1:1）、一对多（1:n）和多对多（m:n）。请按以下描述确定联系类型并填入答题纸对应的位置上。

客户与预订申请之间的"申请"联系类型为__(g)__；

部门与员工之间的"所属"联系类型为__(h)__；

员工与员工之间的"婚姻"联系类型为__(i)__；

员工、预订申请和客房之间的"安排"联系类型为   (j)   。

【问题 3】(5 分)

若关系中的某一属性或属性组的值能唯一地标识一个元组，则称该属性或属性组为主键。本题"客户号唯一标识客户关系的每一个元组"，故为客户关系的主键。请指出部门、员工、安排关系模式的主键。

试题二分析

本题考查数据库系统中实体联系模型（E-R 模型）和关系模式设计方面的基础知识。

【问题 1】

空（a）分析：部门和员工之间有一个 1:n 的"所属"联系需要将一端的码并入多端，故员工关系模式中的空（a）应填写部门号。

空（b）分析：在客户关系模式中，客户号唯一标识客户关系的每一个元组，故空（b）应填写客户号。

空（c）、（d）分析：由于预订申请信息包括申请号、客户号、预订入住时间、入住天数、客房类型、客房数量，故空（c）、空（d）应填写申请号、客户号。

空（e）、（f）分析：根据题意，客户入住时，业务员根据客户预订申请负责安排入住事宜，如入住的客户的姓名、性别、身份证号、电话、入住时间、天数。而在安排关系模式中缺少入住时间、天数，故空（e）、（f）应填写入住时间、天数。

【问题 2】

两个实体集之间的联系类型分为三类：一对一（1:1）联系、一对多（1:n）联系和多对多（m:n）联系。

空（g）分析：由于一个客户可以有多份预订申请，但一个预订申请对应唯一的一个客户号，故客户和预订申请之间有一个 1:n 的"申请"联系。

空（h）分析：根据题意，每名员工只能在一个部门工作，所以部门和员工之间有一个 1:n 的"所属"联系。

空（i）分析：按照我国婚姻法，员工与员工之间的"婚姻"联系类型为 1:1 的。

空（j）分析：由于一个业务员可以安排多个预订申请，但一个预订申请只由一个业务员处理；又由于一个预订申请可以申请多个同类型的客房，故业务员、预订申请和客房之间有一个 1:n:m 的"安排"联系。

根据上述分析，完善图 2-1 所示的实体联系图如图 2-2 所示。

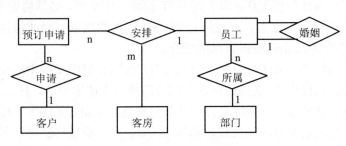

图 2-2   实体联系图

【问题 3】

部门关系模式中的部门号为主键，经理为外键，因为经理来自员工关系。

员工关系模式中的员工号为主键，部门号为外键，因为部门号来自部门关系。

安排关系模式的中的主键为客房号，身份证号，入住时间；外键为客房号、业务员。

参考答案

【问题 1】

(a) 部门号

(b) 客户号

(c) 申请号

(d) 客户号

注：(c) 与 (d) 答案可互换

(e) 入住时间

(f) 天数

注：(e) 与 (f) 答案可互换

【问题 2】

(g) 1:n（或 1:*）

(h) 1:n

(i) 1:1

(j) 1:n:m

【问题 3】

部门关系模式中的部门号为主键；

员工关系模式中的员工号为主键；

安排关系模式中的主键为客房号，身份证号，入住时间。

试题三（共 15 分）

阅读下列说明，回答问题 1 至问题 3，将解答填入答题纸的对应栏内。

【说明】

目前我国有一部分企业的 IT 管理还处在 IT 技术及运作管理层，即主要侧重于对 IT 基础设施本身的技术性管理工作。为了提升 IT 管理工作水平，必须协助企业在实现有效 IT 技术及运作管理的基础之上，通过进行 IT 系统管理的规划、设计和建立，完成 IT 战略规划，真正实现 IT 与企业业务目标的融合。

为了完成上述转变，要求企业相应地改变 IT 部门在组织架构中的定位，同时把 IT 部门从仅为业务部门提供 IT 支持的辅助部门改造成一个成本中心，甚至利润中心。一方面以先进的管理理念和方法、标准来为业务部门提供高质量、低成本、高效率的 IT 支持服务，同时依照约定的服务级别协议、监控 IT 服务并评价最终结果；另一方面也使 IT 部门所提供的服务透明化，不仅让业务部门，更让企业高层管理者清楚地知道 IT 部门提供了什么服务。通过将企业战略目标与信息系统整体部署，从不同层次和角度的结合来促进企业信息化建设工作。

【问题 1】（5 分）

企业在 "IT 系统" 上巨大的投资没有达到所期望的效果，业界称之为 "信息悖论" 现象，请说明企业可以采取哪些管理手段，引入哪些措施来避免 "信息悖论"，提高投资效益。

【问题 2】（6 分）

请简要叙述，为了使 IT 部门组织架构及职责充分支持 IT 战略规划并使 IT 与业务目标趋于一致，IT 部门进行组织及职责设计时应该注重哪些原则。

【问题 3】（4 分）

如果将 IT 部门定位为成本中心或利润中心，使 IT 部门从 IT 支持角色转变为 IT 服务角色。请针对成本中心与利润中心分析二者的管理有何不同。

试题三分析

【问题 1】

IT 业界对于 "信息悖论" 现象产生的原因首先源自现代企业信息系统的复杂性，信息系统规模大、功能多、变化快、异构性；其次从生命周期的观点看，信息系统 80%的时间基本处于运营阶段，企业 IT 运营管理的水平对效益、成本会产生很大的影响。为了避免 "信息悖论"，必须转变系统管理的理念。

IT 部门首先要树立 IT 服务的思想，将 IT 当作一种服务来提供，以先进的管理理念和方法、标准为业务部门提高质量、低成本、高效率的 IT 支持服务；同时，IT 部门应该准确了解业务部门的服务需求，以及由此决定相应的服务级别、监控 IT 服务，并评价最终结果，抑制客户在设备技术方面 "高消费" 的欲望为组织节约成本，提高 IT 投资效益；重视 IT 系统的成本管理，改变以往那种 "激情澎湃" 的非理性 IT 投资方式，研究 IT 项目投资的必要性和可行性、准确计量 IT 投资的成本效益，并在此基础上进行投资评价和责任追究。

在传统的 IT 组织架构中，IT 部门仅作为辅助部门，为业务部门提供支持，这种职能定位使得 IT 部门成为业务部门的 "后勤部门"，再加上 IT 部门自身技术壁垒，使得 IT 项目的预算与成本失去控制。只有将 IT 部门从一个技术支持中心改造成一个成本中心，责任中心，才能提高 IT 部门的运作效率，避免出现 "信息悖论" 现象。

【问题 2】

企业 IT 管理的三个层次包括：IT 战略规划、IT 系统管理、IT 技术管理以及支持来进行 IT 组织及岗位职责设计。其中：IT 战略及投资管理其主要职责是制定 IT 战略规划及支撑业务发展，同时对重大 IT 投资项目予以评估决策；IT 系统管理主要对于公司整个 IT 活动的管理，包括 IT 财务管理、服务级别管理、IT 资源管理、性能及能力管理、系统安全管理、新系统运行转换等职能，从而高质量地为业务部门（客户）提供 IT 服务；IT 技术及运作主持主要是 IT 基础设施的建设及业务部门 IT 支持服务。

　　　　IT 组织及责任设计应包括的具体原则：IT 部门有清晰的远景目标；有明确的职责划分，例如部门划分、岗位设置、与业务部门间的关系；完善的目标管理制度和管理体系、科学的人力资源管理体系；适应企业发展对 IT 的需求变化等方面。

【问题 3】

　　　　成本中心和利润中心都属于责任会计范畴，当 IT 部门被确立为成本中心时，对其 IT 支出和产出（要求）要进行全面核算，并从客户收费中收取补偿。这种政策要求核算所有的付现和非付现成本，确认 IT 服务运作的所有经济成本。作为利润中心来运作的 IT 部门相当于一个独立的经营性组织，一般拥有完整的会计核算体系，通过市场化运作实现自身盈利，对内部可形成有效激励，并且创造更多社会价值。

　　　　将 IT 部门定位为成本中心或者利润中心取决于组织规模和对 IT 部门的依赖程度。一般来说，对于那些组织规模较大且对 IT 依赖程度较高的组织，可将其 IT 部门设立成利润中心。反之，对于业务量小且对 IT 部门依赖程度不高的组织而言，将 IT 部门作为成本中心运作就可以达到成本控制的目的。

参考答案

【问题 1】

　　　　（1）引入 IT 服务理念、引入服务级别管理、引入财务管理等措施可以避免"信息悖论"。

　　　　（2）IT 部门的角色转换，将 IT 部门从一个技术支持部门转变成一个责任中心。

【问题 2】

　　　　（1）IT 部门有清晰的远景和目标，一个简洁清晰的远景是 IT 管理框架的原动力，它描述了 IT 部门在企业中的地位和贡献。

　　　　（2）根据 IT 部门服务内容重新思考和划分部门职能，进行组织机构调整，清晰部门职责。做到重点业务突出，核心业务专人负责。

　　　　（3）建立目标管理制度、项目管理制度，使整个组织的目标能够落实和分解，建立有利于组织生产的项目管理体制。

　　　　（4）作为组织机构调整、目标管理制度和项目管理体制的配套工程，建立科学的现代人力资源管理体系，特别是薪酬和考核体系。

　　　　（5）通过薪酬和考核体系的建立，信息中心的绩效得以提高。

　　　　（6）IT 组织的柔性化，能够较好地适应企业对 IT 服务的需求变更及技术发展。

【问题 3】

　　　　（1）两者均属于责任会计的范畴，成本中心一般没收入或收入少。其责任人可以对成本的发生进行控制，与之对应，利润中心既要控制成本，又要对利润负责。

　　　　（2）对于那些组织业务规模较大且对 IT 依赖程度较高的组织，可将其 IT 部门设立为利润中心，以商业化模式进行运作。与之对应，将 IT 部门作为成本中心运作就可以达到成本控制的目的。

试题四（共 15 分）

阅读下列说明，回答问题 1 至问题 3，将解答填入答题纸的对应栏内。

【说明】

据中国国家互联网应急中心 CNCERT 监测，2013 年 1～11 月，我国境内被篡改的网站数量为 21860 个，其中政府网站有 2191 个，较去年分别增长了 33%和 22%；被暗中植入后门的网站有 93917 个，较去年月均增长 79%，其中政府网站有 2322 个。

针对日益严重的信息系统安全问题，各行业信息系统主管单位进一步加强信息安全标准、规范的落实工作，对各类信息系统的等级保护工作的备案情况进行检查。请结合你本人的实际工作经验回答以下问题。

【问题 1】（5 分）

《计算机信息安全保护等级划分准则》（GB 17859—1999）中规定的计算机信息系统安全保护能力分为五个等级，请将下图级别与名称的对应关系画线连接。

第一级	系统审计保护级
第二级	安全标记保护级
第三级	用户自主保护级
第四级	访问验证保护级
第五级	结构化保护级

【问题 2】（4 分）

针对信息系统可能出现的运行安全问题，实现系统应急处理的安全管理措施应包括哪些内容？

【问题 3】（6 分）

请说明网站篡改攻击有哪些特征、影响和危害？企事业单位防范网站攻击可以选择哪些网络安全产品进行部署？

试题四分析

【问题 1】

《信息安全等级保护信息安全等级保护管理办法》规定，国家信息安全等级保护坚持自主定级、自主保护的原则。信息系统的安全保护等级应当根据信息系统在国家安全、经济建设、社会生活中的重要程度，信息系统遭到破坏后对国家安全、社会秩序、公共利益以及公民、法人和其他组织的合法权益的危害程度等因素确定。

依据计算机信息系统安全保护等级划分准则（GB 17859—1999），信息系统的安全保护等级分为以下五级。即：

第一级，用户自主保护级。本级的计算机信息系统可信计算机通过隔离用户与数据，使用户具备自主安全保护的能力。它具有多种形式的控制能力，对用户实施访问控制，即为用户提供可行的手段，保护用户和用户组信息，避免其他用户对数据的非法读写与破坏。

第二级，系统审计保护级。与用户自主保护级相比，本级的计算机信息系统可信计算机实施了粒度更细的自主访问控制，它通过登录规程、审计安全性相关事件和隔离资源，使用户对自己的行为负责。

第三级，安全标记保护级。本级的计算机信息系统可信计算机具有系统审计保护级所有功能。此外，还提供有关安全策略模型、数据标记以及主体对客体强制访问控制的非形式化描述，具有准确地标记输出信息的能力，消除通过测试发现的任何错误。

第四级，结构化保护级。本级的计算机信息系统可信计算基建立于一个明确定义的形式化安全策略模型之上，它要求将第三级系统中的自主和强制访问控制扩展到所有主体与客体。此外，还要考虑隐蔽通道。本级的计算机信息系统可信计算机必须结构化为关键保护元素和非关键保护元素。计算机信息系统可信计算基的接口也必须明确定义，使其设计与实现能经受更充分的测试和更完整的复审。加强了鉴别机制，支持系统管理员和操作员的职能，提供可信设施管理，增强了配置管理控制。系统具有相当的抗渗透能力。

第五级，访问验证保护级。本级的计算机信息系统可信计算机满足访问监控器需求。访问监控器仲裁主体对客体的全部访问。访问监控器本身是抗篡改的，必须足够小，能够分析和测试。为了满足访问监控器需求，计算机信息系统可信计算机在其构造时，排除那些对实施安全策略来说并非必要的代码，在设计和实现时，从系统工程角度将其复杂性降低到最小程度。支持安全管理员职能、扩充审计机制，当发生与安全相关的事件时发出信号，提供系统恢复机制。系统具有很高的抗渗透能力。

【问题 2】

信息系统主要由物理环境及保障、硬件设施、软件设施和管理人员、规章制度等部分组成。信息安全管理是指确保信息系统结构安全、与信息系统相关元素安全，以及与此相关的各种安全技术、安全服务和安全管理的总和。

任何信息系统都不可能完全避免安全事故的发生，当事故发生时，要有效地跟踪源头、搜集证据、恢复系统、保护数据。要采取必要的措施来应付可能发生的最坏情况。需要建立系统应急处理安全管理措施，以便在真正发生安全事件时做到有章可循，快速响应，把损失降到最小。应急处理是信息安全体系的一项重要组成要素，应该有各种安全事故的处理预案，处置管理流程。在预案中，要明确说明紧急事件发生时，应向谁报告、谁负责回应、谁来做恢复决策，在事件处置时采用那些技术手段，并且在预案中应包括情景模拟。此外，应定期对系统做实验、检查发现问题或环境改变时，应立即检查预案并决定是否需要修正，以保证预案的可靠性和可行性。

灾难恢复措施包括：灾难预防制度，做灾难恢复自动备份，手工恢复重要信息；熟悉灾难恢复的操作过程；灾难恢复和系统重建的硬件保障和软件策略等内容。

【问题 3】

　　在信息化的过程中，互联网作为第四媒体有传播范围广、传播速度快、交互性沟通性强、操作简单、信息量巨大等优势越。随之而来的网站篡改攻击事件增长迅速，这些网络安全事件背后往往带有技术炫耀、商业利益的攫取以及恶意的报复攻击等特征。当网站篡改攻击发生时，有害性信息传播迅速，对相关企业的声誉产生负面影响，造成巨大的经济损失，并且这种影响短时间内难以消除。很多企业受到网站篡改攻击后网络服务中断导致客户信心下降，网络访问量降低。

　　企业防范网站攻击时，可以针对不同类型的网络攻击选择相应的网络安全产品加以防范。其中防火墙可以在内外网之间建立安全网关，从而保护内部网信息免受非法用户侵入；IDS 可以依照一定的安全策略对系统各部分进行监视，尽可能地发现各种攻击企图或行为；IPS 可以对应用层的攻击进行阻断，对防火墙的防护能力进行补充和加强；防篡改系统是着眼"事后恢复"的一款 Web 应用产品；Web 应用防火墙通过针对 HTTP/HTTPS 的安全策略来专门对 Web 应用提供保护；防病毒软件可以进行检测、防护，并采取行动来接触或者删除恶意程序，如病毒和蠕虫。

参考答案

【问题 1】

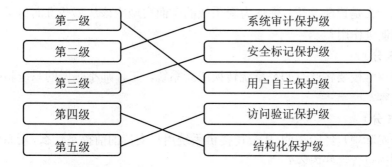

【问题 2】

　　（1）信息系统的安全保障措施：包括在出现各种安全事件时应采取的措施，这些措施是管理手段与技术手段的结合。

　　（2）健全的管理措施：建立健全的安全事件管理机构，明确人员的分工和责任。

　　（3）灾难恢复措施：在系统正常运行时就通过各种备份措施为灾害和故障做准备。

　　（4）备份策略：制定安全事件响应与处理计划及事件处理过程示意图，以便迅速恢复被破坏的系统。

【问题 3】

　　（1）技术炫耀、利益驱动、恶意报复；传播速度快、阅读人群多，复制容易、事后消除影响难，攻击趋向智能化；伴随一定的名誉或财产侵害，导致服务中断，客户信心下降。

（2）防火墙、IDS、IPS、防篡改系统、Web 应用防火墙、防病毒软件。

试题五（共 15 分）

阅读下列说明，回答问题 1 至问题 3，将解答填入答题纸的对应栏内。

【说明】

某学校原购买的 OA 系统具有协同办公、公文管理、内部邮件、计划管理、信息发布、会议管理、车辆管理等基本功能模块，主要用于学校内部上下级单位、部门之间的公文流转、信息发布、日常事务管理等。系统的用户主要分为学校领导和部门领导，普通教职工没有使用 OA 系统的权限。部门内部工作部署与信息沟通主要通过传统的直接交流、文件传阅、会议讨论等方式进行。

随着学校信息化建设的深入开展，学校要求全部教职工使用 OA 系统，以便规范管理程序，提高工作效率，促进学校管理效益的提升。考虑到原购买的 OA 系统在总体技术水平、功能覆盖范围等方面已经不能满足现有需求，学校从多家公司提供的产品中选定了 B 公司的 OA 系统（新系统）替换原有 OA 系统。该校信息化管理办公室将系统转换的计划工作安排给工程师小张来完成，并采取其他相应的措施来保证系统建设工作顺利实施。

【问题 1】（5 分）

请简述什么是管理效益。你认为新系统的全面实施应该从哪些方面对学校管理效益的提升起到促进作用？

【问题 2】（5 分）

请说明该学校要将原有 OA 系统转换成新系统，工程师小张做的系统转换计划应该包括哪些内容？

【问题 3】（5 分）

请结合实际项目经验说明 B 公司提供系统用户支持的前提是什么，新系统的用户支持方案中应该包含哪些内容？

试题五分析

【问题 1】

根据信息系统实现的目标，在系统调查和可行性研究的基础上，主要从技术和经济等方面，就各种系统设计的方案所能满足需要的程度及消耗和占用的各种资源进行评审和选择，并选择技术上先进、经济上合理、实施上可行的最优方案或满意方案称为系统评价。根据信息系统的特点、系统评价的要求和具体评价指标体系的构成原则，可从技术性能、管理效益和经济效益三个方面对信息系统进行评价。

管理效益即社会效益，是间接的经济效益，是通过改进组织结构运作方式、提高人员素质等途径、促进成本下降、利润增加而逐渐地间接获得的效益。管理效益评价可以从信息系统所产生的间接管理作用和价值来进行评价。具体的讲：

（1）系统对组织为适应环境所做的结构、管理制度与模式等的变革所起的作用；

（2）系统帮助改善企业形象，对外提高客户对企业的信任度、对内增强员工的自信心和自豪感的程度；

（3）系统使管理人员获得许多新知识、新技术与新方法和提高技能素质的作用；

（4）系统对实现系统信息共享贡献，对提高员工协作精神及企业的凝聚力的作用；

（5）系统提高企业的基础管理效率，为其他管理工作提供有利条件的作用。

【问题 2】

在信息化建设过程中，随着技术的发展，原有信息系统不断被功能更强大新系统所取代，新的系统替换旧系统的过程被称为系统转换。在新系统运行及系统转换之前，为了保证工作的顺利实施，对新系统运行及系统转换的流程实施进行规划是非常必要的，此外还要明确工作中的角色分配和责任划分以减少风险并增加成功的机会。

系统转换计划包括的内容有：确定转换项目、起草运行规划、确定转换方法、确定转换工具、转换工作执行计划、风险管理计划、系统转换人员计划等。系统转换计划详细地描述用户及信息服务人员的义务与责任，同时规定了时间限制。系统转换工作应当在最短时间内完成，并监控这个时期系统的运行状况，对可能发生的故障，必须胸有成竹、有备无患，整个转换要求安全、平稳，尽量争取能够在系统不间断的情况下成功完成转换工作，确保业务的正常操作。

此外，在进行系统转换计划时，还要考虑转换成本。这个成本是在旧系统向新系统转换的过程中发生的，是除了因新系统安装一次性发生的软硬件、网络设备以及集成费用之外的各种相关成本。例如因系统转换引起的业务中断、额外发生的培训费用等。

【问题 3】

随着信息产业的不断完善，用户支持作为一个企业的重要服务内容，也日益得到重视。它指的是企业客户支出团队提供现场、电话以及电子邮件等形式的技术帮助。对不同的软件客户提供的技术支持和帮助，回答用户的问题，针对用户的技术问题制定解决方案。系统用户支持首先需要解决的就是从用户的角度需要看清什么问题，要确定用户能够看到的范围，然后有针对地提出相应的支持。

首先应该设定软件服务支持的宗旨，服务目标和服务任务。只有明确服务的方向，才能找到客户支持的角度和方式。然后结合软件客户和企业自身支持的实际水平，确定客户会遇到什么样的问题，这样才能准确找到客户问题的症结，及时快速解决客户的问题，让客户满意。

用户支持有明确的支持内容，而不是超出企业水平的一些不切实际的承诺，否则只会招致客户的反感。具体的支持方案中包括如提供软件升级服务、帮助服务台、提供现场指导、电话支持、用户咨询服务等具体内容条款，还包括采取哪些具体措施进行用户培训等内容。

参考答案

【问题 1】

（1）管理效益是间接的经济效益，是通过改进组织结构及运作方式、提高人员素质等途径，促使成本下降、利润增加而逐渐地间接获得效益。

（2）考生结合题目说明，从 OA 系统对组织适应环境；改善企业形象、增强职工信心；帮助管理人员获得新知识；信息共享的贡献；提高工作便利等五个方面中分析三个方面即可。

【问题 2】

（1）确定转换项目；

（2）起草作业运行规则；

（3）确定转换方法；

（4）确定转换工具；

（5）转换工作执行计划；

（6）风险管理计划；

（7）系统转换人员计划。

【问题 3】

（1）从用户的角度需要看清什么问题，确定用户能看到的内容的范围，针对性地提出相应的支持。

（2）有明确的支持内容，如提供软件升级服务、帮助服务台、提供现场指导、电话支持、用户咨询服务等。

（3）对用户培训采取分类（部门管理人员、使用人员、系统维护员）培训。

第5章　2015上半年信息系统管理工程师上午试题分析与解答

试题（1）

CPU 中的　(1)　不仅要保证指令的正确执行，还要能够处理异常事件。

（1）A. 运算器　　　　B. 控制器　　　　C. 寄存器组　　　D. 内部总线

试题（1）分析

本题考查计算机系统基础知识。

CPU 主要由运算器、控制器（Control Unit，CU）、寄存器组和内部总线组成。

运算器（简称为 ALU）主要完成算术运算和逻辑运算，实现对数据的加工与处理。

控制器的主要功能是从内存中取出指令，并指出下一条指令在内存中的位置，将取出的指令送入指令寄存器，启动指令译码器对指令进行分析，最后发出相应的控制信号和定时信息，控制和协调计算机的各个部件有条不紊地工作，以完成指令所规定的操作。

寄存器是 CPU 中的一个重要组成部分，它是 CPU 内部的临时存储单元。寄存器既可以用来存放数据和地址，也可以存放控制信息或 CPU 工作时的状态。

内部总线将运算器、控制器和寄存器组等连接在一起。

参考答案

（1）B

试题（2）

构成运算器的部件中，为运算提供数据并暂时保存结果的是　(2)　。

（2）A. 数据总线　　　　　　　　　B. 累加器

　　 C. 算逻运算单元　　　　　　　D. 状态寄存器

试题（2）分析

本题考查计算机系统基础知识。

不同计算机的运算器结构不同，但基本都包括算术和逻辑运算单元、累加器（AC）、状态字寄存器（PSW）、寄存器组及多路转换器等逻辑部件。

累加器是运算器中的主要寄存器之一，用于暂存运算结果以及向 ALU 提供运算对象。

参考答案

（2）B

试题（3）

在计算机系统中，　(3)　是指在 CPU 执行程序的过程中，由于发生了某个事件，需要 CPU 暂时中止正在执行的程序，转去处理该事件，之后又回到被中止的程序。

（3）A. 调用 　　　　 B. 调度 　　　　 C. 同步 　　　　 D. 中断

试题（3）分析

本题考查计算机系统基础知识。

中断是指在 CPU 执行程序的过程中，由于某一个外部的或 CPU 内部事件的发生，使 CPU 暂时中止正在执行的程序，转去处理这一事件，当事件处理完毕后又回到原先被中止的程序，接着中止前的状态继续向下执行。引起中断的事件就称为中断源。若中断是由 CPU 内部发生的事件引起的，就称为内部中断源；若中断是由 CPU 外部的事件引起的，则称为外部中断源。

参考答案

（3）D

试题（4）

掉电后存储在 __(4)__ 中的数据会丢失。

（4）A. RAM 　　　　 B. ROM 　　　　 C. U 盘 　　　　 D. 光盘

试题（4）分析

本题考查计算机系统基础知识。

读写存储器（Random Access Memory，RAM）是既能读取数据也能存入数据的存储器，其特点是存储信息的易失性，即一旦去掉存储器的供电电源，则存储器所存信息也随之丢失。

只读存储器（Read Only Memory，ROM）是工作过程中只能读取信息的存储器，其所存信息是非易失的，也就是它存储的信息去掉供电电源后不会丢失，当电源恢复后它所存储的信息依然存在。根据数据的写入方式，这种存储器又可细分为 ROM、PROM、EPROM 和 EEPROM 等类型。

参考答案

（4）A

试题（5）

以下关于串行传输和并行传输的叙述中，正确的是 __(5)__ 。

（5）A. 并行传输速度慢，成本低，适用于近距离传输

　　　 B. 并行传输速度快，成本高，适用于远距离传输

　　　 C. 串行传输速度慢，成本低，适用于远距离传输

　　　 D. 串行传输速度快，成本高，适用于近距离传输

试题（5）分析

本题考查计算机系统基础知识。

串行接口采用串行传送方式，数据的所有位按顺序逐位输入或输出。并行接口采用并行传送方式，即一次把一个字节（或一个字）的所有位同时输入或输出，同时（并行）传送若干位。

　　一般来说，并行接口适用于传输距离较近、速度相对较高的场合；串行接口则适用于传输距离较远、速度相对较低的场合。

参考答案

　　（5）C

试题（6）

　　某数据的 7 位编码为 0110001，若要增加一位奇校验位（在最高数据位之前），则编码为　__(6)__。

　　（6）A．10110001　　　B．00110001　　　C．11001110　　　D．01001110

试题（6）分析

　　本题考查计算机系统基础知识。

　　奇偶校验是一种简单有效的校验方法。这种方法通过在编码中增加一个校验位来使编码中 1 的个数为奇数（奇校验）或者偶数（偶校验），从而使码距变为 2。对于奇偶校验，它可以检测代码中奇数位出错的编码，但不能发现偶数位出错的情况，即当合法编码中奇数位发生了错误，也就是编码中的 1 变成 0 或 0 变成 1，则该编码中 1 的个数的奇偶性就发生了变化，从而可以发现错误。

　　题中数据的 7 位编码中有 3 个 1，因此所增加的一位奇校验位应为 0，从而保持其中 1 的个数为奇数。

参考答案

　　（6）B

试题（7）

　　程序设计语言通常划分为高级语言和低级语言。机器语言和汇编语言属于低级语言，它们的特点是　__(7)__。

　　（7）A．运行效率低，开发效率低　　　　B．运行效率低，开发效率高

　　　　　C．运行效率高，开发效率低　　　　D．运行效率高，开发效率高

试题（7）分析

　　本题考查计算机程序语言基础知识。

　　计算机硬件只能识别由 0、1 字符串组成的机器指令序列，即机器指令程序，因此机器指令是最基本的计算机语言。用机器语言编制程序效率低、可读性差，也难以理解、修改和维护。因此，人们设计了汇编语言，用容易记忆的符号代替 0、1 序列，来表示机器指令中的操作码和操作数，例如，用 ADD 表示加法、SUB 表示减法等。虽然使用汇编语言编写程序的效率和程序的可读性有所提高，但汇编语言是面向机器的语言，其书写格式在很大程度上取决于特定计算机的机器指令。机器语言和汇编语言被称为低级语言。人们开发了功能更强、抽象度更高的语言以支持程序设计，因此就产生了面向各类应用的程序语言，即高级语言，常见的有 Java、C、C++、PHP、Python 和 Delphi/Object PASCAL 等。

参考答案

（7）C

试题（8）

编程语言的定义都涉及 ___（8）___ 、语义和语用三个方面。

（8）A．语法　　　　　　B．语句　　　　　　C．语调　　　　　　D．语音

试题（8）分析

本题考查计算机程序语言基础知识。

一般地，程序设计语言的定义都涉及语法、语义和语用三个方面。

语法是指由程序语言基本符号组成程序中的各个语法成分（包括程序）的一组规则，其中由基本字符构成的符号（单词）书写规则称为词法规则，由符号（单词）构成语法成分的规则称为语法规则。程序语言的语法可通过形式语言进行描述。

语义是程序语言中按语法规则构成的各个语法成分的含义，可分为静态语义和动态语义。静态语义是指编译时可以确定的语法成分的含义，而运行时刻才能确定的含义是动态语义。一个程序的执行效果说明了该程序的语义，它取决于构成程序的各个组成部分的语义。

语用表示了构成语言的各个记号和使用者的关系，涉及符号的来源、使用和影响。

参考答案

（8）A

试题（9）

在面向对象程序设计语言中， ___（9）___ 是利用可重用成分来构造软件系统的最有效特性。

（9）A．封装　　　　B．继承　　　　C．多态　　　　D．对象

试题（9）分析

本题考查计算机程序语言基础知识。

在面向对象的系统中，对象是基本的运行时实体，它既包括数据（属性），也包括作用于数据的操作（行为）。所以，一个对象把属性和行为封装为一个整体。

一个类定义了一组大体上相似的对象。类是对象之上的抽象，对象是类的具体化，是类的实例（Instance）。继承是父类和子类之间共享数据和方法的机制。这是类之间的一种关系，即在定义和实现一个类的时候，可以在一个已经存在的类的基础上来进行，把这个已经存在的类所定义的内容作为自己的内容，并加入若干新的内容。

参考答案

（9）B

试题（10）

设有初始为空的栈 S，对于入栈序列 a、b、c、d、e、f，经由进栈、进栈、出栈、进栈、进栈、出栈的操作后，栈顶和栈底元素分别为 ___（10）___ 。

（10）A．c 和 b　　　　B．b 和 a　　　　C．c 和 a　　　　D．d 和 b

试题（10）分析

本题考查数据结构基础知识。

初始为空的栈和入栈序列 a、b、c、d、e、f，经由进栈、进栈、出栈、进栈、进栈、出栈的操作后，栈的状态如下图所示。

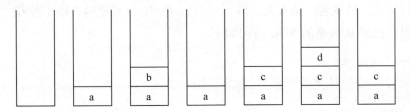

参考答案

（10）C

试题（11）

若应用程序在执行时需要通过打印机输出数据，则一般先形成一个打印作业，将其存放在硬盘中的一个指定　__（11）__　中。当打印机空闲时，就会按先来先服务的方式从中取出待打印的作业进行打印。

（11）A．栈　　　　　B．队列　　　　　C．数组　　　　　D．字符串

试题（11）分析

本题考查数据结构基础知识。

队列是一种先进先出（FIFO）的线性表，它只允许在表的一端插入元素，而在表的另一端删除元素。题目中所述情形为队列的应用场景。

参考答案

（11）B

试题（12）

若关系 R（H，L，M，P）的主键为全码（All-key），则关系 R 的主键应　__（12）__　。

（12）A．为 HLMP

　　　B．在集合{H，L，M，P}中任选一个

　　　C．在集合{H L，HM，HP，LM，LP，MP}中任选一个

　　　D．在集合{ H LM，HLP，HMP，LMP }中任选一个

试题（12）分析

本题考查关系数据库系统中关系的键的基本概念。

在关系数据库系统中，全码（All-key）是指关系模型的所有属性组是这个关系模式的候选键，本题所有属性组为 HLMP，故本题的正确选项为 A。

参考答案

（12）A

试题（13）、（14）

某医院住院部设有病人关系 R（住院号，姓名，性别，科室号，病房，家庭住址），其中："住院号"唯一标识关系 R 中的每一个元组，"性别"的取值只能为 M 或 F；科室关系 D（科室号，科室名，负责人，联系电话），其中："科室号"唯一标识关系 D 中的每一个元组。创建 R 关系的 SQL 语句如下：

```
CREATE TABLE R(
    住院号 CHAR(4) PRIMARY KEY,
    姓名 CHAR(10),
    性别 CHAR(1)   (13)  ,
    科室号 CHAR(4)   (14)  ,
    家庭住址 CHAR(30) );
```

（13）A．IN (M,F)　　　　　　　B．CHECK('M', 'F')

　　　C．LIKE('M', 'F')　　　　　D．CHECK(性别 IN ('M', 'F'))

（14）A．NOT NULL　　　　　　B．REFERENCES D (科室号)

　　　C．NOT NULL UNIQUE　　D．REFERENCES D(科室名)

试题（13）、（14）分析

本题考查关系数据库方面的基础知识。

试题（13）的正确答案是 D。根据题意，属性"性别"的取值只能为 M 或 F，因此需要用语句"CHECK(性别 IN ('M', 'F')"进行完整性约束。

试题（14）的正确答案是 B。根据题意。属性"科室号"是外键，因此需要用语句"REFERENCES D (科室号)"进行参考完整性约束。

参考答案

（13）D　　（14）B

试题（15）～（17）

部门、员工和项目的关系模式及它们之间的 E-R 图如下所示，其中，关系模式中带实下划线的属性表示主键属性。

部门（<u>部门代码</u>,部门名称,电话）
员工（<u>员工代码</u>,姓名,部门代码,联系方式,薪资）
项目（<u>项目编号</u>,项目名称,承担任务）

若部门和员工关系进行自然连接运算，其结果集为　(15)　元关系。员工和项目关

系之间的联系类型为　（16）　，因此它们之间的联系需要转换成一个独立的关系模式，该关系模式的主键是　（17）　。

（15）A．5　　　　　　　B．6　　　　　　　C．7　　　　　　　D．8

（16）A．1 对 1　　　　B．1 对多　　　　　C．多对 1　　　　　D．多对多

（17）A．（项目名称，员工代码）　　　　　B．（项目编号，员工代码）

　　　 C．（项目名称，部门代码）　　　　　D．（项目名称，承担任务）

试题（15）～（17）分析

本题考查关系数据库 E-R 模型的相关知识。

试题（15）的正确答案是 C。根据题意，部门和员工关系进行自然连接运算，应该去掉一个重复属性"部门代码"，所以自然连接运算的结果集为 7 元关系。

试题（16）的正确答案是 D。在 E-R 模型中，用 1　1 表示 1 对 1 联系，用 1　* 表示 1 对多联系，用 *　* 表示多对多联系。

试题（17）的正确答案是 B。因为员工和项目之间是一个多对多的联系，多对多联系向关系模式转换的规则是：多对多联系只能转换成一个独立的关系模式，关系模式的名称取联系的名称，关系模式的属性取该联系所关联的两个多方实体的主键及联系的属性，关系的码是多方实体的主键构成的属性组。由于员工关系的主键是员工代码，项目关系的主键是项目编号，因此，根据该转换规则，试题（17）员工和项目之间的联系的关系模式的主键是（员工代码，项目编号）。

参考答案

（15）C　　（16）D　　（17）B

试题（18）、（19）

Windows 操作系统通常将系统文件保存在　（18）　；为了确保不会丢失，用户的文件应当定期进行备份。备份文件时，不建议的做法是　（19）　。

（18）A．"Windows"文件或"Program Files"文件中

　　　 B．"Windows"文件夹或"Program Files"文件夹中

　　　 C．"QMDownload"文件或"Office_Visio_Pro_2007"文件中

　　　 D．"QMDownload"文件夹或"Office_Visio_Pro_2007"文件夹中

（19）A．将文件备份到移动硬盘中

　　　 B．将需要备份的文件刻录成 DVD 盘

　　　 C．将文件备份到安装 Windows 操作系统的硬盘分区中

　　　 D．将文件备份到未安装 Windows 操作系统的硬盘分区中

试题（18）、（19）分析

本题考查 Windows 操作系统方面的基础知识。

试题（18）的正确选项为 B。系统文件是计算机上运行 Windows 所必需的任意文件。系统文件通常位于"Windows"文件夹或"Program Files"文件夹中。默认情况下，系统

文件是隐藏的。最好让系统文件保持隐藏状态，以避免将其意外修改或删除。

试题（19）的正确选项为 C。为了确保不会丢失用户的文件，应当定期备份这些文件，但不要将文件备份到安装了 Windows 操作系统的硬盘中。应将用于备份的介质（外部硬盘、DVD 或 CD）存储在安全的位置，以防止未经授权的人员访问文件。

参考答案

（18）B　　（19）C

试题（20）

某进程有 4 个页面，页号为 0～3，页面变换表及状态位、访问位和修改位的含义如下图所示。若系统给该进程分配了 3 个存储块，当访问的页面 1 不在内存时，应该淘汰表中页号为　（20）　的页面的系统代价最小。

页号	页帧号	状态位	访问位	修改位
0	6	1	1	1
1	—	0	0	0
2	3	1	1	1
3	2	1	1	0

状态位含义 { =0 不在内存 / =1 在内存

访问位含义 { =0 未访问过 / =1 访问过

修改位含义 { =0 未修改过 / =1 修改过

（20）A. 0　　　　　　B. 1　　　　　　C. 2　　　　　D. 3

试题（20）分析

试题（20）的正确选项为 D。根据题意，页面变换表中状态位等于 0 和 1 分别表示页面不在内存或在内存，所以 0、2 和 3 号页面在内存。当访问的页面 1 不在内存时，系统应该首先淘汰未被访问的页面，因为根据程序的局部性原理，最近未被访问的页面下次被访问的概率更小；如果页面最近都被访问过，应该先淘汰未修改过的页面。因为未修改过的页面内存与辅存一致，故淘汰时无须写回辅存，使系统页面置换代价小。经上述分析，0、2 和 3 号页面都是最近被访问过的，但 0 和 2 号页面都被修改过而 3 号页面未修改过，故应该淘汰 3 号页面。

参考答案

（20）D

试题（21）、（22）

在软件项目开发过程中，进行软件测试的目的是　（21）　；若对软件项目进行风险评估时，　（22）　与风险无关。

（21）A. 缩短软件的开发时间

　　　B. 减少软件的维护成本

　　　C. 尽可能多地找出软件中的错误

　　　D. 证明开发的软件先进性

　　（22）A．开发需要的资金是否能按时到位

　　　　　B．开发人员和用户是否充分理解系统的需求

　　　　　C．高级管理人员是否正式承诺支持该项目

　　　　　D．最终用户是否同意系统的最后部署与运行

试题（21）、（22）分析

　　本题考查风险管理方面的基础知识。

　　试题（21）的正确选项为 C。软件测试在软件生存周期中占有重要地位，它是保证软件质量的关键步骤。据统计，这一阶段占用的时间、花费的人力和成本占软件开发费用的 40%以上。由于人的主观因素或客观原因，在软件开发过程中不可避免地要产生一些错误。软件测试的任务是在软件投入运行以前尽可能多地发现并改正软件中的错误。通过测试的软件并不能证明其中没有错误。

　　试题（22）的正确选项为 D。软件开发中的风险与高级管理人员的支持程度有关，与对系统需求理解的程度有关，与开发资金的及时投入有关，但是与最终用户无关，系统的最后部署与运行不属于开发过程。Boehm 提出的十大风险是：开发人员短缺、不能实现的进度和预算、开发了错误的软件功能、开发了错误的用户接口、华而不实的需求、需求不断地变动、外部执行的任务不符合要求、外部提供的组件不符合要求、实时性不符合要求、超出了计算机科学发展的水平。

参考答案

　　（21）C　　　（22）D

试题（23）

　　数据流图 DFD 的作用是___（23）___。

　　（23）A．描述数据对象之间的关系

　　　　　B．描述对数据的处理流程

　　　　　C．说明将要出现的逻辑判定

　　　　　D．指明系统对外部事件的反应

试题（23）分析

　　本题考查数据流图的概念和应用。

　　数据流图或称数据流程图（Data Flow Diagram，DFD）是一种便于用户理解、分析系统数据流程的图形工具。数据流图描述对数据的处理流程，着重于系统信息的流向和处理过程。它摆脱了系统的物理内容，精确地在逻辑上描述系统的功能、输入、输出和数据存储等，是系统逻辑模型的重要组成部分。

参考答案

　　（23）B

试题（24）

　　信息系统的 MTTR（平均修复时间）主要用来度量系统的___（24）___。

（24）A．可靠性　　　　B．可用性　　　　C．可维护性　　　　D．可移植性

试题（24）分析

本题考查对信息系统性能及能力管理的基本知识。

可维护性一般用相邻两次故障间工作时间的数学期望，及平均修复时间来表示。可维护性是系统失效后在规定时间内可被修复到规定运行水平的能力。用系统发生一次失败后，系统返回正常状态所需的时间来度量，它包含诊断、失效定位、失效校正等时间。

参考答案

（24）C

试题（25）

王某是某公司软件设计师，每当软件开发完成后均按公司规定编写软件文档，并提交公司存档。该软件文档的著作权___（25）___享有。

（25）A．应由公司

　　　 B．应由公司和王某共同

　　　 C．应由王某

　　　 D．除署名权以外，著作权的其他权利由王某

试题（25）分析

本题考查知识产权的基本知识。

依据著作权法第十一条、第十六条规定，职工为完成所在单位的工作任务而创作的作品属于职务作品。职务作品的著作权归属分为两种情况。

① 虽是为完成工作任务而为，但非经法人或其他组织主持，不代表其意志创作，也不由其承担责任的职务作品，如教师编写的教材，著作权应由作者享有，但法人或者其他组织有权在其业务范围内优先使用的权利，期限为 2 年。

② 由法人或者其他组织主持，代表法人或者其他组织意志创作，并由法人或者其他组织承担责任的职务作品，如工程设计、产品设计图纸及其说明、计算机软件、地图等职务作品，以及法律规定或合同约定著作权由法人或非法人单位单独享有的职务作品，作者享有署名权，其他权利由法人或者其他组织享有。

参考答案

（25）A

试题（26）

甲、乙两公司软件设计师分别完成了相同的计算机程序发明。甲公司先于乙公司完成，乙公司先于甲公司使用该项发明。甲、乙公司于同一天向专利局申请发明专利。此情形下，___（26）___可获得专利权。

（26）A．甲公司　　　　　　　　　　　　B．甲、乙公司均

　　　 C．乙公司　　　　　　　　　　　　D．由甲、乙公司协商确定谁

试题（26）分析

本题考查知识产权的基本知识。

当两个以上的申请人分别就同样的发明创造申请专利的，专利权授给最先申请的人。如果两个以上申请人在同一日分别就同样的发明创造申请专利的，应当在收到专利行政管理部门的通知后自行协商确定申请人。如果协商不成，专利局将驳回所有申请人的申请，即均不授予专利权。我国专利法规定："两个以上的申请人分别就同样的发明创造申请专利的，专利权授予最先申请的人"。我国专利法实施细则规定："同样的发明创造只能被授予一项专利。依照专利法第九条的规定，两个以上的申请人在同一日分别就同样的发明创造申请专利的，应当在收到国务院专利行政部门的通知后自行协商确定申请人"。

参考答案

（26）A

试题（27）

以下媒体中，___(27)___是感觉媒体。

（27）A. 音箱　　　　　B. 声音编码　　　C. 电缆　　　　　D. 声音

试题（27）分析

本题考查多媒体的基本知识。

感觉媒体指直接作用于人的感觉器官，使人产生直接感觉的媒体，如引起听觉反应的声音，引起视觉反应的图像等。

参考答案

（27）D

试题（28）

微型计算机系统中，显示器属于___(28)___。

（28）A. 表现媒体　　　　B. 传输媒体　　　C. 表示媒体　　　D. 存储媒体

试题（28）分析

本题考查多媒体的基本知识。

表现媒体是指进行信息输入和输出的媒体，如键盘、鼠标、话筒，以及显示器、打印机、喇叭等；表示媒体指传输感觉媒体的中介媒体，即用于数据交换的编码，如图像编码、文本编码和声音编码等；传输媒体指传输表示媒体的物理介质，如电缆、光缆、电磁波等；存储媒体指用于存储表示媒体的物理介质，如硬盘、光盘等。

参考答案

（28）A

试题（29）

___(29)___是表示显示器在纵向（列）上具有的像素点数目指标。

（29）A. 显示分辨率　　　B. 水平分辨率　　　C. 垂直分辨率　　　D. 显示深度

试题（29）分析

本题考查多媒体的基本知识。

显示分辨率是指显示器上能够显示出的像素点数目，即显示器在横向和纵向上能够显示出的像素点数目。水平分辨率表明显示器水平方向（横向）上显示出的像素点数目，垂直分辨率表明显示器垂直方向（纵向）上显示出的像素点数目。例如，显示分辨率为 1024×768 则表明显示器水平方向上显示 1024 个像素点，垂直方向上显示 768 个像素点，整个显示屏就含有 796432 个像素点。屏幕能够显示的像素越多，说明显示设备的分辨率越高，显示的图像质量越高。显示深度是指显示器上显示每个像素点颜色的二进制位数。

参考答案

（29）C

试题（30）

企业生产及管理过程中涉及的文件、资料、图表和数据等总称为　（30）　。

（30）A．人力资源　　　B．数据资源　　　C．财力资源　　　D．自然资源

试题（30）分析

本题考查信息系统管理的基本知识。

数据资源是企业生产及管理过程中所涉及的一切文件、资料、图表和数据等的总称，它涉及企业生产和经营活动过程中所产生、获取、处理、存储、传输和使用的一切数据资源，贯穿于企业管理的全过程。

参考答案

（30）B

试题（31）

　（31）　作为重要的 IT 系统管理流程，可以解决 IT 投资预算、IT 成本、效益核算和投资评价等问题，为高层管理者提供决策支持。

（31）A．IT 财务管理　B．IT 资源管理　C．IT 性能管理　　D．IT 可用性管理

试题（31）分析

本题考查信息系统管理的基本知识。

如何走出"信息悖论"？专家们给出的答案是：管理重于技术。对 IT 项目的投资过程进行理性管理、研究 IT 项目投资的必要性和可行性，准确计量 IT 项目投资的成本和效益。因此，IT 财务管理作为重要的 IT 系统管理流程，可以解决 IT 投资预算、IT 成本、效益核算和投资评价等问题，从而为高层管理提供决策支持。

参考答案

（31）A

试题（32）

如果 IT 服务的价格是在与客户谈判的基础上由 IT 部门制定的，而且这个价格在一定时期内一般保持不变，那么这种定价方法是　（32）　定价法。

（32）A．现行价格　　　　B．成本价格　　　C．合同价格　　　D．市场价格

试题（32）分析

合同价格定价法通常需要在双方谈判的基础上确定。本题如果 IT 服务的价格是在与客户谈判的基础上由 IT 部门制定的，而且这个价格在一定时期内一般保持不变，那么这种定价方法显然是属于合同价格定价法。

参考答案

（32）C

试题（33）

＿＿（33）＿＿时使用默认路由。

（33）A．访问本地 Web 服务器　　　　　B．在路由表中找不到目标网络

　　　　C．没有动态路由　　　　　　　　　D．访问 ISP 网关

试题（33）分析

在路由表中找不到目标网络时使用默认路由。默认路由通常指本地网关的地址。

参考答案

（33）B

试题（34）

两个工作站可以直接互相通信的连接方式是＿＿（34）＿＿。

（34）A．采用交叉双绞线直接相连　　　　B．采用交叉双绞线通过交换机相连

　　　　C．采用直通双绞线直接相连　　　　D．采用直通双绞线通过服务器相连

试题（34）分析

两个工作站采用交叉双绞线直接相连就可以通信。

参考答案

（34）A

试题（35）

以下关于 URL 的说法中，错误的是＿＿（35）＿＿。

（35）A．使用 www.abc.com 和 abc.com 打开的是同一页面

　　　　B．在地址栏中输入 www.abc.com 默认使用 http 协议

　　　　C．www.abc.com 中的“www”是主机名

　　　　D．www.abc.com 中的“abc.com”是域名

试题（35）分析

本题考查 URL 的使用和格式的基本知识。

URL 由三部分组成：资源类型、存放资源的主机域名、资源文件名。

URL 的一般语法格式为（带方括号[]的为可选项）：

```
protocol :// hostname[:port] / path /filename
```

其中，protocol 指定使用的传输协议，最常见的是 HTTP 或者 HTTPS 协议，也可以

有其他协议，如 file、ftp、gopher、mms、ed2k 等；hostname 是指主机名，即存放资源的服务域名或者 IP 地址；port 是指各种传输协议所使用的默认端口号，该选项是可选选项，例如 http 的默认端口号为 80，一般可以省略，如果为了安全考虑，可以更改默认的端口号，这时，该选项是必选的；path 是指路径，由一个或者多个"/"分隔，一般用来表示主机上的一个目录或者文件地址；filename 是指文件名，该选项用于指定需要打开的文件名称。

一般情况下，一个 URL 可以采用"主机名.域名"的形式打开指定页面，也可以单独使用"域名"来打开指定页面，但是这样实现的前提是需进行相应的设置和对应。

参考答案

（35）A

试题（36）

从下面一条 RIP 路由信息中我们可以得到的结论是　　(36)　　。

> **R 10.10.10.7 [120/2] via 10.10.10.8,00:00:24,Serial 0/1**

（36）A．下一个路由更新将在 36 秒之后到达

　　　 B．到达目标 10.10.10.7 的距离是两跳

　　　 C．串口 S0/1 的 IP 地址是 10.10.10.8

　　　 D．串口 S0/1 的 IP 地址是 10.10.10.7

试题（36）分析

这一条 RIP 路由信息说明到达目标 10.10.10.7 的距离是两跳，下一跳的地址是 10.10.10.8，通过本地串口 S0/1 转发。

参考答案

（36）B

试题（37）

参见下图的网络配置，发现工作站 B 无法与服务器 A 通信，什么故障影响了两者互通？　　(37)　　

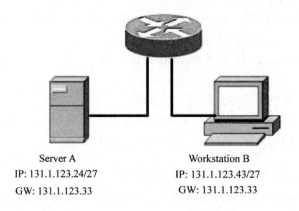

Server A
IP: 131.1.123.24/27
GW: 131.1.123.33

Workstation B
IP: 131.1.123.43/27
GW: 131.1.123.33

（37）A. 服务器 A 的 IP 地址是广播地址

B. 工作站 B 的 IP 地址是网络地址

C. 工作站 B 与网关不属于同一子网

D. 服务器 A 与网关不属于同一子网

试题（37）分析

服务器 A 的 IP 地址 131.1.123.24/27：**10000011.00000001. 01111011.000**11000 服务器 A 的地址不是广播地址。

服务器 A 的网关地址 131.1.123.33：**10000011.00000001. 01111011.001**00001 这个地址与服务器 A 的地址不属于同一个子网。

工作站 B 的 IP 地址 131.1.123.43/27：**10000011.00000001. 01111011.001**01011 这个地址不是网络地址。

工作站 B 的网关地址 131.1.123.33：**10000011.00000001. 01111011.001**00001 工作站 B 与网关属于同一个子网。

参考答案

（37）D

试题（38）

信息系统的应用，会促使组织结构的扁平化。当企业新信息系统建立后，高层领导可以方便地得到详尽的基层信息，许多决策问题也不必再由上层或专人解决。因此，对____（38）____的需要将会减少。

（38）A. 高层领导   B. 中层及基层的管理人员

C. 技术人员   D. 企业员工

试题（38）分析

本题考查信息系统的基本概念，了解信息系统的应用促使组织结构的扁平化。

传统的组织结构大多是集权式金字塔形的层次结构，位于组织高层的领导靠下达命令指挥工作。他们主要从中层领导那里得到关于企业运作情况的信息，却难以得到迅速及时的基层信息。现在的信息系统已能向企业各类管理人员提供越来越多的企业内外部信息以及各种经营分析和管理决策功能。当新信息系统建立后，高层领导可以方便地得到详尽的基层信息，许多决策问题也不必再由上层或专人解决。因此，对中层及基层的管理人员的需要将会减少。这种趋势导致企业决策权力向下层转移并且逐步分散化，从而使企业的组织结构由原来的金字塔形向组织结构扁平化发展。

参考答案

（38）B

试题（39）

信息系统除了对企业管理效率的提高和成本的降低具有显著作用外，还有促进企业运作方式和管理过程的变革等更深层次的作用。这些作用是通过遵循信息的规律，采用全新的信息资源开发与利用方式，安排合理的　(39)　来实现的。

(39) A. 管理人员　　　　　　　　　B. 技术人员

　　　C. 信息流转路径　　　　　　D. 管理人员和技术人员

试题（39）分析

本题考查考生对信息系统基本概念的理解和应用，了解信息系统对企业的影响方式，它是怎样增加企业流程重组的成功率。重组的企业流程需要规划设计合适信息流转路径。

由于企业外部环境众多因素的快速变化，企业的对策不能仅停留在原管理过程处理速度提高等要求上，而应考虑运作方式及管理过程等的彻底重新设计，其中也包括组织结构的重新设计。这也是"企业流程重组"的起因和基本思想。信息系统除了对企业管理效率的提高和成本的降低具有显著作用外，还有促进企业运作方式和管理过程的变革等更深层次的作用。这些作用是通过遵循信息的规律，采用全新的信息资源开发与利用方式，安排合理的信息流转路径来实现的。因此，信息系统对企业流程重组起到关键作用，它是企业流程重组的技术基础，也是企业流程重组成功的保证。信息系统的建设与企业流程重组同步或交错开展，可以明显地提高企业流程重组的成功率。

参考答案

(39) C

试题（40）

开发人员将系统设计阶段得到的目标系统的逻辑模型转换为目标系统的物理模型，该阶段得到的工作总成果是　(40)　，可作为下一个阶段系统实施的工作依据。

(40) A. 系统设计说明书　　　　　　B. 系统模块结构图

　　　C. 物理系统配置方案　　　　　D. 流程图和界面设计

试题（40）分析

本题考查信息系统开发的基本概念。

总体设计包括系统模块结构设计和计算机物理系统的配置方案设计。

① 系统模块结构设计。系统模块结构设计的任务是划分子系统，然后确定子系统的模块结构，并画出模块结构图。在这个过程中必须考虑以下几个问题：如何将一个系统划分成多个子系统。每个子系统如何划分成多个模块。如何确定子系统之间、模块之间传送的数据及其调用关系。如何评价并改进模块结构的质量。

② 计算机物理系统配置方案设计。在进行总体设计时，还要进行计算机物理系统具体配置方案的设计，要解决计算机软硬件系统的配置、通信网络系统的配置、机房设备的配置等问题。计算机物理系统具体配置方案要经过用户单位和领导部门的同意才可进行实施。

③ 详细设计。在总体设计的基础上再进行详细设计，主要有处理过程设计以确定每个模块内部的详细执行过程，包括局部数据组织、控制流、每一步的具体加工要求等。

一般来说，处理过程模块详细设计的难度已不太大，关键是用一种合适的方式来描述每个模块的执行过程，常用的有流程图、问题分析图、IPO 图和过程设计语言等，除了处理过程设计，还有代码设计、界面设计、数据库设计、输入输出设计等。

系统设计阶段的结果就是将模块结构图、模块说明书和其他详细设计的内容等汇总编写成系统设计说明书。

参考答案

（40）A

试题（41）

系统运行管理制度是系统管理的一个重要内容，它是确保系统按预定目标运行并充分发挥其效益的一切必要条件、运行机制和保障措施，通常它应该包括：　__(41)__　。

① 系统运行的组织机构　② 基础数据管理　③ 运行制度管理　④ 系统运行结果分析

（41）A．①②③④　　　B．①②③　　　C．①③　　　D．②③④

试题（41）分析

本题考查信息系统运行管理的基本概念。

系统运行管理制度是系统管理的一个重要内容，它是确保系统按预定目标运行并充分发挥其效益的一切必要条件、运行机制和保障措施。通常它应该包括：

① 系统运行的组织机构。它包括各类人员的构成、各自职责、主要任务和管理内部组织结构。

② 基础数据管理。它包括对数据收集和统计渠道的管理、计量手段和计量方法的管理、原始数据管理、系统内部各种运行文件、历史文件（包括数据库文件）的归档管理等。

③ 运行制度管理。它包括系统操作规程、系统安全保密制度、系统修改规程、系统定期维护制度以及系统运行状态记录和日志归档等。

④ 系统运行结果分析。分析系统运行结果得到某种能够反映企业组织经营生产方面发展趋势的信息，用以提高管理部门指导企业的经营生产的能力。

参考答案

（41）A

试题（42）

美国项目管理协会（PMI）开发的项目管理知识体系中，把信息系统中的项目管理划分为　__(42)__　知识领域。

① 项目范围管理、项目进度管理、项目采购管理

② 项目成本管理、项目质量管理

③ 项目人力资源管理、项目沟通管理

④ 项目风险管理、项目综合管理

（42）A．①③④　　　B．①②③　　C．②③④　　D．①②③④

试题（42）分析

本题考查考生对项目管理涉及的知识领域的了解。

目前比较流行的项目管理知识体系是美国项目管理协会（PMI）开发的项目管理知识体系（Project Management Bode of Knowledge，PMBOK）。该知识体系把项目管理划分为 9 个知识领域：范围管理、进度管理、成本管理、质量管理、人力资源管理、沟通管理、采购管理、风险管理和综合管理。了解项目管理涉及的知识领域有助于管理项目的执行过程、效率和结果。

参考答案

（42）D

试题（43）

信息系统项目是智力密集、劳动密集型项目，受人力资源影响最大，项目成员的结构、责任心、能力和__（43）__对信息系统项目的质量以及是否成功有决定性的影响。

（43）A．单一性　　　　　　B．稳定性　　　　　C．复杂性　　　　　D．重复性

试题（43）分析

本题考查信息系统开发的管理知识。

信息系统项目工作的技术性很强，需要大量高强度的脑力劳动。尽管近年来信息系统辅助开发工具的应用越来越多，但是项目各阶段还是渗透了大量的手工劳动。这些劳动十分细致、复杂和容易出错，因而信息系统项目既是智力密集型项目，又是劳动密集型项目。并且，由于信息系统开发的核心成果——应用软件是不可见的逻辑实体，如果人员发生流动，对于没有深入掌握软件知识或缺乏信息系统开发实践经验的人来说，很难在短时间里做到无缝地承接信息系统的后续开发工作。所以说"项目成员的结构、责任心、能力和稳定性对信息系统项目的质量以及是否成功有决定性的影响"。

参考答案

（43）B

试题（44）

系统分析报告的主要作用是__（44）__。

（44）A．系统规划的依据　　　　　　　　B．系统实施的依据

　　　　C．系统设计的依据　　　　　　　　D．系统评价的依据

试题（44）分析

本题考查考生对"系统分析的主要任务是理解和表达用户对系统的应用需求"的理解。

通过深入调查，和用户一起充分了解现行系统是怎样工作的，理解用户对现行系统的改进要求和对新系统的要求。在此基础上，把和用户共同理解的新系统用恰当的工具表达出来。其主要任务是：

① 了解用户需求。通过对现行系统中数据和信息的流程以及系统的功能给出逻辑

的描述，得出现行系统的逻辑模型。

② 确定系统逻辑模型，形成系统分析报告。在调查和分析中得出新系统的功能需求，并给出明确地描述。根据需要与实现可能性，确定新系统的功能，用一系列图表和文字给出新系统功能的逻辑描述，进而形成系统的逻辑模型。完成系统分析报告，为系统设计提供依据。

参考答案

（44）C

试题（45）

系统开发过程中的第一个正式文档是　__(45)__ 。

（45）A. 系统说明书　　　B. 评审报告　　　C. 开发合同　　　D. 可行性报告

试题（45）分析

本题考查考生对"系统开发过程各阶段的工作任务"的了解情况。

① 系统规划（项目立项、初步调查、总体方案设计、可行性研究、审核批准）。

② 系统分析（详细调查、组织机构与功能分析、业务流程分析、数据流分析、系统分析与逻辑模型设计、系统分析报告）。

③ 系统设计（系统物理配置方案设计、功能结构图设计、系统流程图设计、处理流程图设计、详细设计编码、数据存储设计、输入与输出设计、指定设计规范、编写程序说明书、编写系统设计报告）。

④ 系统实施与系统测试（系统实施与系统测试，程序设计，程序和系统调控，系统切换、试运行，系统测试、验收，编写技术文档）。

⑤ 系统评价与系统维护（定期考核与评价结论、系统运行的组织与管理、系统维护记录）。

可行性研究报告是系统规划需要提交的第一个正式文档。

参考答案

（45）D

试题（46）

为了便于和用户交流，只从系统逻辑功能上讨论问题，通常在绘制数据流图时，力求做到数据流图只反映　__(46)__ 。

（46）A. 数据流向及控制条件

　　　B. 数据流向、数据加工和逻辑意义上的数据存储

　　　C. 各部分相互联系的判断与控制条件

　　　D. 任何数据处理的技术过程、处理方式和时间顺序

试题（46）分析

本题考查绘制数据流图应遵循的主要原则。

由于数据流图在系统建设中的重要作用，绘制数据流图必须坚持正确的原则和运用

科学的方法。绘制数据流图应遵循的主要原则如下。

① 确定外部项。一张数据流图表示某个子系统或某个系统的逻辑模型。系统分析人员要根据调查材料，首先识别出那些不受所描述的系统的控制，但又影响系统运行的外部环境，这就是系统的数据输入的来源和输出的去处。要把这些因素都作为外部项确定下来。确定了系统和外部环境的界面，就可集中力量分析确定系统本身的功能。

② 自顶向下逐层扩展。信息系统庞大而繁杂，具体的数据加工可能成百上千，关系错综复杂，不可能用一两张数据流图明确、具体地描述整个系统的逻辑功能，自顶向下的原则为我们绘制数据流图提供了一条清晰的思路和标准化的步骤。

③ 合理布局。数据流图的各种符号要布局合理，分布均匀、整齐、清晰，使读者一目了然。这才便于交流，避免产生误解。一般要把系统数据主要来源的外部项尽量安排在左方，而把数据主要去处的外部项尽量安排在右边，数据流的箭头线尽量避免交叉或过长，必要时可用重复的外部项和重复的数据存储符号。

④ 数据流图只反映数据流向、数据加工和逻辑意义上的数据存储，不反映任何数据处理的技术过程、处理方式和时间顺序，也不反映各部分相互联系的判断与控制条件等技术问题。也就是只从系统逻辑功能上讨论问题，便于和用户交流。

⑤ 数据流图绘制过程，就是系统的逻辑模型的形成过程，必须始终与用户密切接触、详细讨论、不断修改，也要和其他系统建设者共同商讨以求一致意见。

参考答案

（46）B

试题（47）

现在计算机及网络系统中常用的身份认证方式哪种最为安全实用：___（47）___。

（47）A．用户名+密码方式　　　　　B．IC 卡认证
　　　　C．动态密码　　　　　　　　D．USB Key 认证

试题（47）分析

本题考查网络系统中常用的身份认证方式。

用户名+密码方式：由于密码是静态的数据，在验证过程中需要在计算机内存中和网络中传输，而每次验证使用的验证信息都是相同的，很容易被挂留在计算机内存中的本马程序或网络中的监听设备截获，因此"用户名+密码方式"是种极不安全的身份认证方式。

IC 卡认证：是基于"what you have"的手段，通过 IC 卡硬件不可复制来保证用户身份不会被仿冒。然而由于每次从 IC 卡中读取的数据是静态的，通过内存扫描或网络监听等技术还是很容易截取到用户的身份验证信息，因此还是存在安全隐患。

动态密码技术：采用一次一密的方法，有效保证了用户身份的安全性。但是如果客户端与服务器端的时间或次数不能保持良好的同步，就可能发生合法用户无法登录的问题，并且用户每次登录时简要通过键盘输入一长串无规律的密码，一旦输错就要重新操

作，使用起来非常不方便。

基于 USB Key 的身份认证方式：是近几年发展起来的一种方便、安全的身份认证技术。它采用软硬件相结合、一次一密的强双因子认证模式，很好地解决了安全性与易用性之间的矛盾。USB Key 是一种 USB 接口的硬件设备，它内置单片机或智能卡芯片，可以存储用户的密钥或数字证书，利用 USB Key 内置的密码算法实现了对用户身份的认证。

目前计算机及网络系统中常用的身份认证方式以"基于 USB Key 的身份认证方式"最为安全实用。

参考答案

（47）D

试题（48）、（49）

对于聚合形式：① 逻辑聚合、② 通信聚合、③ 过程聚合、④ 功能聚合、⑤ 时间聚合，请按它们的聚合程度由高到低的顺序重新排列，重新排列后的顺序为___（48）___。

对于耦合形式：① 数据耦合、② 公共耦合、③ 控制耦合、④ 内容耦合，请按它们的可维护性由"好→一般→差→最差"的顺序重新排列，重新排列后的顺序为___（49）___。

（48）A. ①→②→③→④→⑤ 　　　B. ①→③→②→⑤→④

　　　C. ③→②→④→⑤→① 　　　D. ④→③→②→⑤→①

（49）A. ①→③→②→④ 　　　　　B. ①→②→③→④

　　　C. ②→①→④→③ 　　　　　D. ④→③→①→②

试题（48）、（49）分析

本题考查考生对"模块独立性的度量"概念的理解。

功能独立而且和其他模块之间没有过多相互作用和信息传递的模块被称为独立的模块。模块的独立程度可有两个定性标准度量：聚合（Cohesion）和耦合（Coupling）。聚合衡量模块内部各元素结合的紧密程度。耦合度量不同模块间互相依赖的程度。

聚合形式分为：偶然聚合、逻辑聚合、时间聚合、过程聚合、通信聚合、顺序聚合和功能聚合 7 种。

功能聚合是指一个模块内部各个组成部分全部属于一个整体，各部分对实现该功能必不可少。

通信聚合是指一个模块的所有成分都操作同一数据集或生成同一数据集。

过程聚合是指模块内各部分必须以特定的次序来执行。

时间聚合是指一个模块内部的各个组成部分所包含的处理动作必须在同一时间完成。

逻辑聚合是指将几个逻辑上相关的功能被放在同一模块中。

这 5 种聚合关系从强到弱依次为功能聚合、通信聚合、过程聚合、时间聚合、逻辑聚合。

耦合形式分为数据耦合、公共耦合、控制耦合、内容耦合 4 种。

数据耦合是指一个模块访问另一个模块时，彼此之间是通过数据参数（不是控制参数、公共数据结构或外部变量）来交换输入、输出信息的。

若一组模块都访问同一个公共数据环境，则它们之间的耦合就称为公共耦合。

如果一个模块通过传送开关、标志、名字等控制信息，明显地控制选择另一模块的功能，就是控制耦合。

如果一个模块需要涉及另一个模块的内部信息时，则两个模块间形成内容耦合。

这四种耦合性的特点如下表所示。

耦合形式	可维护性	错误扩散能力	可读性	通用性
数据耦合	好	弱	好	好
控制耦合	一般	中	不好	一般
公共耦合	差	强	很差	很差
内容耦合	最差	最强	最差	最差

参考答案

（48）D　　（49）A

试题（50）

在信息管理中，哪些是信息进行加工处理的最基本方式：　（50）　。

① 变换、排序、核对　　② 合并、更新、摘出　③ 分筛（筛选）和生成

（50）A．①③　　　　　　B．②　　　　　C．③　　　　　D．①②③

试题（50）分析

本题考查考生对"信息进行加工处理的基本方式"的了解。

信息加工，就是根据一定的模式或算法将数据进行逻辑或算术运算。信息加工时数据处理性质和实际状况不同，作业项目和步骤也不同，但最基本的处理方式有变换、排序、核对、合并、更新、摘出、分筛和生成等。

参考答案

（50）D

试题（51）

关于系统开发的描述中，不正确的是　（51）　。

（51）A．应结合多种方法开发系统　　　　B．系统分析解决"做什么"

　　　　C．应尽早进入物理设计阶段　　　　D．系统设计解决"怎么做"

试题（51）分析

本题考查考生对系统开发各阶段（系统分析、系统设计、系统实施）的工作顺序的了解。

系统分析阶段是将系统目标具体化为用户需求，再将用户需求转换为系统的逻辑模

型，系统的逻辑模型是用户需求明确、详细的表示。系统设计通常可分为两个阶段进行，首先是总体设计，其任务是设计系统的框架和概貌，并向用户单位和领导部门作详细报告并得到认可，在此基础上进行详细设计，这两部分工作是互相联系的，需要交叉进行。当系统分析与系统设计的工作完成以后，开发人员的工作重点就从分析、设计和创造性思考的阶段转入实践阶段。在此期间，将投入大量的人力、物力及占用较长的时间进行物理系统的实施、程序设计、程序和系统调试、人员培训、系统转换、系统管理等一系列工作，这个过程称为系统实施。

系统设计又称为物理设计，是开发信息系统的第二阶段，需要在系统分析阶段完成告一段落之后进行，不能过早进入物理设计阶段。

参考答案

（51）C

试题（52）

系统规划的主要任务包括＿＿（52）＿＿。

（52）A．明确组织的信息需求、制定系统总体结构方案

　　　 B．对系统进行经济、技术和使用方面的可行性研究

　　　 C．选择计算机和网络系统的方案

　　　 D．确定软件系统的模块结构

试题（52）分析

本题考查考生对"信息系统规划的主要任务"的掌握情况。

"对系统进行经济、技术和使用方面的可行性研究"是系统分析阶段的工作任务；"选择计算机和网络系统的方案"和"确定软件系统的模块结构"是系统设计的内容。

信息系统规划的主要任务有：制定发展战略；确定组织的主要信息需求，制定总体结构方案；安排项目开发计划；制定系统建设的资源分配计划。

参考答案

（52）A

试题（53）

信息系统对管理职能的支持，归根到底是对＿＿（53）＿＿的支持。

（53）A．计划　　　　　B．组织　　　　　C．控制　　　　　D．决策

试题（53）分析

本题考查考生对"信息系统的作用"的理解。

信息系统是为了支持组织决策和管理而进行信息收集、处理、储存和传递的一组相互关联的部件组成的系统，其作用在于支持组织的决策与控制。

参考答案

（53）D

试题（54）

代码结构中设置检验位是为了保证　　（54）　　。

（54）A. 计算机内部运算不出错　　　　B. 代码的合理性

　　　　C. 代码输入的正确性　　　　　　D. 代码的稳定性

试题（54）分析

本题考查考生在系统开发时要注意代码唯一性的原则。

代码的主要功能是标识，它是鉴别编码对象的唯一标志。在系统开发时，除了依据唯一的代码编制规则外，常在代码结构中设置检验位来保证代码输入的正确性，从而确保信息系统中，赋予国家各机关、企业、事业单位、社会团体及其他组织机构在全国范围内的唯一、始终不变的法定标识。

参考答案

（54）C

试题（55）

衡量系统开发质量的首要标准是　　（55）　　。

（55）A. 满足技术指标　　　　　　　B. 满足设计者要求

　　　　C. 满足用户要求　　　　　　　D. 技术规范

试题（55）分析

本题考查考生"系统开发的目的性"的概念。

信息系统的目的是及时、准确地收集企业的数据，并加工为信息，保证信息的畅通，为企业各项决策、经营、计划、控制活动提供依据，使企业各机构和生产环节活动联结为一个统一的整体。

系统开发的成功与否取决于是否符合用户的需要，满足用户的要求是开发工作的出发点和归宿；用户是否满意是衡量系统开发质量的首要标准。可以说，我们的系统开发工作都是以用户的需要为中心，如果不能完全满足用户的需要就不是一个成功的管理信息系统。

参考答案

（55）C

试题（56）

对于系统可靠性的评价属于　　（56）　　。

（56）A. 目标评价　　　　　　　　　B. 功能评价

　　　　C. 性能评价　　　　　　　　　D. 经济效果评价

试题（56）分析

本题考查考生对"信息系统性能评价体系的主要内容"的了解。

根据信息系统的特点、系统评价的要求与具体评价指标体系的构成原则，可从技术性能评价、管理效益评价和经济效益评价等三个方面对信息系统进行评价。

信息系统性能评价指标体系包括如下内容:

- 系统的可靠性。软件硬件系统的可靠性以及数据可靠性,一般采用评价时间点上的测试结果作为可靠性指标的评价结果。
- 系统效率。反映系统完成各项功能所需的计算资源,如周转时间、响应时间、吞吐量等系统效率指标。
- 系统可维护性。确定系统错误并进行修正的努力程度。
- 系统可扩充性。它是指系统处理能力和系统功能的可扩充程度,分为系统结构、系统硬件和系统软件功能可扩充性评价指标。
- 系统可移植性。它指系统从一个硬件(软件)环境移植到另一个硬件(软件)环境的难易程度。
- 系统实用性。它是指系统的对组织各部门的业务处理效率的提高等的支持程度如何,以及对系统分析、预测和控制的建议有效性如何。
- 系统适应性。在运行环境、约束条件或用户需求有所变动时的适应能力。
- 系统安全保密性。对用户无意操作或系统软硬件工作安全性的保护措施,以及对自然灾害和外部黑客攻击的安全保密防护。

参考答案

(56) C

试题(57)

不属于系统安全性保护技术措施的是__(57)__。

(57) A. 数据加密　　　　　　　　B. 负荷分布

　　　C. 存取控制　　　　　　　　D. 用户鉴别

试题(57)分析

本题考查考生对"系统安全性保护技术措施"的掌握。

技术安全主要包括两个方面,即系统安全和数据安全。系统安全性保护技术措施有:

① 系统管理。系统管理过程规定安全性和系统管理如何协同工作,以保护机构的系统。系统管理的过程是:软件升级、薄弱点扫描、策略检查、日志检查、定期监视。

② 系统备份。现在备份的方法很多,主要有文件备份、服务器主动式备份、系统复制、跨平台备份、SQL 数据库备份、分级式存储管理、远程备份。

③ 病毒防治。计算机病毒的预防技术是根据病毒程序的特征对病毒进行分类处理,然后在程序运行中凡有类似的特征点出现时就认定是计算机病毒,并阻止其进入系统内存或阻止其对磁盘进行操作尤其是写操作,以达到保护系统的目的。计算机病毒的预防包括对已知病毒的预防和对未来病毒的预防。

④ 入侵检测系统的配备。入侵检测可以发现对系统的违规访问、阻断网络连接、内部越权访问等,还可发现更为隐蔽的攻击。在系统内部网段配备入侵检测系统作为防

火墙的补充。

"数据加密""存取控制""用户鉴别"都是数据安全性措施的具体形式。

"负荷分布"是将信息系统的信息处理、数据存储以及其他信息管理功能分布在多个设备单元上，以防止单一设备的故障致使整个系统瘫痪的一种技术措施。

参考答案

（57）B

试题（58）

数据字典中"数据项"的内容包括：名称、编号、取值范围、长度和 ＿＿＿（58）＿＿＿。

（58）A．处理频率　　　　　　　　　　B．最大记录数

　　　　C．数据类型　　　　　　　　　　D．数据流量

试题（58）分析

本题考查考生对"数据项"具体内容的了解。

数据字典中有 6 类条目：数据项、数据结构、数据流、数据存储、处理过程和外部实体。数据项又被称为数据元素，是系统中最基本的数据组成单位。在数据字典中，仅定义数据的静态特性，具体包括：

- 数据项的名称。名称要尽量反映该元素的含义，便于理解和记忆。
- 编号。一般由字母和数字组成。
- 别名。一个数据元素，可能其名称不止一个，若有多个名称，则需加以说明。
- 简述。有时候名称仍然不能很确切地反映元素的含义，则可以给该数据项加一些描述信息。
- 取值范围和取值的含义。指数据元素可能取什么值或每一个值代表的意思。
- 数据项的取值可分为离散型和连续型两类。如人的年龄是连续型的，取值范围可定义为 0～150 岁。而"婚姻状况"取值范围是"未婚、已婚、离异、丧偶"是离散型的。
- 数据项的长度。指出该数据项由几个数字或字母组成。如学号，按某校的编法由 7 个数字组成，其长度就是 7 个字节。
- 数据类型。说明取值是字符型还是数字型等。

参考答案

（58）C

试题（59）

在需求阶段，数据字典至少应定义 ＿＿＿（59）＿＿＿ 以确保客户与开发小组是使用一致的定义和术语。

（59）A．客户数据项　　B．数据结构　　　　C．处理过程　　　　D．外部实体

试题（59）分析

本题考查考生应用数据字典来达成客户与开发小组在需求认识上的高度一致。

数据字典是对系统用到的所有数据项和结构的定义,它是结构化系统分析的重要工具之一,是对数据流图的重要补充和说明。数据字典在信息系统开发中具有十分重要的意义,不仅在系统分析阶段,而且在整个开发过程中以及今后的系统运行中都要使用它。所以在数据字典的建立、修正和补充过程中,始终要注意保证数据的一致性和完整性。

为数据字典定义客户数据项,确保客户与开发小组使用一致的定义和术语,在需求认识上不再产生歧义,可有效地推进开发进度。

参考答案

(59) A

试题 (60)

数据流程图配以数据字典,就可以从图形和文字两个方面对系统的__(60)__模型进行描述,从而形成一个完整的说明。

(60) A. 物理模型　　　　B. 逻辑模型　　　C. 数据结构　　　D. 数据模型

试题 (60) 分析

本题考查"数据流图""数据字典"的内容及功能。

数据流程图描述了系统的分解,即描述了系统由哪几个部分组成、各个部分之间的联系等等,但是还没有说明系统中各个成分的含义。

数据字典在数据流图的基础上进一步定义和描述所有数据,以及对一切动态数据(数据流)和静态数据(数据存储)的数据结构及其相互关系的说明,是数据分析和数据管理的重要工具。数据字典可具体对数据流图的所有元素起注释、说明的作用,是对数据流程图的重要补充。

数据流程图配以数据字典,从图形和文字两个方面对系统的逻辑模型进行描述,足可形成一个完整的说明。

参考答案

(60) B

试题 (61)

基于管理活动的管理信息系统的纵向结构可划分为三个层次,它们是__(61)__。

(61) A. 专业数据库、模型库和专用的应用程序

　　　B. 专用数据库、中层、高层

　　　C. 基层、中层和模型库

　　　D. 作业层、战术层、战略层

试题 (61) 分析

本题考查信息系统纵向结构的三个层次及其内容。

基于管理活动的管理信息系统的纵向结构可划分为三个层次:作业层、战术层、战略层。

战略层:IT 制定战略规划(如:IT 战略制定、IT 治理、IT 投资管理)。

战术层：IT 系统管理（如：IT 管理流程、组织设计、管理制度、管理工具等）。

作业层：IT 技术及运作管理（如：IT 技术管理、服务支持、日常维护等）。

目前我国企业的 IT 管理大部分还处于 IT 技术及运作管理层次，即主要还是侧重于对 IT 基础设施本身的技术性管理工作，因此为了提升 IT 管理工作的水平，必须协助企业在实现有效的 IT 技术及运作管理基础之上，通过协助企业进行 IT 系统管理的规划、设计和建立，进而进行 IT 战略规划，真正实现 IT 与企业业务目标的融合。

参考答案

（61）D

试题（62）

一般来说，高层管理提出的决策问题与基层管理提出的决策问题相比，在结构化程度上 ＿＿（62）＿＿。

（62）A. 高层管理提出的决策问题高于基层管理提出的决策问题

　　　 B. 高层管理提出的决策问题低于基层管理提出的决策问题

　　　 C. 两者提出的决策问题没有太大差别

　　　 D. 高层管理不存在非结构化问题

试题（62）分析

本题考查考生掌握"信息系统的应用会促使组织结构的扁平化"的概念。

信息系统的应用会促使组织结构的扁平化，使得高层管理在结构化程度上低于基层管理。

参考答案

（62）B

试题（63）

面向对象方法所具有的继承性提高了软件的 ＿＿（63）＿＿。

（63）A. 可重用性　　　　 B. 独立性　　　　 C. 可靠性　　　　 D. 灵活性

试题（63）分析

本题考查考生掌握"面向对象方法的继承性的特点"。

现有的面向对象的编程语言（OOPL）中都不同程度地实现了对象的以上三个性质：封装性、继承性、多态性。其中继承性是指类通过继承被定义成不同的层次结构，将相关类的特点抽象出来作为父类，子类继承父类的结构和方法后，再定义各自特定的数据和操作，或者还可以通过重载将父类的某些特殊操作进行重新定义。继承一个单一的父类时叫做单继承，如果有两个或两个以上的父类则是多继承。这样做的目的不仅体现了软件重用技术，同时又可最大限度地精简程序、减少冗余代码，极大地提高了程序开发和运行的效率。

参考答案

（63）A

试题（64）

生命周期法将管理系统的开发过程划分为 ___(64)___ 。

(64) A. 系统分析、系统组织、系统维护

　　　 B. 系统设计、系统实施、系统维护

　　　 C. 系统分析、系统组织、系统实施

　　　 D. 系统分析、系统设计、系统实施

试题（64）分析

本题考查考生掌握"生命周期法对系统开发过程的划分"。

生命周期法将管理系统的开发过程主要划分为：系统分析、系统设计、系统实施三个阶段，而系统分析是最重要的阶段（使管理系统的开发更合理、更优化），这阶段工作深入与否直接影响到新系统的质量和经济性，是开发成败的关键。

参考答案

(64) D

试题（65）

以下关于系统切换的叙述中，正确的是 ___(65)___ 。

(65) A. 系统切换的任务是保证新、老系统进行平稳而可靠的交接

　　　 B. 直接切换的风险最小

　　　 C. 系统切换只需要操作人员独立完成

　　　 D. 新系统通过测试后就可以直接投入正常运行

试题（65）分析

本题考查系统切换（转换）知识，应该制定必要的方案，来保证新、老系统进行平稳而可靠的交接。

新的系统在投入使用、替换原有的系统之前，必须经过一定的转换程序。在系统转换之前，应制定一个详细的系统转换计划，并采取有效的控制手段，做好各项转换的准备工作。

系统转换计划包括的内容有：系统转换项目、系统转换负责人、系统转换工具、系统转换方法、系统转换时间表（包括预计系统转换测试开始时间和预计系统转换开始时间）、系统转换费用预算、系统转换方案、用户培训、突发事件、后备处理计划等。

系统转换方式有直接转换、并行转换、分段转换。

直接转换：在确定新的管理信息系统运行准确无误时，在某一时刻终止现行系统，启用新的管理信息系统。这种转换方式费用低，方法简单，但风险大。适合于处理过程不太复杂的小型简单系统。

并行转换：新的管理信息系统和现行系统并行工作一段时间，在新的管理信息系统运行准确无误时，替代现行系统。这种转换方式有利于减轻管理人员心理压力，安全性较好，但费用高，两个系统的数据一般不具备可比性。适合于处理过程复杂、数据重要

的系统。

分段转换：分段转换是直接转换和并行转换的结合，分阶段将新的管理信息系统的各个子系统替代现行系统。这种转换方式安全性较好，但费用高。适合于处理过程复杂、数据重要的大型复杂系统。一般多采用这种方式进行系统转换。

参考答案

（65）A

试题（66）

某企业把库存物资出入库和出入库财务记账处理综合成一个应用子系统，这种子系统就将___（66）___关联在一起。

（66）A．供销职能和生产职能　　　　B．供销职能和财务职能

　　　　C．财务职能和生产职能　　　　D．供销职能和市场职能

试题（66）分析

本题考查"信息系统的层次结构"的应用。

信息系统是为管理决策服务的，而管理是分层的。一般管理又是按职能分条进行的，因而在每个层次上又可横向地分为研究与开发子系统、生产与制造子系统、销售与市场子系统、财务子系统、人力资源子系统等。

"库存物资出入库"是企业的供销管理职能，"出入库财务记账"是企业的财务管理职能，企业把库存物资出入库和出入库财务记账处理综合成一个应用子系统，这种子系统就将"供销职能和财务职能"关联在一起。

参考答案

（66）B

试题（67）

在 UML 提供的图中，___（67）___用于按时间顺序描述对象间的交互。

（67）A．网络图　　　　　　　　　　B．状态图

　　　　C．协作图　　　　　　　　　　D．序列图

试题（67）分析

本题考查 UML 中九种图的用途。

UML 中包括九种图：用例图、类图、对象图、状态图、时序图（序列图）、协作图、活动图、组件图、配置图（部署图）。

状态图：描述一个实体基于事件反应的动态行为，显示了该实体如何根据当前所处的状态对不同的时间做出反应的。通常创建一个 UML 状态图是为了以下的研究目的：研究类、角色、子系统或组件的复杂行为。

时序图：又称顺序图，描述了对象之间动态的交互关系，着重体现对象间消息传递的时间顺序。顺序图由一组对象构成，每个对象分别带有一条竖线，称作对象的生命线，它代表时间轴，时间沿竖线向下延伸。UML 面向对象中顺序图描述了这些对象随着时间

的推移相互之间交换消息的过程。

协作图：UML 面向对象中协作图用于显示组件及其交互关系的空间组织结构，它并不侧重于交互的顺序。协作图显示了交互中各个对象之间的组织交互关系以及对象彼此之间的链接。与序列图不同，协作图显示的是对象之间的关系。另一方面，协作图没有将时间作为一个单独的维度，因此序列号就决定了消息及并发线程的顺序。协作图是一个介于符号图和序列图之间的交叉产物，它用带有编号的箭头来描述特定的方案，以显示在整个方案过程中消息的移动情况。协作图用途：通过描绘对象之间消息的移动情况来反映具体的方案。显示对象及其交互关系的空间组织结构，而非交互的顺序。

配置图：又称部署图，UML 面向对象中配置图描述系统中硬件和软件的物理配置情况和系统体系结构。在配置图中，用结点表示实际的物理设备，如计算机和各种外部设备等，并根据它们之间的连接关系，将相应的结点连接起来，并说明其连接方式。在结点里面，说明分配给该结点上运行的可执行构件或对象，从而说明哪些软件单元被分配在哪些结点上运行。部署图经常被认为是一个网络图或技术架构图。

参考答案

（67）D

试题（68）

风险管理根据风险评估的结果，从___（68）___三个层面采取相应的安全控制措施。

（68）A．管理、组织与技术　　　　　B．策略、组织与技术

　　　　C．策略、管理与技术　　　　　D．管理、技术与运行

试题（68）分析

本题考查"风险管理"与"风险评估"的关系。

风险管理是指识别、评估、降低风险到可接受的程度，并实施适当机制控制风险保持在此程度之内的过程。

风险评估的目的是确定信息系统的安全保护等级以及信息系统在现有条件下的安全保障能力级别，进而确定信息系统的安全保护需求。

风险管理则根据风险评估的结果从管理（包括策略与组织）、技术、运行三个层面采取相应的安全控制措施，提高信息系统的安全保障能力级别，使得信息系统的安全保障能力级别高于或等于信息系统的安全保护等级。

参考答案

（68）D

试题（69）

在系统设计中使用 U/C 矩阵方法的主要目的是___（69）___。

（69）A．确定系统边界　　　　　　　B．确定系统内部关系

　　　　C．确定系统与外部的联系　　　D．确定系统子系统的划分

试题（69）分析

本题考查考生对"在系统设计中使用 U/C 矩阵方法的主要目的"理解。

U/C 矩阵的主要功能是：① 通过对 U/C 矩阵的正确性检验，即使发现前阶段分析和调查工作的疏漏和错误；② 通过对 U/C 矩阵的正确性检验来分析数据的正确性和完整性；③ 通过对 U/C 矩阵的求解过程最终得到子系统的划分；④ 通过对子系统间的联系（"U"）可以确定子系统之间的共享数据。

参考答案

（69）D

试题（70）

异型网络是指具有　（70）　的网络。

（70）A. 不同结构　　　　B. 不同协议　　　　C. 不同层次　　　　D. 不同传输介质

试题（70）分析

本题考查考生对异型网络定义的认识。

计算机网络系统是分层次实现的，低层（网络层、数据链路层、物理层）协议的功能为分组的传送提供物理通道；高层（会话层、表示层、应用层）协议在两个用户间实现信息（文件、邮件、查询结果）交换。传输层为应用程序的编写提供了一个与具体网络细节无关的接口。一个网络总是由低层和高层协议共同构成的。异型网络是指具有不同协议的网络，原则上只要有一层协议不相同则网络就是异型的。

参考答案

（70）B

试题（71）～（75）

The term computer describes a device made up of a combination of electronic and electromechanical components. By itself, a computer has no 　（71）　 and is referred to as hardware, which means simply the physical equipment. The hardware can't be used until it is connected to other elements, all of which constitute the six parts of a computer-based information system, hardware, software, data/information, people, procedures and communications.

A system is defined as a collection of related components that 　（72）　 to perform a task in order to accomplish a goal. Any organization that uses information technology will have a computer-based information system to provide managers (and various categories of employees) with the appropriate kind of information to help them make decisions.

Systems analysis and design is to ascertain how a system works and then take steps to make it 　（73）　. Often, a system approach is used to define, describe, and solve a problem or to meet a(an) 　（74）　.

From time to time, organizations need to 　（75）　 their information systems, in response to new marketing opportunities, modified government regulations, the introduction of new technology, merger with another company, or other developments. When change is needed, the time is ripe for applying the principles of systems analysis and design.

（71）A. information　　B. software　　C. intelligence　　D. data

（72）A. interact　　B. work　　C. connect　　D. change

（73）A. improved　　B. better　　C. good　　D. best

（74）A. decision　　B. need　　C. standard　　D. objective

（75）A. modify　　B. replace　　C. change　　D. transfer

参考译文

计算机这个术语描述由电子的和机电的部件组合而成的一种设备。计算机本身没有智能，因此称为硬件，仅仅是物理设备。硬件只有和其他要素连接才能使用，所有这些要素即为构成基于计算机信息系统的六要素：硬件、软件、数据/信息、人、操作程序和通信。

系统定义为一组相关组件的集合，这些组件相互交互以完成一个任务，以实现一个目标。任何使用信息技术的组织会拥有一个基于计算机的信息系统，给管理人员（和各类员工）提供适当类型的信息以帮助他们做出决策。

系统分析和设计是确定系统如何工作然后经过一系列步骤以使其更好。通常，采用系统方法来定义、描述和解决一个问题或满足一个目标。

随着时间推移，新的市场机会、政府规定的变化、新技术的出现、公司兼并以及其他方面的发展等，使得组织需要改变其信息系统。当需要改变时，应用系统分析与设计的时机已经成熟。

参考答案

（71）C　　（72）A　　（73）B　　（74）D　　（75）C

第6章 2015上半年信息系统管理工程师 下午试题分析与解答

试题一（共15分）

阅读下列说明，回答问题1至问题3，将解答填入答题纸的对应栏内。

【说明】

某医院为了整合医院资源，解决病人就医难的问题，拟构建一套网络预约就医信息管理系统，以方便医院管理和病人就诊。该系统的部分功能及初步需求分析的结果如下所述：

（1）科室信息包括科室号、科室名、科室电话、负责人。其中科室号唯一标识科室关系中的每一个元组，一个科室有多名医生和多名护士，但一个医生或护士只属于一个科室。

（2）职工信息包括职工号、姓名、岗位、所属科室、电话、联系方式。其中职工号唯一标识职工关系中的每一个元组；属性岗位有医生、护士等。

（3）病人信息包括身份证号、姓名、性别、电话、通信地址，其中身份证号唯一标识病人关系中的每一个元组。

（4）就医申请信息包括申请号、病人身份证号、联系电话、预约科室、预约医生、预约时间、预约状态。一个申请号对应唯一的一个就医申请；一个病人可以有多个就医申请，但一个就医申请只对应唯一的一个病人身份证号；预约状态有两种成功和不成功，医生只为预约成功的病人看病，并且记录病情。

【概念模型设计】

根据需求阶段收集的信息，设计的实体联系图如图1-1所示。

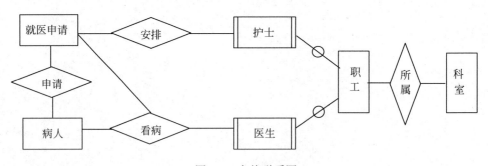

图1-1 实体联系图

【关系模式设计】

科室（ __(a)__ ,科室名,科室电话,负责人）

职工（职工号,姓名,岗位, __(b)__ ,电话,联系方式）

病人（ __(c)__ ,姓名,性别,电话,通信地址）

就医申请（ __(d)__ ,病人身份证号,联系电话,预约科室, __(e)__ ,预约时间,预约状态）

看病（申请号,身份证号, __(f)__ ,病情）

安排（申请号,操作时间,护士号）

【问题 1】（6 分）

根据题意,将关系模式中的空（a）～（f）的属性补充完整,并填入答题纸对应的位置上。

【问题 2】（4 分）

根据题意,可以得出图 1-1 所示的实体联系图中四个联系的类型,两个实体集之间的联系类型分为三类：一对一（1:1）、一对多（1:n）和多对多（m:n）。请按以下描述确定联系类型并填入答题纸对应的位置上。

病人与就医申请之间的"申请"联系类型为 __(g)__ ；

护士与就医申请之间的"安排"联系类型为 __(h)__ ；

医生、病人和就医申请之间的"看病"联系类型为 __(i)__ ；

科室与职工之间的"所属"联系类型为 __(j)__ 。

【问题 3】（5 分）

若关系中的某一属性或属性组的值能唯一标识一个元组,则称该属性或属性组为主键；"科室号唯一标识科室关系中的每一个元组",故科室号为科室关系的主键。请分别指出病人、就医申请、看病关系模式的主键。

试题一分析

本题考查数据库系统中实体联系模型（E-R 模型）和关系模式设计知识的应用。

【问题 1】

根据题意科室信息包括科室号、科室名、科室电话、负责人。故科室关系模式中的空（a）应填写"科室号"。

根据题意,职工信息包括职工号、姓名、岗位、所属科室、电话、联系方式。在职工关系模式中,故空（b）应填写"所属科室"。

根据题意,病人信息包括身份证号、姓名、性别、电话、通信地址,所以空（c）应填写"身份证号"。

根据题意,信息包括申请号、病人身份证号、联系电话、预约医生、预约时间、预约状态。故空（d）、（e）应填写"填写申请号"与"预约医生"。

根据题意,看病包括申请号、身份证号、医生号、病情。故空（f）应填写"医生号"。

【问题 2】

两个实体集之间的联系类型分为三类：一对一（1:1）联系、一对多（1:n）联系和多对多（m:n）联系。

由于一个病人可以有多个就医申请，而一个就医申请只对应一个病人。病人与就医申请之间的"申请"联系类型为 1:n。

由于一个护士可以处理多个就医申请，而一个就医申请也可以有多个护士来处理，故护士与就医申请之间的"安排"联系类型为 n:m（或*.*）。

由于一个医生可以为多个病人看病，同时处理多个就医申请，一个病人可以有多个就医申请并可以有多个医生为其看病，故医生、病人和就医申请之间的"看病"联系类型为 n:m:p（或*.*.*）。

由于一个科室有多名医生和多名护士，但一个医生或护士只属于一个科室，故科室与职工之间的"所属"联系类型为 1:n。

由于一个客户可以有多份预订申请，但一个预订申请对应唯一的一个客户号，故客户和预订申请之间有一个 1:n 的"申请"联系。

根据上述分析，完善图 1-1 所示的实体联系图如下图所示。

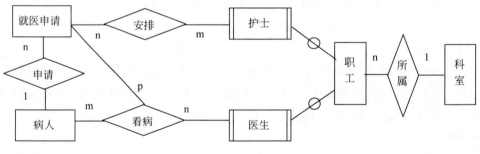

实体联系图

【问题 3】

职工关系模式中，职工号为唯一标识一个职工记录的属性，因此主键为职工号。

病人关系模式中，身份证号为唯一标识一个病人的属性，因此主键为身份证号。

就医申请关系模式中，申请号为唯一标识一个就医申请的属性，因此主键为申请号。

看病关系模式的主键为（申请号，身份证号，医生号）。

参考答案

【问题 1】

（a）科室号

（b）所属科室

（c）身份证号

（d）申请号

　　（e）预约医生　　注：（d）与（e）答案可互换

　　（f）医生号

【问题 2】

　　（g）1:n（或 1.*）

　　（h）n:m（或*.*）

　　（i）n:m:p（或*.*.*）

　　（j）1:n（或 1.*）

【问题 3】

　　病人关系模式中的主键为身份证号。

　　就医申请关系模式中的主键为申请号。

　　看病关系模式的主键为（申请号，身份证号，医生号）。

试题二（共 15 分）

　　阅读以下说明，回答问题 1 至问题 3，将答案填入答题纸的对应栏内。

【说明】

　　信息系统在实施阶段的主要任务是硬件配置、程序编制、人员培训和数据准备，某公司也为此成立了相应的任务组。各任务组之间是相互联系与配合的，它们之间的关系如表 2-1 所示。

表 2-1　任务组之间的相互关系

活动 任务＼组	程序编制组	硬件配置组	人员培训组	数据准备组
程序编制	—	提供调试设备	培训有关人员试用软件	提供试验数据调试程序
硬件配置	提供对硬件设备的要求	—	（1）	（2）
人员培训	（3）	（4）	—	（5）
数据准备	（6）	（7）	（8）	—

【问题 1】（8 分）

　　某公司信息系统实施还有如下 A～H 个活动，请从中选择最合适的一个活动（每个活动只能被选一次）填入表 2-1 中的空（1）～（8）处。

　　注：任务组需要为不同的任务提供支撑服务活动。例如，"提供调试设备"应该是"硬件配置组"为"程序编制"任务提供支撑服务的活动，故将"提供调试设备"填在表中第 1 行第 2 列的位置上。

　　A. 提供存储量和内存要求　　　B. 提供培训的实验数据

　　C. 培训有关人员接收设备　　　D. 规定数据准备的内容、格式

　　E. 提供培训设备　　　　　　　F. 提供录入设备

　　G. 提供录入人员　　　　　　　H. 提供程序培训人员

【问题 2】（3 分）

为了降低风险，项目实施过程中要尽可能选择成熟的基础软件或软件产品，以保证系统的高性能及高可靠性。你认为选择基础软件或软件产品时需要考虑哪些问题？请用 100 个以内的文字简要说明。

【问题 3】（4 分）

程序编制组李工采用语句覆盖路径和判定覆盖路径为程序 P1 设计了测试用例，程序 P1 的流程图如图 2-1 所示。请问该流程图的语句覆盖的路径为 ___(1)___，判定覆盖的路径为 ___(2)___。语句覆盖的测试用例为 ___(3)___，判定覆盖的测试用例为 ___(4)___。

(1) A. acd 　　　　　 B. abd 　　　　　 C. ace 　　　　　 D. abe

(2) A. abe 　　　　　 B. acd 和 abd 　　 C. acd 和 abe 　　 D. acd 和 aed

(3) A. $x=-2,y=2$ 　 B. $x=-2,y=-2$ 　 C. $x=2,y=-3$ 　 D. $x=-2,y=3$

(4) A. $x=-2,y=-2$ 和 $x=2,y=2$ 　　　　 B. $x=2,y=2$ 和 $x=2,y=-2$

　　 C. $x=-2,y=3$ 和 $x=-2,y=2$ 　　　　 D. $x=2,y=2$ 和 $x=2,y=3$

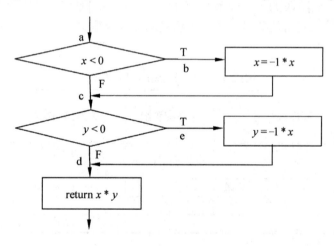

图 2-1　程序 p1 流程图

试题二分析

【问题 1】

根据题意，横标题任务是为列标题任务提供支撑服务的活动，那么各项活动对应的任务组及填写位置分析如下：

A. 提供存储量和内存要求→应该由数据准备任务组负责→空（2）

B. 提供培训的实验数据→应该由数据准备任务组负责→空（5）

C. 培训有关人员接收设备→应该由人员培训任务组负责→空（1）

D. 规定数据准备的内容、格式→应该由程序编制任务组负责→空（6）

E．提供培训设备→应该由硬件配置任务组负责→空（4）

F．提供录入设备→应该由硬件配置任务组负责→空（7）

G．提供录入人员→应该由人员培训任务组负责→空（8）

H．提供程序培训人员→应该由程序编制任务组负责→空（3）

填写好的表如表 2-2 所示。

表 2-2　各任务之间的相互依赖关系

活动 任务	任务 程序编制	硬件配置	人员培训	数据准备
程序编制	—	提供调试设备	培训有关人员 试用软件	提供试验数据 调试程序
硬件配置	提供对硬件设备的 要求	—	培训有关人员 接收设备	提供存储量和 内存要求
人员培训	提供程序培训人员	提供培训设备	—	提供培训的 实验数据
数据准备	规定数据准备的内 容、格式	提供录入设备	提供录入人员	—

【问题 2】

为了降低风险，项目实施过程中要尽可能选择成熟的基础软件或软件产品，以保证系统的高性能及高可靠性。因此在实施方法上要注意以下两个方面：

（1）尽可能选择成熟的软件产品，以保证系统的高性能及高可靠性。选择基础软件或软件产品时，需要考查软件的功能，它的可扩充性、模块性、稳定性，它为二次开发所提供的工具与售后服务与技术支持等，在此基础上再考虑价格因素及所需的运行平台等。

（2）选择好信息系统的开发工具。选择适用的开发工具，是快速开发且保证开发质量的前提。在选择开发工具时，要着重考虑如下因素：保证开发环境及工具符合应用系统的环境，最好适应跨平台的工作环境。开发工具的功能及性能，如对数据管理的能力，能否处理多媒体信息，用户界面的生成能力，报表制作的能力，与其他系统接口的能力，对事务处理的开发能力等；当应用系统要扩充时，开发应具应支持对原系统的修改与功能的增加，同时要使用符合国际标准的接口和有关协议，使得能与其他系统集成为一个系统；采用面向对象的方法，减少编程的工作量，提高系统的开发效率，缩短开发周期，开发出的系统便于测试和维护。

【问题 3】

逻辑覆盖主要用于模块的测试，它以程序内部的逻辑结构为基础，考虑测试数据执行（覆盖）程序的逻辑程度。根据覆盖情况的不同，逻辑覆盖可分为：语句覆盖、判定覆盖、条件覆盖、判定/条件覆盖、多重覆盖、路径覆盖、循环覆盖。图 2-1 所示的程序段中共有 2 个判断，形成 4 条不同的路径：acd、ace、aed 和 abd。

空（1）、（3）处考查语句覆盖（Statement Coverage），就是设计若干个检测用例，使得程序中的每条语句至少执行一次。本题语句覆盖的路径为 abe，即空（1）的正确选项为 D；但通过路径 abe 的测试用例只要 x 和 y 都为负数即可，即空（3）的正确选项为 B。

空（2）、（4）处考查判定覆盖（Decision Coverage），也称为分支覆盖，就是设计若干个检测用例，使得程序中的每个判断的取真分支和取假分支至少执行一次。对本题只要选择能通过路径 acd 和 abe 的测试用例：$x=-2$，$y=-2$ 和 $x=2$，$y=2$ 即可。

参考答案

【问题 1】

　　（1）C 或培训有关人员接收设备

　　（2）A 或提供存储量和内存要求

　　（3）H 或提供程序培训人员

　　（4）E 或提供培训设备

　　（5）B 或提供培训的实验数据

　　（6）D 或规定数据准备的内容、格式

　　（7）F 或提供录入设备

　　（8）G 或提供录入人员

【问题 2】

　　需要考查软件的功能。

　　它的可扩充性、模块性、稳定性；它为二次开发所提供的工具、售后服务与技术支持等；在此基础上再考虑价格因素及所需的运行平台等。

【问题 3】

　　（1）D 或 abe

　　（2）C 或 acd 和 abe

　　（3）B 或 x=-2，y=-2

　　（4）A 或 x=-2，y=-2 和 x=2，y=2

试题三（共 15 分）

阅读以下说明，回答问题 1 至问题 3，将解答填入答题纸的对应栏内。

【说明】

某企业 IT 部门制定了本部门的中期发展规划。在提交相关人员进行讨论的时候，对于发展规划中的表述（下面方框内）引起的讨论和建议比较集中。

> IT 部门为了配合企业中期销售目标的完成，需结合产品特色，选择网络销售平台，建设一套网上销售系统。

> IT部门的工作重点要向信息内容、业务流程的管理等方面倾斜，设备维护、软件开发等业务要适时开展外包管理。
>
> IT 部门要适当地引进技术人员，充实技术队伍。

经过相关人员对上面表述研讨后有如下观点：

观点 1：IT 部门就是一个业务辅助部门，和企业的中期销售目标是否完成关系不大。

观点 2：IT 部门对外包项目加强管理应该有一些原则性的规定，例如应该明确外包方的准入的具体条件或规范。

观点 3：IT 部门适当引进人员提法太笼统，应该明确指出引进哪些岗位的人员。

【问题 1】（6 分）

（1）请说明观点 1 是否准确。

（2）请简要说明现代企业 IT 部门应该承担什么样的角色。

（3）请简要说明 IT 管理包含哪些层次。

【问题 2】（3 分）

请简要说明企业在对外包方的资格审查时应包括哪些方面。

【问题 3】（6 分）

请简要说明 IT 部门对人员的引进依据以及管理措施有哪些。

试题三分析

本题考查信息系统管理规划相关知识。

此类题目要求考生从管理的层面对企业 IT 部门定位、人员编制、发展规划进行分析说明。

【问题 1】

只有明确 IT 企业的管理的层次、定位，才能使 IT 部门在有效的 IT 技术及运作管理基础之上，通过协助企业进行 IT 系统的管理规划、设计才能实现 IT 与企业业务目标的融合。

将 IT 部门的管理仅仅停留在技术层面，不考虑 IT 运行的成本效益已经不能满足现代企业发展要求。

【问题 2】

企业相关 IT 服务外包管理是 IT 管理的重要组成部分，外包方已经成为企业的一种长期资源，对企业具有持续的价值。外包成功的关键因素是选择具有良好社会形象和信誉、相关行业经验丰富、能够引领或紧跟信息技术发展的外包商成为战略合作伙伴。

【问题 3】

IT 部门应该有明确的职责设计，相应的组织架构及职责，应充分支持 IT 战略规划并人才引进的依据和基础。IT 人才的规划要和企业的业务发展相适应，就必须完善人才的引进、岗位培训考核以及激励机制。

参考答案

【问题 1】

（1）不准确。

（2）IT 部门应该是成本或利润中心，承担提高企业业务运作效率，降低业务流程的运作成本。或回答责任中心。

（3）IT 管理层次包括 IT 战略规划、IT 系统管理、IT 技术及运作管理。或回答战略层、战术层、运作层。

【问题 2】

技术能力、经营管理能力、发展能力。

【问题 3】

人员的引进需要结合 IT 部门的组织结构与职责有效划分。

建立定期的员工的考核与薪酬激励相结合的制度、岗位的业务培训计划。

试题四（共 15 分）

阅读以下说明，回答问题 1 至问题 3，将解答填入答题纸的对应栏内。

【说明】

随着互联网的发展，黑客攻击、计算机病毒的破坏以及企业对信息管理、使用不当造成信息泄露问题普遍受到关注。尤其是信息泄露问题，使得相关企业承担很大的舆论压力和侵权责任，面临严重的信任危机及经济损失。

为了规范信息在采集、使用、保存、分发的安全管理，企业在信息系统的规划、建设、运行维护、管理等方面都应采取一定的措施。请结合信息泄露产生的原因和特点，以及信息在保存、使用中应遵循的原则回答下面的问题。

【问题 1】（6 分）

简要回答企业避免信息泄露可以采取的安全措施有哪些？

【问题 2】（6 分）

（1）为什么说重视软件的完整性可以有效遏制黑客和病毒的泛滥。

（2）采用何种技术方法来保证软件的完整性，请对该方法的工作原理简要说明。

【问题 3】（3 分）

（1）我国哪一部新修订的法律明确禁止经营者泄露消费者信息的行为？

（2）经营者在收集使用消费者的个人信息时应当注意哪些问题？

试题四分析

本题考查信息安全领域的综合知识。

此类题目要求考生对企业信息安全有一个总体把握，建立对信息安全的技术、风险管控、信息安全法律等相关的知识体系。

【问题 1】

信息安全的风险管理首先是信息安全的风险识别、评估，进而采取有效的整改措施。

对国家安全、法人和其他组织及公民的专有信息以及公开信息和存储、传输、处理这些信息的信息系统分等级实行安全保护，对信息系统中使用的信息安全产品实行按等级管理，对信息系统中发生的信息安全事件分等级响应、处置的综合性工作。

在具体实施中要进一步明确信息安全管理机构职能，完善信息安全制度。同时要加强信息安全的培训工作，提高管理人员职业道德水平和技术素质。落实信息系统的日志管理，采用入侵检测、数据加密、数据备份、网络安全审计、隔离等技术手段确保重要数据的安全管理。建立标准化机房，实施重点区域的人员进出登记制度等方面。

【问题 2】

黑客和病毒对软件的攻击是将本来语义或行为基本上正确或至少是非恶意的软件的代码篡改成错误的甚至是恶意的版本，威胁系统的安全运行。而重视软件的完整性可以采取相应的保障策略避免损失发生。

数字签名对信息数据在传输过程中非法篡改比较敏感，可以保护软件的完整性。当出现软件数字签名不一致时，说明软件的完整性在传输的过程中遭到篡改。

【问题 3】

《消费者权益保护法》第二十九条规定"经营者收集、使用消费者个人信息，应当遵循合法、正当、必要的原则，明示收集、使用信息的目的、方式和范围，并经消费者同意。经营者收集、使用消费者个人信息，应当公开其收集、使用规则，不得违反法律、法规的规定和双方的约定收集、使用信息。经营者及其工作人员对收集的消费者个人信息必须严格保密，不得泄露、出售或者非法向他人提供。经营者应当采取技术措施和其他必要措施，确保信息安全，防止消费者个人信息泄露、丢失。在发生或者可能发生信息泄露、丢失的情况时，应当立即采取补救措施。经营者未经消费者同意或者请求，或者消费者明确表示拒绝的，不得向其发送商业性信息。"

参考答案

【问题 1】

从信息系统如下四个方面作答。

（1）风险识别、评估、控制。

（2）法规、机构、人员安全管理。

（3）技术管理。

（4）网络及场地管理。

【问题 2】

（1）软件的完整性就是指防止病毒、木马等以未经授权的方式对程序的修改或损毁的特性，保证软件的完整性可以降低信息系统的安全风险。

（2）数字签名技术。软件进行数字签名时，将软件代码通过散列函数转换成信息摘要，用私钥加密信息摘要，再将软件和加密后的摘要发给其他用户，当其他用户验证时，用同样的散列函数将软件转换成新的摘要，将签名解密后与新的摘要比较，结果一致就说明软件没有被更改。

【问题 3】

（1）2013 年新修订的《消费者权益保护法》或答《消费者权益保护法》。

（2）① 收集、使用信息必须合法、必要。

② 公开相关收集使用规定，收集、使用信息及发送商业信息必须取得消费者同意。

③ 不得泄露、出售或非法向他人提供消费者个人信息。

④ 保障个人信息安全、受损时及时采取补救措施。

试题五（共 15 分）

阅读以下说明，回答问题 1 至问题 3，将解答填入答题纸的对应栏内。

【说明】

某高校与一家通信企业合作，对本校的一卡通系统进行升级改造，其合作的主要内容如下：

（1）企业承担一卡通系统升级的建设成本。

（2）对一卡通系统性能进行优化，并在系统中新增手机刷卡的功能。

（3）扩充门禁信息点，实现考勤工作在高校所有区域和部门的全覆盖。

通过这项合作，高校在提升信息化管理水平的同时节省了信息化建设的资金投入；企业通过手机刷卡、一卡通账号绑定等方式、充值缴费等业务增加产品在学生和教职工中的占有率。

高校 IT 部门负责该项目的组织和实施。IT 部门认为原系统和新系统是同一家企业的产品，故没有安排新系统上线前的测试工作，只是对系统转换制定了计划。

【问题 1】（4 分）

（1）请问在该案例中，新系统上线前的测试环节是否必要？

（2）简要说明测试环节是否必要的理由。

【问题 2】（7 分）

该高校 IT 部门制定的系统转化计划应该包括哪些内容。

【问题 3】（4 分）

在系统转换过程中需制定周密的风险管理计划，请指出该计划主要包括哪些方面。

试题五分析

本题考查新旧系统转换的过程，系统转换的计划制定、实施基本方法和步骤。

随着技术的发展，原有信息系统不断被功能更加强大的新系统所取代，需要进行系统转换，包括新系统交付前的准备工作、系统转换的方法和步骤。

【问题1】

要确保新旧系统进行平稳可靠的交接，首先需要对新系统进行必要的测试，以便明确新系统是否适合企业的业务流程、是否满足企业的信息化发展要求。其次，系统上线测试可以为后续工作的制定提供参考依据。

【问题2】

系统转换的组织是一个比较复杂的过程，涉及系统环境、作业程序、转换工具、转换进度、风险控制等内容的计划管理。

具体来讲，IT部门制定的系统转化计划应该包括信息系统转换涉及的项目内容，并且明确各种项目的转化方法的不同和注意事项；新旧系统转换期间的业务运行规则；确定系统的转换方法，新旧系统是直接转换、逐步转换或者是采用其他转换方式；转换工具是否使转换过程更加高效和有序，执行转换所用的软件的设置运行过程是否详尽；转换工作的进度步骤安排是否便于执行和验证；信息系统转换的风险控制和人员安排部署是否落实等内容。

【问题3】

信息系统转换的风险主要来源大量历史数据的迁移、信息系统因转换导致的业务中断、新系统的稳定运行以及业务运行的跟踪检查等问题，需要有周密的风险管理计划。并且在系统转换之前首先做好前期的模拟测试工作。

具体的风险管理计划应该包括新系统和对原有系统前端以及周边相关系统的适应性测试；数据迁移时现有系统对原有数据的清洗、转移、装载的处置步骤和措施；由于操作习惯变化导致的业务处理的差错；因为计划的不完善导致的系统转换的意外风险管理等内容。

参考答案

【问题1】

（1）有必要

（2）

① 系统转换之前必须进行转换测试和运行测试，只有通过测试结果才能判定新系统是否存在问题。

② 转换测试可以确定新系统在现实环境中的大致影响。

③ 可以确定新系统的可用性，包括具体的业务需求、资金计划、时间要求、人员情况等因素。

④ 选择判定项目，为系统转换制定标准。

⑤ 做技术上和业务上准备工作。

⑥ 执行转换测试，评价测试结果。

【问题2】

① 确定转换项目；

② 起草作业运行规则；

③ 确定转换方法；

④ 确定转换工具和转换过程；

⑤ 转化工作执行计划；

⑥ 风险管理计划；

⑦ 系统转换人员计划。

【问题 3】

① 系统环境转换；

② 数据迁移；

③ 业务操作转换；

④ 防范意外风险。

第 7 章　2016 上半年信息系统管理工程师上午试题分析与解答

试题（1）

CPU 主要包含___（1）___等部件。

（1）A. 运算器、控制器和系统总线　　　B. 运算器、寄存器组和内存储器

　　　C. 运算器、控制器和寄存器组　　　D. 控制器、指令译码器和寄存器组

试题（1）分析

本题考查计算机系统基础知识。

CPU 是计算机工作的核心部件，用于控制并协调各个部件。CPU 主要由运算器（ALU）、控制器（Control Unit，CU）、寄存器组和内部总线组成。

参考答案

（1）C

试题（2）

按照___（2）___，可将计算机分为 RISC（精简指令集计算机）和 CISC（复杂指令集计算机）。

（2）A. 规模和处理能力　　　　　B. 是否通用

　　　C. CPU 的指令系统架构　　　D. 数据和指令的表示方式

试题（2）分析

本题考查计算机系统基础知识。

按照CPU的指令系统架构,计算机分为复杂指令系统计算机(Complex Instruction Set Computer，CISC）和精简指令系统计算机（Reduced Instruction Set Computer，RISC）。

CISC 的指令系统比较丰富，其 CPU 包含有丰富的电路单元，功能强、面积大、功耗大，有专用指令来完成特定的功能，对存储器的操作较多。因此，处理特殊任务效率较高。RISC 设计者把主要精力放在那些经常使用的指令上，尽量使它们具有简单高效的特色，并尽量减少存储器操作，其 CPU 包含有较少的单元电路，因而面积小、功耗低。对不常用的功能，常通过组合指令来完成。因此，在 RISC 机器上实现特殊功能时，效率可能较低。但可以利用流水技术和超标量技术加以改进和弥补。

参考答案

（2）C

试题（3）

微机系统中的系统总线（如 PCI）用来连接各功能部件以构成一个完整的系统，它需包括三种不同功能的总线，即___（3）___。

　　（3）A. 数据总线、地址总线和控制总线

　　　　　B. 同步总线、异步总线和通信总线

　　　　　C. 内部总线、外部总线和片内总线

　　　　　D. 并行总线、串行总线和 USB 总线

试题（3）分析

　　本题考查计算机系统基础知识。

　　系统总线（System Bus）是微机系统中最重要的总线，对整个计算机系统的性能有重要影响。CPU 通过系统总线对存储器的内容进行读写，同样通过系统总线，实现将数据输出给外设，或由外设读入 CPU。按照传递信息的功能来分，系统总线分为地址总线、数据总线和控制总线。

参考答案

　　（3）A

试题（4）

　　以下关于 SRAM（静态随机存储器）和 DRAM（动态随机存储器）的说法中，正确的是__（4）__。

　　（4）A. SRAM 的内容是不变的，DRAM 的内容是动态变化的

　　　　　B. DRAM 断电时内容会丢失，SRAM 的内容断电后仍能保持记忆

　　　　　C. SRAM 的内容是只读的，DRAM 的内容是可读可写的

　　　　　D. SRAM 和 DRAM 都是可读可写的，但 DRAM 的内容需要定期刷新

试题（4）分析

　　本题考查计算机系统基础知识。

　　静态存储单元（SRAM）由触发器存储数据，其优点是速度快、使用简单、不需刷新、静态功耗极低，常用作 Cache，缺点是元件数多、集成度低、运行功耗大。动态存储单元（DRAM）需要不停地刷新电路，否则内部的数据将会消失。刷新是指定时给栅极电容补充电荷的操作。其优点是集成度高、功耗低，价格也低。

参考答案

　　（4）D

试题（5）

　　设有一个 16K×32 位的存储器（即每个存储单元含 32 位），则其存储单元的地址宽度为__（5）__。

　　（5）A. 14　　　　　　B. 16　　　　　　C. 32　　　　　　D. 48

试题（5）分析

　　本题考查计算机系统基础知识。

　　16K×32 位的存储器（每个存储单元含 32 位）有 16K 个存储单元，即 2^{14} 个存储单元，地址编号的位数为 14。

参考答案

（5）A

试题（6）

对有关数据加以分类、统计、分析，属于计算机在___(6)___方面的应用。

（6）A．数值计算　　　B．数据处理　　　C．辅助设计　　　D．实时控制

试题（6）分析

本题考查计算机应用基础知识。

对数据加以分类、统计、分析属于数据处理方面的应用。

参考答案

（6）B

试题（7）

将计算机中可执行的程序转换为高级语言程序的过程称为___(7)___。

（7）A．反编译　　　B．交叉编译　　　C．反汇编　　　D．解释

试题（7）分析

本题考查计算机程序语言基础知识。

将高级语言程序翻译为能在计算机上执行的程序的两种基本方式为编译和解释，编译的其逆过程称为反编译。将汇编语言程序翻译成机器语言程序称为汇编，其逆过程称为反汇编。交叉编译是指在一个平台上生成另一个平台上的可执行代码的过程。

参考答案

（7）A

试题（8）

程序（或算法）的三种基本控制结构为___(8)___。

（8）A．顺序、逆序和乱序　　　　　　B．顺序、选择和循环

　　　C．递推、递归和循环　　　　　　D．顺序、链式和索引

试题（8）分析

本题考查计算机程序语言基础知识。

程序（或算法）的三种基本控制结构为顺序、选择和循环。顺序结构是指程序语句的执行是按顺序从第一条语句开始执行到最后一条语句。在处理实际问题时，只有顺序结构是不够的，经常需要根据一些条件的判断来进行不同的处理。这种先根据条件做出判断，再决定执行哪一种操作的结构称为分支结构，也称为选择结构。循环结构是指按照一定条件反复执行某一处理步骤，反复执行的处理步骤称为循环体。

参考答案

（8）B

试题（9）

面向对象编程语言（OOPL）需支持封装、多态性和继承，___(9)___不是 OOPL。

(9) A. Java   B. Smalltalk   C. C++   D. SQL

试题（9）分析

本题考查计算机程序语言基础知识。

Java、Smalltalk 和 C++都是面向对象编程语言，其特点是支持封装/信息隐藏、继承和多态/动态绑定，以及所有预定义类型及对象、所有操作都由向对象发送消息来实现、所有用户定义的类型都是对象等。如果一门编程语言满足了所有这些性质，一般可以认为这门语言是"纯粹的"面向对象语言。一门"混合型"语言可能支持部分性质而不是全部。

结构化查询语言（Structured Query Language，SQL）是一种数据库查询语言，用于存取数据以及查询、更新和管理关系数据库系统。

参考答案

(9) D

试题（10）

设有初始为空的栈 S，对于入栈序列 a、b、c，经由一个合法的进栈和出栈操作序列后（每个元素进栈、出栈各 1 次），不能得到的序列为___(10)___。

(10) A. a b c   B. a c b   C. c a b   D. c b a

试题（10）分析

本题考查数据结构基础知识。

栈的修改特点是后进先出。按照元素入栈的顺序，为 a、b、c，因此当元素 c 第一个出栈时，此时 b 和 a 尚在栈中，且元素 b 在栈顶，所以这种情况下只能得到序列 cba，得不到 cab。

参考答案

(10) C

试题（11）

设有一个 m 行 n 列的矩阵存储在二维数组 A[1..m,1..n]中，将数组元素按行排列，则对于 A[i,j]（$1 \leq i \leq m$, $1 \leq j \leq n$），排列在其前面的元素个数为___(11)___。

(11) A. i*(n−1)+j   B. (i−1)*n+j−1   C. i*(m−1)+j   D. (i−1)*m+j−1

试题（11）分析

本题考查数据结构基础知识。

二维数组 A[1..m,1..n]如下所示。

$$A_{m \times n} = \begin{bmatrix} a_{11} & a_{12} & a_{13} & \cdots & a_{1n} \\ a_{21} & a_{22} & a_{23} & \cdots & a_{2n} \\ \vdots & \vdots & \vdots & \ddots & \vdots \\ a_{m1} & a_{m2} & a_{m3} & \cdots & a_{mn} \end{bmatrix}$$

对于元素 A[i,j]，其之前有 i−1 行、每行 n 个元素，在第 i 行上，A[i,j]之前有 j−1 个元素，因此，按行排列时，A[i,j]之前共有(i−1)*n+j−1 个元素。

参考答案

（11）B

试题（12）

数据的物理独立性和数据的逻辑独立性是分别通过修改__(12)__来完成的。

（12）A．模式与内模式之间的映像、外模式与模式之间的映像

　　　B．外模式与内模式之间的映像、外模式与模式之间的映像

　　　C．外模式与模式之间的映像、模式与内模式之间的映像

　　　D．外模式与内模式之间的映像、模式与内模式之间的映像

试题（12）分析

本题考查数据库基础知识。

数据的独立性是由 DBMS 的二级映像功能来保证的。数据的独立性包括数据的物理独立性和数据的逻辑独立性。数据的物理独立性是指当数据库的内模式发生改变时，数据的逻辑结构不变。为了保证应用程序能够正确执行，需要通过修改概念模式/内模式之间的映像。数据的逻辑独立性是指用户的应用程序与数据库的逻辑结构是相互独立的。数据的逻辑结构发生变化后，用户程序也可以不修改。但是，为了保证应用程序能够正确执行，需要修改外模式/概念模式之间的映像。

参考答案

（12）A

试题（13）

在采用三级模式结构的数据库系统中，如果对数据库中的表 Emp 创建聚簇索引，那么改变的是数据库的__(13)__。

（13）A．模式　　　　　B．内模式　　　　C．外模式　　　　D．用户模式

试题（13）分析

本题考查数据库系统基本概念掌握程度。

内模式也称存储模式，是数据物理结构和存储方式的描述，是数据在数据库内部的表示方式。定义所有的内部记录类型、索引和文件的组织方式，以及数据控制方面的细节。对表 Emp 创建聚簇索引，意为索引项的顺序是与表中记录的物理顺序一致的索引组织，所以需要改变的是数据库的内模式。

参考答案

（13）B

试题（14）

在某企业的信息综合管理系统设计阶段，如果员工实体在质量管理子系统中被称为

"质检员",而在人事管理子系统中被称为"员工",这类冲突被称之为___(14)___。

(14) A. 语义冲突　　　B. 命名冲突　　　C. 属性冲突　　　D. 结构冲突

试题（14）分析

本题考查数据库概念结构设计中的基础知识。

根据局部应用设计好各局部 E-R 图之后,就可以对各分 E-R 图进行合并。合并的目的在于在合并过程中解决分 E-R 图中相互间存在的冲突,消除分 E-R 图之间存在的信息冗余,使之成为能够被全系统所有用户共同理解和接受的统一的、精炼的全局概念模型。分 E-R 图之间的冲突主要有以下三类:

选项 B 正确,因为命名冲突是指相同意义的属性,在不同的分 E-R 图上有着不同的命名,或是名称相同的属性在不同的分 E-R 图中代表着不同的意义,这些也要进行统一。

选项 C 不正确,因为属性冲突是指同一属性可能会存在于不同的分 E-R 图,由于设计人员不同或是出发点不同,对属性的类型、取值范围、数据单位等可能会不一致,这些属性对应的数据将来只能以一种形式在计算机中存储,这就需要在设计阶段进行统一。

选项 D 不正确,因为结构冲突是指同一实体在不同的分 E-R 图中有不同的属性,同一对象在某一分 E-R 图中被抽象为实体而在另一分 E-R 图中又被抽象为属性,需要统一。

参考答案

(14) B

试题（15）～（17）

设有一个关系 emp-sales（部门号,部门名,商品编号,销售数）,部门号唯一标识 emp-sales 关系中的每一个元组。查询各部门至少销售了 5 种商品或者总销售数大于 2000 的部门号、部门名及平均销售数的 SQL 语句如下:

```
SELECT 部门号,部门名, AVG（销售数）AS 平均销售数
    FROM emp-sales
    GROUP BY  (15)
    HAVING  (16)  OR  (17) ;
```

(15) A. 部门号　　　B. 部门名　　　C. 商品编号　　　D. 销售数

(16) A. COUNT(商品编号)>5

　　　B. COUNT(商品编号)>=5

　　　C. COUNT(DISTINCT 部门号)>=5

　　　D. COUNT(DISTINCT 部门号)>5

(17) A. SUM(销售数)>2000　　　　　B. SUM(销售数)>=2000

　　　C. SUM('销售数')>2000　　　　　D. SUM('销售数')>=2000

试题（15）～（17）分析

本题考查关系数据库基础知识。

GROUP BY 子句可以将查询结果表的各行按一列或多列取值相等的原则进行分组，对查询结果分组的目的是为了细化集函数的作用对象。如果分组后还要按一定的条件对这些组进行筛选，最终只输出满足指定条件的组，可以使用 HAVING 短语指定筛选条件。

由题意可知，在这里只能根据部门号进行分组，并且要满足条件：此部门号的部门至少销售了 5 种商品或者部门总销售数大于 2000。完整的 SQL 语句如下：

```
SELECT 部门号,部门名,AVG(销售数) AS 平均销售数
    FROM emp-sales
    GROUP BY 部门号
    HAVING  COUNT(商品编号)>=5 OR SUM(销售数)>2000;
```

参考答案

（15）A　　（16）B　　（17）A

试题（18）、（19）

在 Windows 操作系统中，用户 A 可以共享存储在计算机、网络和 Web 上的文件和文件夹，但当用户 A 共享文件或文件夹时，___(18)___，这是因为访问用户 A 的计算机或网络的人___(19)___。

（18）A．其安全性与未共享时相比将会有所提高

　　　 B．其安全性与未共享时相比将会有所下降

　　　 C．其可靠性与未共享时相比将会有所提高

　　　 D．其方便性与未共享时相比将会有所下降

（19）A．只能够读取，而不能修改共享文件夹中的文件

　　　 B．可能能够读取，但不能复制或更改共享文件夹中的文件

　　　 C．可能能够读取、复制或更改共享文件夹中的文件

　　　 D．不能够读取、复制或更改共享文件夹中的文件

试题（18）、（19）分析

本题考查 Windows 操作系统基础知识。

在 Windows 操作系统中，用户 A 可以共享存储在计算机、网络和 Web 上的文件和文件夹，但当用户 A 共享文件或文件夹时，其安全性与未共享时相比将会有所下降，这是因为访问用户 A 的计算机或网络的人可能能够读取、复制或更改共享文件夹中的文件。

参考答案

（18）B　　（19）C

试题（20）

在 Windows 操作系统中，如果没有默认的浏览 jpg 格式文件的程序，那么当用户双击"IMG_20160122_103.jpg"文件名时，系统会自动通过建立的 __(20)__ 来决定使用什么程序打开该图像文件。

（20）A．文件　　　　B．文件关联　　　C．子目录　　D．临时文件

试题（20）分析

本题考查 Windows 操作系统文件管理基础知识。

当用户双击一个文件名时，Windows 系统通过建立的文件关联来决定使用什么程序打开该文件。例如系统建立了"Windows 照片查看器"或"11view"程序打开扩展名为".jpg"类型的文件关联，那么当用户双击"IMG_20160122_103.jpg"文件时，Windows 先执行"Windows 照片查看器"或"11view"程序，然后打开"IMG_20160122_103.jpg"文件。

参考答案

（20）B

试题（21）、（22）

多媒体中的"媒体"有两重含义，一是指存储信息的实体；二是指表达与传递信息的载体。 __(21)__ 是存储信息的实体； __(22)__ 是表达与传递信息的载体。

（21）A．文字、图形、图像、声音

　　　B．视频、磁带、半导体存储器

　　　C．文字、图形、磁带、半导体存储器

　　　D．磁盘、光盘、磁带、半导体存储器

（22）A．文字、图形、图像、声音

　　　B．声卡、磁带、半导体存储器

　　　C．文字、图形、磁带、半导体存储器

　　　D．磁盘、光盘、磁带、半导体存储器

试题（21）、（22）分析

通常"媒体（Media）"包括两重含义：一是指信息的物理载体，即存储和传递信息的实体，如手册、磁盘、光盘、磁带以及相关的播放设备等；二是指承载信息的载体即信息的表现形式（或者说传播形式），如文字、声音、图像、动画、视频等，即 CCITT 定义的存储媒体和表示媒体。表示媒体又可以分为三种类型：视觉类媒体（如位图图像、矢量图形、图表、符号、视频、动画等）、听觉类媒体（如音响、语音、音乐等）、触觉类媒体（如点、位置跟踪；力反馈与运动反馈等），视觉和听觉类媒体是信息传播的内容，触觉类媒体是实现人机交互的手段。

显然采用排除法，对于试题（21）的选项 A、B 和 C 是错误的选项，因为选项中含有文字、声音、图像和视频等承载信息的载体即信息的表现形式，故正确的选项为 D。对于试题（22）的选项 B、C 和 D 是错误的选项，因为选项中含有磁盘、光盘、磁带、半导体存储器等存储信息的实体，故正确的选项为 A。

参考答案

（21）D　　（22）A

试题（23）

关于虚拟局域网，下面的说法中错误的是　__(23)__　。

（23）A．每个 VLAN 都类似于一个物理网段

　　　B．一个 VLAN 只能在一个交换机上实现

　　　C．每个 VLAN 都形成一个广播域

　　　D．各个 VLAN 通过主干段交换信息

试题（23）分析

虚拟局域网（Virtual Local Area Network，VLAN）是根据管理功能、组织机构或应用类型对交换局域网进行分段而形成的逻辑网络。虚拟局域网与物理局域网具有同样的属性，然而其中的工作站可以不属于同一物理网段。任何交换端口都可以分配给某个 VLAN，属于同一个 VLAN 的所有端口构成一个广播域。每一个 VLAN 是一个逻辑网络，发往本地 VLAN 之外的分组必须通过路由器组成的主干网段进行转发。

参考答案

（23）B

试题（24）

OSPF 将路由器连接的物理网络划分为以下 4 种类型，其中，以太网属于广播多址网络，X.25 分组交换网属于　__(24)__　。

（24）A．点对点网络　　　　　　　　　B．广播多址网络

　　　C．点到多点网络　　　　　　　　D．非广播多址网络

试题（24）分析

网络的物理连接和拓扑结构不同，交换路由信息的方式就不同。OSPF 将路由器连接的物理网络划分为 4 种类型：

① 点对点网络：例如一对路由器用 64Kb 的串行线路连接，就属于点对点网络，在这种网络中，两个路由器可以直接交换路由信息。

② 广播多址网络：以太网或者其他具有共享介质的局域网都属于这种网络。在这种网络中，一条路由信息可以广播给所有的路由器。

③ 非广播多址网络（non-broadcast multi-access，NBMA）：例如 X.25 分组交换网就属于这种网络，在这种网络中可以通过组播方式发布路由信息。

④ 点到多点网络：可以把非广播网络当作多条点对点网络来使用，从而把一条路由信息发送到不同的目标。

参考答案

（24）D

试题（25）

动态主机配置协议（DHCP）的作用是　（25）　；DHCP 客户机如果收不到服务器分配的 IP 地址，则会获得一个自动专用 IP 地址（APIPA），如 169.254.0.X。

（25）A．为客户机分配一个永久的 IP 地址

　　　B．为客户机分配一个暂时的 IP 地址

　　　C．检测客户机地址是否冲突

　　　D．建立 IP 地址与 MAC 地址的对应关系

试题（25）分析

动态主机配置协议（DHCP）的作用是为客户机分配一个暂时的 IP 地址，DHCP 客户机如果收不到服务器分配的 IP 地址，则在自动专用 IP 地址 APIPA（169.254.0.0/16）中随机选取一个（不冲突的）地址。

参考答案

（25）B

试题（26）

SNMP 属于 OSI/RM 的　（26）　协议。

（26）A．管理层　　　　　　B．应用层　　　　　C．传输层　　　　　D．网络层

试题（26）分析

SNMP 属于 OSI/RM 的应用层协议。

参考答案

（26）B

试题（27）

下面 4 个主机地址中属于网络 220.115.200.0/21 的地址是　（27）　。

（27）A．220.115.198.0　　　　　　　　　　B．220.115.206.0

　　　C．220.115.217.0　　　　　　　　　　D．220.115.224.0

试题（27）分析

地址 220.115.198.0 的二进制形式是 1101 1100. 0111 0011. 1100 0110. 0000 0000

地址 220.115.206.0 的二进制形式是 **1101 1100. 0111 0011. 1100 1**110. 0000 0000

地址 220.115.217.0 的二进制形式是 1101 1100. 0111 0011. 1101 1001. 0000 0000

地址 220.115.224.0 的二进制形式是 1101 1100. 0111 0011. 1110 0000. 0000 0000

地址 220.115.200.0/21 的二进制形式是 **1101 1100. 0111 0011. 1100 1**000. 0000 0000

从中可以看出，与网络 220.115.200.0/21 相匹配的是地址 220.115.206.0。

参考答案

（27）B

试题（28）

在下图的 SNMP 配置中，能够响应 Manager2 的 getRequest 请求的是　 (28)　。

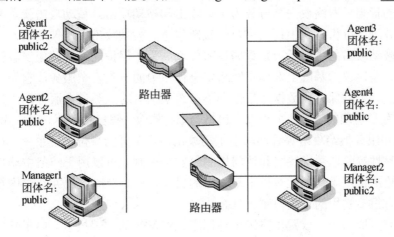

（28）A．Agent1　　　　　B．Agent2　　　　　C．Agent3　　　　　D．Agent4

试题（28）分析

在 SNMP 管理中，管理站和代理之间进行信息交换时要通过团体名认证，这是一种简单的安全机制，管理站与代理必须具有相同的团体名才能互相通信。但是由于包含团体名的 SNMP 报文是明文传送，所以这样的认证机制是不够安全的。本题中的 Manager2 和 Agent1 的团体名都是 public2，所以二者可以互相通信。

参考答案

（28）A

试题（29）

电子政务根据其服务的对象不同，基本上可以分为四种模式。某政府部门内部的"办公自动化系统"，属于　 (29)　模式。

（29）A．G2B　　　　　B．G2C　　　　　C．G2E　　　　　D．G2G

试题（29）分析

电子政务根据其服务对象的不同，基本上可以分为四种模式，即政府对政府（Government to Government，G2G）、政府对企业（Government to Business，G2B）、政府对公众（Government to Citizen，G2C）、政府对公务员（Government to Employee，G2E）。

"办公自动化系统"是政府内部各级人员的业务流程系统，属于 G2E 模式。

参考答案

（29）C

试题（30）

下列行为中，　 (30)　的行为不属于网络攻击。

（30）A．连续不停 Ping 某台主机　　　　B．发送带病毒和木马的电子邮件

　　　　C．向多个邮箱群发一封电子邮件　　D．暴力破解服务器密码

试题（30）分析

　　网络攻击是以网络为手段窃取网络上其他计算机的资源或特权，对其安全性或可用性进行破坏的行为。网络攻击又可分为主动攻击和被动攻击。被动攻击就是网络窃听，截取数据包并进行分析，从中窃取重要的敏感信息。被动攻击很难被发现，因此预防很重要，防止被动攻击的主要手段是数据加密传输。为了保护网络资源免受威胁和攻击，在密码学及安全协议的基础上发展了网络安全体系中的五类安全服务，它们是：身份认证、访问控制、数据保密、数据完整性和不可否认。对这五类安全服务，国际标准化组织 ISO 已经有了明确的定义。主动攻击包括窃取、篡改、假冒和破坏。字典式口令猜测，IP 地址欺骗和服务拒绝攻击等等都属于主动攻击。一个好的身份认证系统（包括数据加密、数据完整性校验、数字签名和访问控制等安全机制）可以用于防范主动攻击，但要想杜绝主动攻击很困难，因此对付主动攻击的另一措施是及时发现并及时恢复所造成的破坏，现在有很多实用的攻击检测工具。

　　常用的有获取口令、放置特洛伊木马程序、WWW 的欺骗技术、电子邮件攻击、通过一个节点来攻击其他节点、网络监听、寻找系统漏洞、利用账号进行攻击和偷取特权九种网络攻击方法。

参考答案

　　（30）C

试题（31）

　　杀毒软件报告发现病毒 Macro.Melissa（宏病毒），这类病毒主要感染　　（31）　　。

（31）A．DLL 系统文件　　　　　　　　B．磁盘引导区

　　　　C．EXE 或 COM 可执行文件　　　D．Word 或 Excel 文件

试题（31）分析

　　本题考查计算机病毒基础知识。

　　计算机病毒的分类方法有许多种，按照最通用的区分方式，即根据其感染的途径以及采用的技术区分，计算机病毒可分为文件型计算机病毒、引导型计算机病毒、宏病毒和目录型计算机病毒。文件型计算机病毒感染可执行文件（包括 EXE 和 COM 文件）。引导型计算机病毒影响软盘或硬盘的引导扇区。目录型计算机病毒能够修改硬盘上存储的所有文件的地址。宏病毒感染的对象是使用某些程序创建的文本文档、数据库、电子表格等文件。Macro.Melissa 是一种宏病毒，所以感染的是 Word 或 Excel 文件。

参考答案

　　（31）D

试题（32）

　　李某未经许可擅自复制并销售甲公司开发的财务管理软件光盘，已构成侵权。乙公

司在不知李某侵犯甲公司著作权的情况下,从经销商李某处购入 8 张光盘并已安装使用。以下说法正确的是　(32)　。

（32）A. 乙公司的使用行为不属于侵权,可以继续使用这 8 张软件光盘

B. 乙公司的使用行为属于侵权,需承担相应法律责任

C. 乙公司向甲公司支付合理费用后,可以继续使用这 8 张软件光盘

D. 乙公司与经销商李某都应承担赔偿责任

试题（32）分析

本题考查知识产权知识。

我国《计算机软件保护条例》第三十条规定:"软件的复制品持有人不知道也没有合理理由应当知道该软件是侵权复制品的,不承担赔偿责任;但是,应当停止使用、销毁该侵权复制品。如果停止使用并销毁该侵权复制品将给复制品使用人造成重大损失的,复制品使用人可以在向软件著作权人支付合理费用后继续使用。"合法复制品是指向权利人或者其许可的经销商购买、接受权利人赠予、许可正版软件复制品。软件复制品持有人（乙企业）是善意取得软件复制品,取得过程也许合法,但是由于其没有得到真正软件权利人的授权,其取得的复制品仍是非法的,须停止使用,不承担赔偿责任。如果停止使用并销毁该侵权复制品将给丙企业造成重大损失的情况下可继续使用,但前提是必须向软件著作权人支付合理费用。

参考答案

（32）C

试题（33）

某软件公司对其软件产品注册商标为 Aiai,为确保公司在市场竞争中占据优势,对员工进行了保密约束。尽管这样,该软件公司仍不享有　(33)　。

（33）A. 专利权　　　　B. 商标权　　　　C. 商业秘密权　　　　D. 著作权

试题（33）分析

本题考查考生知识产权方面的基础知识。

关于软件著作权的取得,《计算机软件保护条例》规定:"软件著作权自软件开发完成之日起产生。"即软件著作权自软件开发完成之日起自动产生,不论整体还是局部,只要具备了软件的属性即产生软件著作权,既不要求履行任何形式的登记或注册手续,也无须在复制件上加注著作权标记,也不论其是否已经发表都依法享有软件著作权。软件开发经常是一项系统工程,一个软件可能会有很多模块,而每一个模块能够独立完成某一项功能。自该模块开发完成后就产生了著作权。

软件公司享有商业秘密权。因为一项商业秘密受到法律保护的依据,必须具备构成商业秘密的三个条件,即不为公众所知悉、具有实用性、采取了保密措施。商业秘密权保护软件是以软件中是否包含着"商业秘密"为必要条件的。该软件公司组织开发的应用软件具有商业秘密的特征,即包含着他人不能知道到的技术秘密;具有实用性,能为

软件公司带来经济效益；对职工进行了保密的约束，在客观上已经采取相应的保密措施。所以软件公司享有商业秘密权。

商标权、专利权不能自动取得，申请人必须履行商标法、专利法规定的申请手续，向国家行政部门提交必要的申请文件，申请获准后即可取得相应权利。获准注册的商标通常称为注册商标。

参考答案

（33）A

试题（34）

在统一建模语言（UML）中，__（34）__给出了系统内从一个活动到另一个活动的流程，它强调对象间的控制流程。

（34）A．对象图   B．活动图   C．协作图   D．序列图

试题（34）分析

本题考查 UML 图的使用场景。

协作图强调收发消息的对象之间的结构组织；序列图描述了在一个用例或操作的执行过程中以时间顺序组织的对象之间的交互活动；对象图展现了一组对象以及它们之间的关系，描述了在类图中所建立的事物的实例的静态快照；活动图是一种特殊的状态图，展现了在系统内从一个活动到另一个活动的流程。活动图专注于系统的动态视图。它对于系统的功能建模特别重要，并强调对象间的控制流程。

参考答案

（34）B

试题（35）

假设某公司业务的用例模型中，"检验"用例需要等到"生产"用例执行之后才能执行，这两个用例之间的关系属于__（35）__关系。

（35）A．关联   B．扩展   C．依赖   D．使用

试题（35）分析

本题考查用例建模中用例之间的基本关系。

用例执行有先后顺序，是一种在时间上的依赖关系。在使用用例建模系统需求时，两个或多个用例可能执行同样的功能步骤。把这些公共步骤提取成独立的用例，称为抽象用例。抽象用例代表了某种程度的复用，是降低用例之间冗余比较好的方式。抽象用例可以被另一个需要使用它的功能用例访问，抽象用例和使用它的用例之间的关系称为使用关系。

参考答案

（35）C

试题（36）

__（36）__是面向对象方法中最基本的封装单元，它可以把客户要使用的方法和数据

呈现给外部世界,而把客户不需要知道的方法和数据隐藏起来。

　　(36) A. 属性　　　　　　　B. 方法　　　　　C. 类　　　　　D. 过程

试题 (36) 分析

　　本题考查面向对象中类的基本概念。

　　面向对象中最重要的概念就是类,它是面向对象方法中最基本的封装单元,决定了现实世界中实体的数据和方法,以及数据和方法是否对外界暴露,即它可以把客户要使用的方法和数据呈现给外部世界,而把客户不需要知道的方法和数据隐藏起来。

参考答案

　　(36) C

试题 (37)

　　某地方税务局要上线一套新的税务系统,在上线初期,为实现平稳过渡,新老系统同时运行一个月后再撤掉老系统,这种系统转换方式属于___(37)___。

　　(37) A. 直接转换　　　　　　　　　　B. 并行转换

　　　　 C. 分段转换　　　　　　　　　　D. 串行转换

试题 (37) 分析

　　本题考查新旧系统转换方式相关知识。

　　新旧系统之间有三种转换方式:直接转换、并行转换和分段转换。其中,直接转换是在确定新系统试运行正常后,启用新系统的同时终止旧系统;并行转换是新旧系统并行工作一段时间,经过足够的时间考验后,新系统正式代替旧系统;分段转换则是用新系统一部分一部分的替换旧系统。

　　本题中新旧系统并行运行一个月再用新系统完全代替旧系统,属于并行转换,应选择选项 B。

参考答案

　　(37) B

试题 (38)

　　某电商企业使用信息系统来优化物流配送,该系统使用了一些人工智能算法,那么该系统应该是___(38)___。

　　(38) A. 面向作业处理的系统　　　　　B. 面向管理控制的系统

　　　　 C. 面向决策计划的系统　　　　　D. 面向数据汇总的系统

试题 (38) 分析

　　本题考查信息系统类型知识。

　　根据信息服务对象的不同,企业的信息系统可以分为三类:面向作业处理的系统、面向管理控制的系统和面向决策计划的系统。其中,面向作业处理的系统用于支持业务处理自动化;面向管理控制的系统辅助企业管理、实现管理自动化;面向决策计划的系统用于决策支持、企业竞争策略支持以及专家系统支持。

本题中物流优化系统模拟专家决策，属于面向决策计划的系统，因此选项 C 正确。

参考答案

（38）C

试题（39）

以下不属于信息系统硬件结构的是___（39）___。

（39）A. 集中式 　　　　B. 环式 　　　　C. 分布式 　　　　D. 分布-集中式

试题（39）分析

本题考查信息系统硬件结构知识。

信息系统的硬件结构是指系统的硬件、软件、数据等资源在空间的分布情况，一般有三种类型：集中式、分布式和分布-集中式。

环式不属于信息系统硬件结构，本题选择选项 B。

参考答案

（39）B

试题（40）

信息系统的组成包括___（40）___。

① 计算机硬件系统和软件系统 　② 数据及其存储介质 　③ 通信系统

④ 非计算机系统的信息收集、处理设备 　⑤ 规章制度和工作人员

（40）A. ①② 　　　　B. ①②③ 　　　　C. ①②③④ 　　　　D. ①②③④⑤

试题（40）分析

本题考查信息系统组成的基本概念。

信息系统对整个组织的信息资源进行综合管理、合理配置与有效利用。其组成包括七大部分：计算机硬件系统、计算机软件系统、数据及其存储介质、通信系统、非计算机系统的信息收集和处理设备、规章制度以及工作人员。

参考答案

（40）D

试题（41）

以下不属于信息系统开发方法的是___（41）___。

（41）A. 结构化分析与设计法 　　　　B. 面向对象分析与设计法

　　　 C. 边写边改法 　　　　D. 原型法

试题（41）分析

本题考查信息系统开发方法基础知识。

常见的信息系统开发方法包括结构化分析与设计法、面向对象分析与设计法以及原型法。

不存在边写边改这种开发方法，本题选择选项 C。

参考答案

（41）C

试题（42）

以下关于信息系统项目管理的说法中，不正确的是＿＿(42)＿＿。

（42）A．项目管理需要专门的组织

　　　B．项目管理具有创造性

　　　C．项目负责人在管理中起重要作用

　　　D．项目管理工作相对简单

试题（42）分析

本题考查信息系统项目管理知识。

项目管理是指项目的管理者在有限的资源约束下，运用系统的观点、方法和理论，对项目涉及的全部工作进行有效地管理。项目进行中出现的问题往往涉及多个组织部门，为要求这些部门做出迅速而又相互关联的反应，需要建立专门组织来进行沟通协调；项目是实现创新的事业，项目管理也就是实现创新的管理，因此项目管理也需要有创造性；项目管理的主要方式就是把一个时间有限、预算有限的事业委托给项目负责人，项目负责人有权独立进行计划、资源分析、协调和控制，因此项目负责人在管理中起重要作用；一个项目由多个部分组成，工作跨越多个组织和学科，而且项目执行中涉及多个因素，每个因素都可能有不确定性，因此项目管理是一项复杂的工作。

参考答案

（42）D

试题（43）

以下关于项目的说法中，不正确的是＿＿(43)＿＿。

（43）A．项目具有明确的目标　　　B．项目的组织结构是封闭的

　　　C．项目的生命期有限　　　　　D．项目具有不确定性

试题（43）分析

本题考查项目的基本概念。

所谓项目，是指在既定的资源和要求约束下，为实现某种目的而相互联系的一次性工作任务。项目的基本特征包括：明确的目标，独特的性质，有限的生命周期，特定的委托人，实施的一次性，组织的临时性和开放性，项目的不确定性和风险性，结果的不可逆转性。

根据以上描述，项目的组织结构是开放的，选项 B 的说法错误。

参考答案

（43）B

试题（44）

以下不属于信息系统项目管理工具的是＿＿(44)＿＿。

（44）A．Microsoft Project   B．PHP

    C．P3E   D．ClearQuest

试题（44）分析

本题考查信息系统开发中的管理工具。

Microsoft Project 是微软的项目管理工具，能针对时间、成本、人力、风险以及沟通进行管理；P3E 是 Primavera 公司的企业集成项目管理工具，支持企业按多重属性对项目进行任意层次化的组织；ClearQuest 是 IBM Rational 提供的缺陷及变更管理工具，它对软件缺陷或功能特性等任务记录提供跟踪管理。

PHP 是一种开发语言，不属于项目管理工具。

参考答案

（44）B

试题（45）

以下不属于数据流图基本符号的是　（45）　。

（45）A．数据存储 B．处理   C．数据流   D．条件判断

试题（45）分析

本题考查数据流图的基本概念。

数据流图有 4 个基本符号：外部实体、数据流、数据存储和处理逻辑。

条件判断不是数据流图的符号。

参考答案

（45）D

试题（46）

系统说明书应达到的要求包括　（46）　。

① 全面 ② 系统 ③ 准确 ④ 翔实 ⑤ 清晰 ⑥ 重复

（46）A．①②③ B．①②③④ C．①②③④⑤ D．①②③④⑤⑥

试题（46）分析

本题考查系统说明书的基本概念。

系统说明书是系统分析阶段工作的全面总结，是整个开发阶段最重要的文档之一。系统说明书应达到的基本要求是：全面、系统、准确、翔实、清晰地表达系统开发的目标、任务和功能。

重复不属于系统说明书应达到的要求。

参考答案

（46）C

试题（47）

以下关于数据流图的说法中不正确的是　（47）　。

（47）A．数据流图是分层的，需要自顶向下逐层扩展

  B．数据流图中的符号要布局合理，分布均匀

  C．数据流图要反映数据处理的技术过程和处理方式

  D．数据流图绘制过程中要与用户密切接触，不断修改

试题（47）分析

  本题考查数据流图知识。

  一个实际的信息系统往往是庞大复杂的，可能有成百上千个数据加工，很难用几张数据流图描述出整个系统的逻辑，必须要自顶向下逐层扩展；为了便于交流，让读者一目了然，数据流图的符号要布局合理，分布均匀，比如一般把作为数据输入的外部项放在左边，把作为数据输出的外部项放到右边；数据流图是一种需求分析工具，用于与用户之前的需求交流，不需要反映具体的技术过程和处理方式；在数据流图绘制过程中，为避免理解上的错误或者偏差，必须要与用户密切接触，不断修改。

参考答案

  （47）C

试题（48）

  以下不属于系统详细设计的是　__（48）__ 。

  （48）A．数据库设计   B．输入输出设计

     C．处理过程设计   D．模块化结构设计

试题（48）分析

  本题考查系统详细设计的基本概念。

  系统的详细设计包括代码设计、数据库设计、输入设计、输出设计、用户接口界面设计以及处理过程设计。

  模块化结构设计属于总体设计的范畴。

参考答案

  （48）D

试题（49）

  以下关于功能模块设计原则的说法中，不正确的是　__（49）__ 。

  （49）A．系统分解要有层次   B．模块大小要适中

     C．适度控制模块的扇入扇出   D．要有大量重复的数据冗余

试题（49）分析

  本题考查对功能模块设计原则的理解。

  功能模块设计最主要的原则就是高内聚，低耦合。此外，系统分解要有层次，系统深度和宽度比例要适宜，模块的大小要适中，模块的扇入扇出要适度，数据冗余要小。

  综上，要有大量重复的数据冗余说法错误。

参考答案

  （49）D

试题（50）

以下关于聚合的说法中正确的是　（50）　。

（50）A．偶然聚合耦合程度低，可修改性好

　　　　B．逻辑聚合耦合程度高，可修改性差

　　　　C．顺序聚合耦合程度高，可修改性好

　　　　D．功能聚合耦合程度高，可修改性差

试题（50）分析

本题考查对聚合的理解。

聚合形式包括偶然聚合、逻辑聚合、时间聚合、过程聚合、通信聚合、顺序聚合以及功能聚合。其中，偶然聚合和逻辑聚合耦合程度高，可修改性差；顺序聚合和功能聚合耦合程度低，可修改性好。

参考答案

（50）B

试题（51）

以下与程序设计风格无关的是　（51）　。

（51）A．代码的正确性　　　　　　B．标识符的命名

　　　　C．代码中的注释　　　　　　D．代码的布局格式

试题（51）分析

本题考查程序设计风格的理解。

程序设计风格指编程时所表现出来的特点、习惯、逻辑思路等。　在程序设计中要使程序结构合理、清晰，形成良好的编程习惯，对程序的要求不仅是可以在机器上执行，给出正确的结果，而且要便于程序的调试和维护，这就要求编写的程序不仅自己看得懂，而且也要让别人能看懂。程序设计风格包括：标识符的命名、程序中的注释、程序的布局格式、程序语句的结构、输入和输出、程序的运行效率等。

代码的正确性与程序设计风格无关。

参考答案

（51）A

试题（52）

完整的软件测试需要经过　（52）　。

（52）A．白盒测试、黑盒测试两个步骤

　　　　B．人工测试、机器测试两个步骤

　　　　C．静态测试、动态测试两个步骤

　　　　D．单元测试、组装测试、确认测试和系统测试四个步骤

试题（52）分析

本题考查软件测试过程的基本概念。

按测试阶段来看，软件测试过程分为单元测试、组装测试、确认测试和系统测试四个步骤。白盒测试和黑盒测试、人工测试和机器测试、静态测试和动态测试都属于测试方法和技术，不是测试过程中的某个阶段或步骤。

参考答案

（52）D

试题（53）

以下不属于黑盒测试方法的是　（53）　。

（53）A. 等价类划分法　　　　　　B. 边界值分析法

　　　　C. 因果图法　　　　　　　　D. 路径覆盖法

试题（53）分析

本题考查黑盒测试方法的基本概念。

常见的黑盒测试方法包括等价类划分法、边界值分析法、因果图法、决策表法、错误推测法等。而路径覆盖法是对程序中可执行路径进行覆盖测试的一种方法，属于白盒测试的范畴。

参考答案

（53）D

试题（54）

信息安全已经引起了广泛重视，统计数据表明，一个企业的信息安全问题往往是从企业内部出现的，特别是用户身份的盗用，往往会造成重要数据的泄漏或损坏。因此用户身份的管理是一个主要问题，解决这类问题的重要途径是采用统一用户管理，这样做的收益很多，下面不属于此类收益的是　（54）　。

（54）A. 用户使用更加方便　　　　B. 安全控制力度得到加强

　　　　C. 检索查询速度更快　　　　D. 减轻管理人员的负担

试题（54）分析

本题考查信息系统管理知识。

统一用户管理的收益有以下四个方面：第一，用户使用更加方便。第二，安全控制力度得到加强。第三，减轻管理人员的负担。第四，安全性得到提高。综上所述，可以看出检索查询速度更快不在收益之列。

参考答案

（54）C

试题（55）

系统成本管理范围大致分成两类，即固定成本和可变成本。其中可变成本是指日常发生的与形成有形资产无关的成本，下面所列各项中，不属于固定成本的是　（55）　。

（55）A. 运行成本　　　　　　　　B. 建筑费用及场所成本

　　　　C. 人力资源成本　　　　　　D. 外包服务成本

试题（55）分析

本题考查信息系统管理中的系统管理成本范围知识。

企业信息系统的固定成本，也叫做初始成本项。是为购置长期使用的资产而发生的成本。其主要包含以下几个方面：建筑费用及场所成本、人力资源成本和外包服务成本。

运行成本属于可变成本，不属于固定成本范畴。

参考答案

（55）A

试题（56）

IT 服务计费管理是负责向使用 IT 服务的客户收取相应费用的流程，它是 IT 财务管理中的重要环节，常见的计费定价方法有多种，当其表达成"IT 服务价格=IT 服务成本+X%"时，应属于　（56）　。

（56）A．成本加成定价法　　B．现行价格法　　C．市场价格法　　D．固定价格法

试题（56）分析

本题考查信息系统管理中的计费管理相关知识。

常见的定价方法有：成本法、成本加成定价法、现行价格法、市场价格法、固定价格法。其中成本加成定价法表示成：IT 服务价格=IT 服务成本+X%，X%是加成比例。该方法适用于大型的专用服务项目，可有效保护服务提供者的利益。

参考答案

（56）A

试题（57）

IT 资源管理能否满足要求主要取决于 IT 基础架构的配置及运行情况的信息，配置管理就是专门提供这方面信息的流程。配置管理作为一个控制中心，其主要目标表现在四个方面，下面　（57）　不在这四个方面之列。

（57）A．计量所有 IT 资产

　　　　B．作为故障管理、变更管理和新系统转换等的基础

　　　　C．为其他 IT 系统管理提供硬件支持

　　　　D．验证基础架构记录的正确性并纠正发现的错误

试题（57）分析

本题考查信息系统资源管理涉及的配置管理概念。

配置管理中，最基本的信息单元是配置项，所有的配置项信息被存放在配置数据库中，配置数据库需要根据变更实施情况不断地更新，确保 IT 基础架构的现时配置情况以及配置项之间的相互关系。

综上所述，配置管理作为一个控制中心，主要为其他 IT 系统管理提供准确信息而非硬件支持。

参考答案

　　（57）C

试题（58）

　　在资源管理中，楼宇管理属于　（58）　。

　　（58）A．硬件管理　　　　　　　　　B．软件管理

　　　　　C．设施和设备管理　　　　　　D．网络资源管理

试题（58）分析

　　本题考查信息系统资源管理涉及的设施和设备管理的分类知识。

　　设施和设备管理主要包括：电源设备管理、空调设备管理、通信应急设备管理、楼宇管理、防护设备管理等。其中，楼宇管理是指建筑管理及设备管理、运行与维护等。

参考答案

　　（58）C

试题（59）

　　据权威市场调查机构 Gartner Group 对造成非计划宕机的故障原因分析发现，造成非计划宕机的故障分成三类，下面　（59）　不属于它定义的此三类。

　　（59）A．技术性故障　　　　　　　　B．应用性故障

　　　　　C．操作故障　　　　　　　　　D．地震等灾害性故障

试题（59）分析

　　本题考查对故障和问题管理中的故障分类方法的理解。

　　故障原因的分类按照美国权威市场调查机构对造成非计划宕机的故障原因分析发现，主要分为三大类：技术性故障、应用性故障、操作故障。自然灾害性故障包含在扩展后的 7 类分类中，题目要求的是根据 Gartner Group 的故障分类。

参考答案

　　（59）D

试题（60）

　　在对问题控制与管理中，问题的控制过程中常用到调查分析，其分析方法主要有四种，这四种分析方法正确的是　（60）　。

　　（60）A．Kepner&Tregoe 法、鱼骨图法、头脑风暴法和数据流图法

　　　　　B．Kepner&Tregoe 法、鱼骨图法、头脑风暴法和流程图法

　　　　　C．Kepner&Tregoe 法、鱼骨图法、头脑风暴法和程序图法

　　　　　D．Kepner&Tregoe 法、鱼骨图法、头脑风暴法和 CAD 图法

试题（60）分析

　　本题考查对故障和问题管理中涉及的问题控制与管理分析方法的理解。

　　问题调查和分析过程需要详细的数据。在对问题的控制管理过程中常用到问题分析方有 Kepner&Tregoe 法、鱼骨图法、头脑风暴法和流程图法。其中：Kepner&Tregoe 法

认为解决问题是一个系统的过程，应该最大程度上利用已有的知识和经验；鱼骨图法分析中认为"结果"是指故障或者问题现象，"因素"是指导致问题现象的原因，将系统或服务的故障或者问题作为"结果"、以导致系统发生实效的诸因素作为"原因"绘出图形，进而通过图形分析从错综复杂、多种多样的因素中找出导致问题出现的主要原因；头脑风暴法是一种激发个人创造性思维的方法，通过明确问题、原因分类和获得解决问题的创新性方案提出所有可能的原因进行分析；流程图法通过梳理系统服务的流程和业务运营的流程，关注各个服务和业务环节交接可能出现异常的地方，分析问题的原因所在。

参考答案

（60）B

试题（61）

在安全管理中，备份是很重要的一种手段，下面选项中，___（61）___不属于安全备份策略。

（61）A. 完全备份　　　　B. 增量备份　　　C. 差异备份　　　D. 磁带备份

试题（61）分析

本题考查对安全管理中的备份策略的理解。

备份应有适当的实体及环境保护。并定期进行测试以保证关键时刻的可用性。现在常采用的安全备份策略有：完全备份、增量备份、差异备份。因为题目要求的是备份策略，不涉及具体介质。

参考答案

（61）D

试题（62）

运行管理是过程管理，是实现全网安全和动态安全的关键。运行管理中的终端管理包含三个主要模块，下面所列不属于这三个模块的是___（62）___。

（62）A. 事件管理　　　　B. 客户管理　　　C. 配置管理　　　D. 软件分发

试题（62）分析

本题考查对安全管理中的终端管理内容的理解。

终端管理的目的是增强对用户管理的有效性；提高终端用户的满意度；降低系统运营管理成本；提高企业竞争力。终端管理主要包括：事件管理、配置管理、软件分发，不涉及客户人员管理。

参考答案

（62）B

试题（63）

计算机系统性能评价技术是按照一定步骤，选用一定的度量项目，通过建模和实验，对计算机的性能进行测试并对测试结果作出解释的技术。计算机系统工作能力的常用评价指标主要有三类，下面___（63）___不属于这三类指标。

（63）A．系统响应时间　　　　　　　　　B．系统吞吐率

　　　　C．资源利用率　　　　　　　　　　D．系统输出率

试题（63）分析

本题考查对性能及能力管理中涉及的计算机系统性能评价指标的理解。

反应计算机系统负载和工作能力的主要指标有：系统响应时间，指计算机系统完成某一任务所花费的时间；系统吞吐量，指在给定时间内系统处理的工作量，是系统生产力的度量标准；资源利用率指标是指以系统资源处于忙状态的时间为度量标准；计算机系统工作能力评价指标中未设置系统输出率这样的指标。

参考答案

（63）D

试题（64）

持续性能评价中的　　（64）　　是指把 n 个程序组成的工作负荷中每个程序执行的速率（或执行所费时间的倒数）加起来，求其对 n 个程序的平均值。

（64）A．几何性能平均值　　　　　　　　B．调和性能平均值

　　　　C．峰值性能平均值　　　　　　　　D．算术性能平均值

试题（64）分析

本题考查对性能及能力管理中涉及的评价结果统计和比较方法的理解。

性能评价的结果通常有两个指标，一个是峰值性能，一个是持续性能。其中持续性能最能体现系统的实际性能。表示持续性能常用的三种平均值是算术平均 A_m、几何平均 G_m 和调和平均 H_m。算术性能平均值 A_m 是指把 n 个程序组成的工作负荷中每个程序执行的速率（或执行所费时间的倒数）加起来，求其对 n 个程序的平均值；几何平均 G_m 是各个程序的执行速率连续想乘再开 n 次方；调和平均 H_m 是算出各个程序执行速率倒数（即执行时间）和的平均值的倒数。

参考答案

（64）D

试题（65）

根据系统运行的不同阶段可以实施 4 种不同级别的维护。当提供最完美的支持，配备足够数量工作人员，提供随时对服务请求进行响应的速度，并针对系统运转的情况提出前瞻性建议时，这种维护属于　　（65）　　。

（65）A．一级维护　　　　B．二级维护　　　　C．三级维护　　　　D．四级维护

试题（65）分析

本题考查对不同维护项目级别所应完成的维护任务的理解。

系统运行的不同阶段可以实施不同级别的维护，试运行或软件大面积推广状态的项目，阶段时间可能存在问题较多且可能严重影响用户日常工作，一般要求最高级别的维

护，即需要提供最完美的支持，配备足够数量工作人员，提供随时对服务请求进行响应的速度，并针对系统运转的情况提出前瞻性建议时，这种维护属于一级维护。

参考答案

（65）A

试题（66）

制定系统运行计划之前，工作小组成员要先了解单位现有软、硬件和所有工作人员的技术水平及其对旧系统的熟悉情况，并充分学习和掌握新系统的功能和特性，结合本单位的实际情况制定新系统的运行计划。下列选项中，__（66）__不应在计划内容之列。

（66）A．运行开始的时间　　　　　　　　B．运行周期

　　　　C．开发小组人员的安排　　　　　　D．运行管理制度

试题（66）分析

本题考查对制定系统运行计划的工作内容的理解。

系统运行计划的内容包括：运行开始的时间、运行周期、运行环境、运行管理的组织机构、系统数据的管理、运行管理制度、系统运行结果分析等，它不涉及开发小组人员的安排。

参考答案

（66）C

试题（67）

系统评价就是对系统运行一段时间后的技术性能及经济效益等方面的评价，是对信息系统审计工作的延伸。信息系统的技术性能评价内容不包括对__（67）__的评价。

（67）A．开发小组成员的技术水平　　　B．系统的总体技术水平

　　　　C．系统的功能覆盖范围　　　　　D．系统文档资料的规范、完备与正确程度

试题（67）分析

本题考查对信息系统评价中涉及的技术性能评价内容的理解。

信息系统技术性能评价内容主要包括以下几个方面：系统的总体技术水平、系统的功能覆盖范围、信息资源开发和利用的范围和深度、系统质量、系统安全性、系统文档资料的规范完备与正确程度，它不涉及对开发小组成员的技术水平的评价。

参考答案

（67）A

试题（68）

系统运行质量评价是指从系统实际运行的角度对系统性能和建设质量等进行的分析、评估和审计。针对系统的质量评价，下列说法中，不正确的是__（68）__。

（68）A．系统是否满足了用户和管理业务对信息系统的需求

　　　　B．系统的开发过程是否规范

  C．系统实施前业务人员技术水平评估

  D．系统功能的先进性、有效性和完备性

试题（68）分析

  本题考查对信息系统评价中的运行质量评价指标的理解。

  系统运行质量评价的关键是要定出质量的指标以及评定优劣的标准，对管理信息系统可以定出如下质量评价的特征和指标：系统对用户和业务需求的相对满意程度；系统开发过程是否规范；系统功能的先进性、有效性和完备性；系统的性能、成本、效益综合比；系统运行结果的有效性和可行性；结果是否完整；信息资源的利用率；提供信息的质量如何；系统实用性等，并不涉及系统实施前业务人员技术水平的评估。

参考答案

  （68）C

试题（69）

  一般来说，用户支持应该首先确定用户支持的范围。下列说法中，___（69）___不包括在通常用户支持的范围之列。

  （69）A．软件升级服务   B．软件技术支持服务

     C．远程热线支持服务   D．软件终身跨平台操作

试题（69）分析

  本题考查对系统用户支持所包括内容的理解。

  系统用户支持应该明确用户支持的服务范围及支持方式，提供客户满意的用户支持。信息系统中软件产品用户支持包括：软件升级服务；软件技术支持服务；远程热线支持服务；全面维护支持服务；用户教育培训服务；提供帮助服台，解决客户常见问题。

参考答案

  （69）D

试题（70）

  关于帮助服务台的职能，不正确的说法是___（70）___。

  （70）A．及时发现系统运行中的错误

     B．接受客户请求（电话、传真、电子邮件等）

     C．记录并跟踪事故和客户意见

     D．及时通知客户其请求的当前状况和最新进展

试题（70）分析

  本题考查对系统用户支持所涉及的帮助服务台的职能的理解。

  服务台，即通常所指的帮助台和呼叫中心。其主要职能是：接受客户请求；记录并跟踪事故和客户意见；通知客户其请求的当前状况和最新进展；根据服务级别协议，评估客户请求；根据服务级别协议，监督规章制度的执行情况；对客户请求从提出到验证、

终止的整个过程管理；调整服务级别时与客户沟通；协调二线支持人员和第三方支持小组；提供管理方面的信息建议及改进服务绩效；发现 IT 服务运营过程中产生的问题；发现客户培训和教育方面的需求；终止事故并与客户一道确认事故的解决情况等。

参考答案

（70）A

试题（71）～（75）

Murphy's Law suggests, "If anything can go wrong, it will." Murphy has motivated numerous pearls of wisdom about projects, machines, people, and why things go wrong.

A project is a (temporary) sequence of unique, complex, and connected （71）having one goal or purpose and that must be completed by a specific time, within budget, and according to （72）. Project management is the （73）of scoping, planning, staffing, organizing, directing, and controlling the development of an acceptable information system at a minimum cost within a specified time frame. Project management is a cross life cycle activity because it overlaps all phases of any systems development methodology.

For any systems development project, effective project management is necessary to ensure that the project meets the deadline, is developed within a (an) （74） budget, and fulfills customer expectations and specifications.

Corporate rightsizing has changed the structure and culture of most organizations, and hence, project management. More flexible and temporary interdepartmental (不同部门间的) teams that are given greater responsibility and authority for the success of organizations have replaced rigid hierarchical command structures and permanent teams. Contemporary system development methodologies depend on having teams that include both technical and nontechnical users, managers, and information technologists all directed to the project goal. These （75） teams require leadership and project management.

（71）A．activities   B．tasks   C．services   D．software

（72）A．document   B．order   C．specification   D．authority

（73）A．process   B．activity   C．step   D．task

（74）A．predefined   B．acceptable   C．rigid   D．strict

（75）A．invariable   B．fixed   C．permanent   D．dynamic

参考译文

墨菲定律建议，"任何一件事如果会出错，它就一定会出错。"墨菲定律说明了项目、机器、人和事情为什么会出错。

项目是一个（临时的）唯一的、复杂的和关联的具有同一目标或目的并且必须在一个特定时间里、在预算内、按照规格说明要求完成的活动的序列。项目管理是在指定时间内用最少的费用开发可接受的系统的管理过程，内容包括确定范围、计划、人员安排、组织、指导和控制。

对于任何系统开发项目来说，为了确保项目满足最后期限，在一个可接受的预算内开发，并实现客户的预期和要求，有效的项目管理是必需的。

公司重组以及改变了大多数组织的结构和文化，同时也改变了项目管理的方式。更灵活的和临时的多部门团队对组织的成功负有很大的责任和权利，他们已经代替了严格的层次式命令结构和永久的团队。现代的系统开发方法学依赖于具有一支由技术性的和非技术性的用户、管理人员、信息技术专家构成的项目团队，团队成员都面向同样的项目目标。这种动态的团队需要领导和项目管理。

参考答案

（71）A　（72）C　（73）A　（74）B　（75）D

第8章 2016上半年信息系统管理工程师下午试题分析与解答

试题一（共15分）

阅读下列说明，回答问题1至问题4，将解答填入答题纸的对应栏内。

【说明】

某企业拟开发一套员工技能培训管理系统，该系统的部分功能及初步需求分析的结果如下所述：

1. 部门信息包括：部门号、名称、负责人号、电话。其中部门号唯一标识部门关系中的每一个元组；一个部门有多名员工，但一名员工只对应一个部门。

2. 员工信息包括：员工号、姓名、岗位、部门号、电话、联系方式。其中员工号唯一标识员工关系中的每一个元组；属性岗位有新入职员工、培训师、其他等。新入职员工至少要选择三门以上的课程进行培训，并取得课程成绩；一名培训师可以讲授多门课程，一门课程可以由多个培训师讲授。

3. 课程信息包括：课程号、课程名称、学时。课程号唯一确定课程关系的每一个元组。

【概念模型设计】

根据需求阶段收集的信息，设计的实体联系图如图1-1所示。

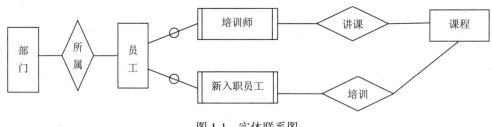

图1-1 实体联系图

【关系模式设计】

部门（部门号，名称，___(1)___，电话）

员工（员工号，姓名，___(2)___，部门号，电话，___(3)___）

课程（___(4)___，课程名称，学时）

讲课（课程号，培训师号，培训地点）

培训（课程号，新入职员工号，成绩）

【问题1】（4分）

根据题意，将关系模式中的空（1）～（4）的属性补充完整，并填入答题纸对应的位置上。

【问题 2】（3 分）

在关系数据库中，两个实体集之间的联系类型分为三类：一对一（1:1）、一对多（1:n）和多对多（n:m）。根据题意，可以得出图 1-1 所示的实体联系图中三个联系的类型。请按以下描述确定联系类型并填入答题纸对应的位置上。

培训师与课程之间的"讲课"联系类型为___（5）___；

新入职员工与课程之间的"培训"联系类型为___（6）___；

部门与员工之间的"所属"联系类型为___（7）___。

【问题 3】（6 分）

若关系 R 中的某一属性或属性组的值能唯一标识一个元组，则称该属性或属性组为主键；若关系 R 中的属性或属性组非该关系的主键，但它是其他关系的主键，那么该属性组对关系 R 而言称为外键。

部门关系的主键为___（8）___，部门关系的外键为___（9）___。

员工关系的主键为___（10）___，员工关系的外键为___（11）___。

讲课关系的主键为___（12）___、___（13）___。

【问题 4】（2 分）

请问"培训关系的主键为（课程号，新入职员工号）"的说法正确吗？为什么？

试题一分析

本题考查数据库系统中实体联系模型（E-R 模型）和关系模式设计方面的基础知识。

【问题 1】

根据题意部门信息包括部门号、名称、负责人号、电话。故部门关系模式中的空（1）应填写"负责人号"。

根据题意员工信息包括员工号、姓名、岗位、部门号、电话、联系方式。在员工关系模式中，故空（2）应填写"岗位"，故空（3）应填写"联系方式"。

根据题意课程信息包括课程号、课程名称、学时，所以空（4）应填写"课程号"。

【问题 2】

两个实体集之间的联系类型分为三类：一对一（1:1）联系、一对多（1:n）联系和多对多（m:n）联系。

由于一名培训师可以讲授多门课程，一门课程可以由多个培训师讲授。故课程与培训师之间的"讲课"联系类型为 n:m（或*.*）。

由于新入职员工至少需要选择三门以上的课程进行培训，意味着一门课程有多个员工选择培训，故课程与新入职员工之间的"培训"联系类型为 n:m（或*.*）。

由于一个部门有多名员工，但一名员工只对应一个部门。故部门与员工之间的"所属"联系类型为 1:n（或 1.*）。

根据上述分析，完善图 1-1 所示的实体联系图如图 1-2 所示。

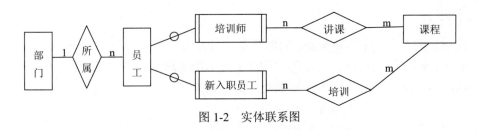

图 1-2   实体联系图

【问题 3】

部门号唯一标识部门关系中的每一个元组，部门关系的主键为部门号。又因为负责人号应参照员工关系的员工号，而员工号是员工关系的主键，故部门关系的外键为负责人号。

员工号唯一标识员工关系中的每一个元组，员工关系的主键为员工号。又因为部门号应参照部门关系的部门号，而部门号是部门关系的主键，故员工关系的外键为部门号。

因为（课程号，培训师号）唯一确定讲课关系的每一个元组，所以讲课关系的主键为（课程号，培训师号）。

【问题 4】

"培训关系的主键为（课程号，新入职员工号）"的说法是正确的。因为，培训是多对多（n:m）联系，所以必须建立一个独立的关系模式，其主键应由课程和员工关系的主键及联系的属性组成。

参考答案

【问题 1】

（1）负责人号

（2）岗位

（3）联系方式

（4）课程号

【问题 2】

（5）n:m（或*:*）

（6）n:m（或*:*）

（7）1:n（或 1:*）

【问题 3】

（8）部门号

（9）负责人号

（10）员工号

（11）部门号

（12）课程号

（13）培训师号

【问题 4】

正确。多对多（n:m）联系，必须建立一个独立的关系模式，该关系模式的主键由两端的主键的属性组成。

试题二（共 15 分）

阅读以下说明，回答问题 1 至问题 3，将答案填入答题纸的对应栏内。

【说明】

M 公司为了突出办公的时效性、灵活性、实用性（易用性），拟开发一套集办公与服务为一体的 OA（办公自动化）系统。张工通过前期的需求调查与分析认为：根据 M 公司的业务流，其 OA 系统功能设计主要包括文档管理、公告管理、综合统计、短信服务和后台管理五个子系统。张工绘出的 M 公司 OA 系统功能结构框图如图 2-1 所示。

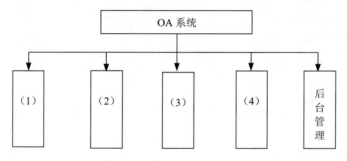

图 2-1　OA 系统功能结构图

【问题 1】（6 分）

请将图 2-1 中的空（1）～（4）的功能补充完整，并填入答题纸对应的位置上。

【问题 2】（6 分）

张工主要参与了后台管理、短信服务和（a）三个子系统中的部分模块的研发工作，如表 2-1 所示。

表 2-1　张工承担的研发工作

模块 ＼ 字系统	（a）	短信服务	后台管理
文档起草	√	×	×
角色权限管理			
短信提醒			
文档审批			
文档返回			
数据库维护			

（1）请将空（a）是什么子系统，填入答题纸对应的位置上。

（2）请在表 2-1 中确定张工参与研发的三个子系统对应的模块，并在对应的位置上打勾或打叉。例如，文档起草属于（a），不属于短信服务和后台管理，则在表中（a）对应的位置上打勾，并在短信服务和后台管理位置上打叉，如表 2-1 所示。

【问题3】（3分）

用户登录系统设计要求：当用户登录系统时，需要输入用户名和密码，若用户存在并且密码正确，则验证结束；若用户不存在或密码不正确，则显示用户名或密码错，然后判断登录次数是否小于 3 次，是则继续输入用户名和密码，否则显示登录失败信息。

根据用户登录系统的设计要求，设计的系统登录流程（不完整）如图 2-2 所示。

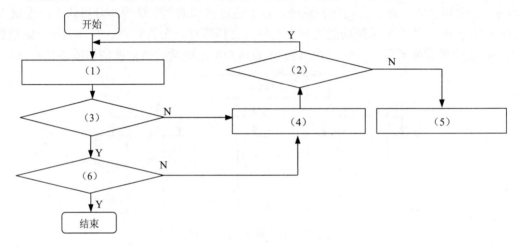

图 2-2　系统登录流程

请在如下备选答案 A～F 中，选择最合适的一项填入图 2-2 中的空（1）～（6）处。注：每个选项只能选 1 次。

（1）～（6）的备选答案：

A．用户是否存在？　　　　　　　　B．输入用户名和密码

C．显示登录失败　　　　　　　　　D．登录次数<3?

E．密码是否正确？　　　　　　　　F．显示用户名或密码错

试题二分析

本题重点考查信息系统开发过程中的相关知识及应用。

【问题1】

信息管理系统功能结构框图是从技术的角度表示信息管理系统在不同层次上的各种功能的一种形式。在信息系统开发过程中首先进行总体规划，划分出子系统，确定出各子系统的功能及其相互之间的联系，然后再逐步予以实现，其中子系统之间的联系是实现信息共享，发挥信息资源的重要作用。依据题干可得出图 2-3 所示的信息系统功能结构框图如下：

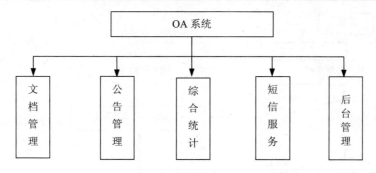

图 2-3　OA 系统功能结构图

【问题 2】

根据不同企业或单位根据业务流不同，对 OA 系统的要求也不同。一般情况下，OA 系统各子系统的功能应包括如下内容。

后台管理子系统的主要功能包括下属机构和人员信息、各级管理员的身份和角色权限、数据库信息维护进行管理。

文档管理子系统的主要功能包括从文档起草、文档审批、文档返回修订、文档下发等功能。

公告管理模块子系统的主要功能主要包括公告浏览、公告信息增加、公告信息修改、公告信息删除等功能。

综合统计模块子系统的主要功能包括用户对未完成和已完成工作任务的查询、各下属机构任务完成得分查询以及得分排名等功能。

短信服务子系统的主要功能短信编写、短信发送（群发）、短信提醒（对任务执行人进行短信提醒和催办）等功能。

根据题意，张工主要承担的研发工作如表 2-2 所示。

表 2-2　张工承担的研发工作

模块 \ 字系统	文 档 管 理	短 信 服 务	后 台 管 理
文档起草	√	×	×
角色权限管理	×	×	√
短信提醒	×	√	×
文档审批	√	×	×
文档返回	√	×	×
数据库维护	×	×	√

【问题 3】

根据题意，完整的系统登录流程如图 2-4 所示，具体分析略。

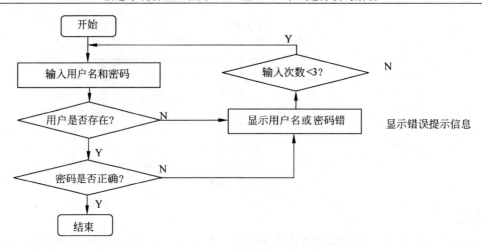

图 2-4　系统登录流程

参考答案

【问题 1】

（1）文档管理

（2）公告管理

（3）综合统计

（4）短信服务

【问题 2】

（1）（a）文档管理

（2）

模块 ＼ 字系统	文 档 管 理	短 信 服 务	后 台 管 理
文档起草	√	×	×
角色权限管理	×	×	√
短信提醒	×	√	×
文档审批	√	×	×
文档返回	√	×	×
数据库维护	×	×	√

【问题 3】

（1）B

（2）D

（3）A

（4）F

（5）C

（6）E

试题三（共 15 分）

阅读以下说明，回答问题 1 至问题 3，将解答填入答题纸的对应栏内。

【说明】

信息安全是对信息、系统以及使用、存储和传输信息的硬件进行保护。信息安全通常是围绕信息的机密性、完整性和可用性来构建安全机制和防范安全风险。信息的机密性是指防止信息暴露给未经授权的人或系统，只确保具有权限的人或系统可以访问信息的特定集合。信息的完整性是指信息在利用、传输、存储等过程中不被篡改、丢失、缺损等，同时还指信息处理方法的正确性。信息的可用性是指信息以及相关的信息资产在授权人需要的时候，可以立即获得。

【问题 1】（6 分）

访问控制决定了谁能访问系统、能访问系统的哪些资源和如何使用这些资源，目的是防止对信息系统资源的非授权访问和使用。请按防御型和探测型将下列 A～F 种访问控制手段进行归类：防御型访问控制手段包括　(1)　；探测型访问控制手段包括　(2)　。

（1）、（2）的备选答案：

  A．双供电系统   B．闭路监控   C．职员雇佣手续

  D．访问控制软件 E．日志审计   F．安全知识培训

【问题 2】（4 分）

保密就是保证敏感信息不被非授权人知道。加密是指通过将信息编码而使得侵入者不能够阅读或理解的方法，目的是保护数据和信息。国家明确规定严格禁止直接使用国外的密码算法和安全产品，其主要原因有　(3)　和　(4)　两个方面。

（3）、（4）的备选答案：

  A．目前这些密码算法和安全产品都有破译手段

  B．国外的算法和产品中可能存在"后门"，要防止其在关键时刻危害我国安全

  C．进口国外的算法和产品不利于我国自主研发和技术创新

  D．密钥不可以无限期使用，需要定期更换。购买国外的加密算法和产品，会产生高昂的费用

【问题 3】（5 分）

任何信息系统都不可能避免天灾或者人祸，当事故发生时，要可以跟踪事故源、收集证据、恢复系统、保护数据。通常来说，高可用性的系统具有较强的容错能力，使得系统在排除了某些类型的故障后继续正常运行。

容错途径及说明如图 3-1 所示，请将正确的对应关系进行连线。

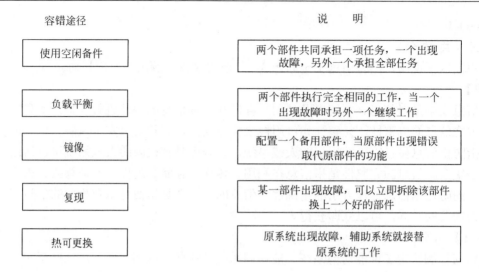

图 3-1　容错途径及说明

试题三分析

本题考查信息系统安全防范的相关知识。

现代信息系统构架在计算机系统、通信及网络系统之上，因此信息系统的安全也要围绕这些方面来实施。信息安全是以电磁信号为主要形式在获取、处理、存储、传输和利用的信息内容，在各个物理位置、逻辑区域、存储和传输介质中，处于动态或者静态过程中的机密性、完整性、可用性、可审查性和抗抵赖性与人、网络、环境有关技术和管理规程的集合。

【问题 1】

访问控制是对信息系统资源进行保护的重要措施，理解访问控制的基本概念有助于信息系统的拥有者选择和使用访问控制手段对系统进行防护。信息安全中一般采用包括防御型、探测型、矫正型以及管理型、技术型、操作型等六类访问控制手段。其中防御型访问控制手段主要用于阻止不良事件的发生，探测型访问控制手段用于探测已经发生的不良事件。

矫正型控制用于矫正已经发生的不良事件。管理型控制用于管理系统的开发、维护和使用，包括针对系统的策略、规程、行为规范、个人的角色和义务、个人职能和人事安全决策。技术型控制是用于为信息技术系统和应用提供自动保护的硬件和软件控制手段。技术型控制应用于技术系统和应用中。操作型控制是用于保护操作系统和应用的日常规程和机制。它们主要涉及在人们（相对于系统）使用和操作中使用的安全方法。操作型控制影响到系统和应用的环境。

【问题 2】

我国政府明确规定严格禁止直接使用国外的密码算法和安全产品，这是由于：国外禁止出口密码算法和产品，所谓出口的安全的密码算法国外都有破译手段；担心国外的算法和产品中存在"后门"，关键时刻危害我国信息安全。1999 年国务院颁布商用密码管理条例，对密码的管理使用进行了具体规定。当前我国的信息安全系统由国家密码管理委员会统一管理。

【问题 3】

容错不是指系统可以容忍任何一种故障，而是指系统在排除某些类型的故障后继续正常运行，具有高可用性的系统应该具有较强的容错能力。

提供容错的途径有：①使用空闲备件：配置一个备用部件，平时处于空闲状态，当原部件出现错误时则取代原部件的功能；②负载均衡：使用两个部件共同承担一项任务，当其中一个出现故障时，另外一个部件承担两个部件的全部负载；③镜像：两个部件执行完全相同的工作，当其中一个出现故障时，另外一个则继续工作；④复现：也成延迟镜像，即辅助系统从原系统接受数据存在延时；⑤热可更换：某一件部件出现故障，可以立即拆除该部件并换上一个好的部件，在这个过程中系统不中断运行。

参考答案

【问题 1】

（1）ACDF

（2）BE

【问题 2】

（3）A

（4）B

【问题 3】

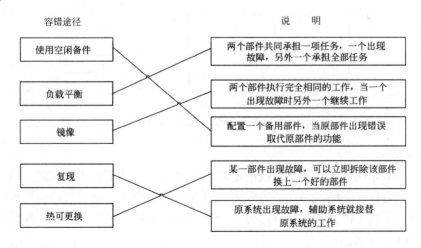

试题四（共 15 分）

阅读以下说明，回答问题 1 至问题 3，将解答填入答题纸的对应栏内。

【说明】

在信息系统的生命周期中，为了保证信息系统正常而可靠地运行，对系统进行评价，并能使系统不断得到改善和提高，通常企业需要设立专门的信息系统管理机构，负责系统的管理与维护。该机构在对信息系统进行维护时，通常要遵循一定的工作流程，建立相应的工作计划。

【问题 1】（6 分）

系统维护的工作流程如图 4-1 所示，请在如下备选答案 A～F 中选择最合适的一项填入空（1）～（6）处。

（1）～（6）的备选答案：

　　A. 制定维护计划　　　　B. 编制维护报告　　　　C. 提交管理部门审批
　　D. 维护要求评价　　　　E. 撤销申请　　　　　　F. 用户及管理部门审核

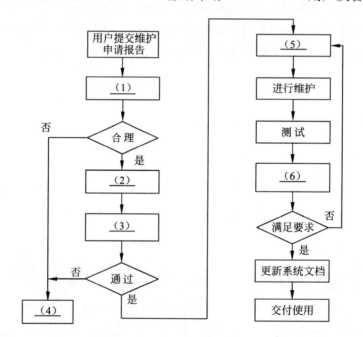

图 4-1　系统维护的工作流程

【问题 2】（4 分）

系统维护工作的对象是整个系统的配置，可以是系统功能的模块代码，也可以是系统开发过程中的开发文档。当业务处理出现问题或发生变化，就要修改应用程序及相关文档。维护工作按照维护的具体目标可以分为完善性维护、适应性维护、纠错性维护和预防性维护四个方面。

（1）统一调查表明，　(a)　维护工作在所有维护工作中占有比例最高，大约占到全部维护工作的__（b）__%。

（2）如果某项维护工作是将现有的报表功能改成通用报表生成功能，以应付今后报表内容和格式可能的变化，那么这项维护工作属于__（c）__维护。

【问题 3】（5 分）

简要说明信息系统的维护计划应该包括哪些方面。

试题四分析

本题考查信息系统维护一般过程，系统的维护实施是信息系统可靠运行的重要技术保障，因此在信息系统的管理中必须予以重视。

此类题目要求考生具有一定的工作实践经验，并且在工作中能够遵守相应的工作流程，科学有序地进行信息系统的维护工作。

【问题 1】

用户的维护申请应该以书名形式"维护申请报告"向维护管理员提出，要明确维护属于哪种类型，纠错性维护还是适应性或者完善性维护。维护人员根据用户提交的申请内容进行核评，情况属实，按照维护性质、内容、预计工作量、缓急程度或优先级以及修改所产生的变化结果等，编制维护报告，并将其提交给维护管理部门审批。

维护管理部门从整个系统出发，从合理性和技术可行性两个方面进行审查，并对修改所产生的影响做充分地评估，对于不妥的维护要求要在与用户协商的条件下予以修改或者撤销。

通过审批的维护报告，由维护管理员根据具体的情况制定维护计划，对于不同的维护类型，选择不同的维护方案，维护计划应该包括：工作的范围、所需资源、确认的需求、维护费用、维修进度安排以及验收标准等。

维护管理员将维护计划下达给维护人员，要建立维护监督的机制，确保系统的安全。维护工作完成以后要进行严格测试，验证维护工作的质量，待测试通过以后再由用户和管理部门进行审核确认，只有经过确认的维护成果才能对系统的相应文档进行更新，最后交付用户使用。

【问题 2】

系统维护的重点是系统应用软件的维护工作，按照软件维护的不同性质划分为 4 种类型，即纠错性维护、适应性维护、完善性维护和预防性维护。根据各种维护工作分布情况统计，一般纠错性维护占 21%，适应性维护占 25%，完善性维护达到 50%，而预防性维护及其他类型的维护仅占 4%。

系统维护工作不应总是被动地等待用户提出要求后才进行，应进行主动的预防性维护，即选择那些还有较长使用寿命，目前尚能正常运行，但可能将要发生变化或调整的系统进行维护，目的是通过预防性维护为未来的修改与调整奠定更好的基础。例如，将目前能应用的报表功能改成通用报表生成功能，以应付今后报表内容和格式可能的变化。

【问题 3】

系统的维护不仅范围广，而且影响因素多。通常在编制维护计划之前，要考虑三个方面的因素：（1）维护的背景。包括系统的当前情况、维护的对象、维护工作的复杂性与规模。（2）维护工作的影响。包括对新系统目标的影响、对当前工作进度的影响、对本系统其他部分的影响、对其他系统的影响。（3）资源的要求。包括对维护提出的时间要求、维护所需费用、维护所需工作人员等。

编制系统维护计划要考虑多个方面，具体来讲包括维护预算、维护需求、维护系统、维护承诺、维护负责人、维护计划、更替等。

参考答案

【问题 1】

（1）D

（2）B

（3）C

（4）E

（5）A

（6）F

【问题 2】

（1）（a）完善性

　　　（b）50

（2）（c）预防性

【问题 3】

（1）维护预算

（2）维护需求

（3）维护承诺

（4）维护负责人

（5）维护执行计划和更替

试题五（共 15 分）

阅读以下说明，回答问题 1 至问题 3，将解答填入答题纸的对应栏内。

【说明】

随着信息技术的发展，MIS、ERP、CRM、SCM、TMS 等信息系统对降低企业的成本，改善企业的服务质量，扩大企业产品的市场占有率等方面起着重要的作用。因此，正确评价信息系统对企业的决策和发展规划至关重要。对信息系统的评价，通常是根据预定的系统目标，在系统调查和可行性分析的基础上，主要从技术和经济等方面，就各种系统设计方案能满足需要的程度及消耗和占用的各种资源进行评审和选择，从而得出技术上先进、经济上合理、实施上可行的最优或者满意的方案。

【问题 1】（5 分）

请对下面给出的信息系统的名称与对应的解释进行连线。

【问题 2】（6 分）

某企业聘请张明工程师对其建设的 MIS 信息系统进行评价，张工给出的评价意见如下框所示：

系统评价意见

　　该 MIS 信息系统运用业界流行的编程方法，采用分布式部署。可根据用户的个性化需求，提供对各类企事业单位多层次、多重业务的定制；优化了业务流程以及人、财、物合理利用。

　　系统兼顾人机交互的灵活性与方便性，响应时间、输出信息的精度满足管理业务需求，系统采用多种加密算法与备份机制，安全性高。系统文档规范清晰，易于维护与排查故障。

（1）请分析该评价意见对哪几个方面进行了评价？

（2）评价意见是否全面？说明原因。

【问题 3】（4 分）

简要说明进行信息系统评价的工作程序所包括的步骤。

试题五分析

本题考查对行业应用的信息系统的基本知识，以及对信息系统进行评价的基本要求和方法。

【问题 1】

管理信息系统（Management Information Systems，MIS）是一个不断发展的新型学

科，MIS 的定义随着计算机技术和通信技术的进步也在不断更新，在现阶段普遍认为管理信息系统 MIS 是由人和计算机设备或其他信息处理手段组成并用于管理信息的系统。完善的管理信息系统 MIS 具有以下四个标准：确定的信息需求、信息的可采集与可加工、可以通过程序为管理人员提供信息、可以对信息进行管理。

企业资源计划（Enterprise Resource Planning，ERP）是指建立在信息技术基础上，以系统化的管理思想，为企业决策层及员工提供决策运行手段的管理平台。它是从 MRP（物料需求计划）发展而来的新一代集成化管理信息系统，它扩展了 MRP 的功能，其核心思想是供应链管理。它跳出了传统企业边界，从供应链范围去优化企业的资源。

客户管理系统（Customer Relationship Management，CRM）是企业用来管理客户关系的工具。客户关系管理是一个不断加强与顾客交流，不断了解顾客需求，并不断对产品及服务进行改进和提高以满足顾客的需求的连续的过程。其内含是企业利用信息技（IT）术和互联网技术实现对客户的整合营销，是以客户为核心的企业营销的技术实现和管理实现。

供应链管理（Supply Chain Management，SCM）：就是指在满足一定的客户服务水平的条件下，为了使整个供应链系统成本达到最小而把供应商、制造商、仓库、配送中心和渠道商等有效地组织在一起来进行的产品制造、转运、分销及销售的管理方法。供应链管理包括计划、采购、制造、配送、退货五大基本内容。

运输管理系统（Transportation Management System，TMS）是一种"供应链"分组下的操作软件。它能通过多种方法和其他相关的操作一起提高物流的管理能力；包括管理装运单位，指定企业内、国内和国外的发货计划，管理运输模型、基准和费用，维护运输数据，生成提单，优化运输计划，选择承运人及服务方式，招标和投标，审计和支付货运账单，处理货损索赔，安排劳力和场所，管理文件和管理第三方物流。

【问题 2】

信息系统评价是指根据预定的系统目的，在系统调查和可行性研究的基础上，主要从技术和经济等方面，就各种系统设计的方案所能满足需要的程度及消耗和占用的各种资源进行评审和选择，并选择出技术上先进、经济上合理、实施上可行的最优或满意方案。

信息系统技术性能评价的内容主要包括 6 个方面：

（1）系统的总体技术水平。包括网络的结构、系统的总体结构所采用的技术先进性、适用性、系统的正确性和集成程度等。

（2）系统的功能覆盖范围。对各个管理层次及业务部门业务的支持程度，满足用户要求的程度、数据管理的规范等。

（3）信息资源开发和利用的范围和深度。包括优化业务流程。人、财、物的合理利用，对市场、客户等信息的利用率的。

（4）系统质量。人机交互的灵活性与便捷性，系统响应时间与信息处理速度满足管理业务需求的程度，输出信息的正确性与精确度，单位时间内的故障次数与故障时间在工作时间中的比例，系统结构与功能的调整、改进及扩展、与其他系统交互或集成的难易程度，系统故障诊断、故障恢复的难易程度。

（5）系统的安全性。保密措施的完整性、规范性和有效性，业务数据是否会被修改和被破坏，数据使用权限是否得到保证。

（6）系统文档资料的规范、完备与正确程度。

【问题3】

对于一个信息系统的运行评价，首先应该确定相应的系统评价者、评价队形、评价目标、评价指标和评价原则及策略等，编写相应的《信息系统评价计划书》，不论是内部评价还是外部评价，所有的信息进行信息化评价都要遵循一定的工作程序，工作程序是指从评价对象至完成整个评价工作的过程，一般包括如下步骤。

（1）确定评价队形，下达评价通知书，组织成立评价工作组和专家咨询组。评价通知书是指评价组织机构（委托人）出具的行政文书，也是企业接受评价的依据。评价通知书应载明评价任务、评价目标、评价依据、评价人员、评价时间和有关要求等事项。

（2）拟定评价工作方案，搜集基础资料。评价工作方案是进行某项评估活动的工作安排，应包括涉及评价工作的各个要素。

（3）评价工作的实施评价，征求专家意见和反馈企业，撰写评价报告。评价工作组依据企业报送的资料进行基础评价。

（4）评价工作组将评价报告报送专家咨询组复核，向评价组织机构（委托人）送达评价报告和选择公布评价结果，建立评价项目档案等。

评价工作正式开始前，评价工作组可以按照评价的基本要求，组织企业相关人员进行自评。评价工作组取得的评价结论应与企业自评结论进行对照，及时对评价结论进行补充和修改。

参考答案

【问题1】

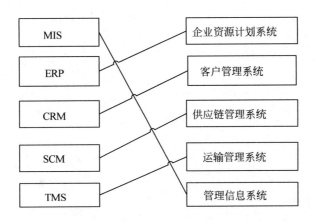

【问题 2】

（1）主要从 MIS 的技术性能方面进行了评价，包括以下 6 点。

① 系统的总体水平

② 系统功能的覆盖范围

③ 信息资源开发和利用的范围和深度

④ 系统质量

⑤ 系统安全性

⑥ 系统文档资料的规范、完备与正确程度

（2）不全面，因为未从管理效益或经济效益方面进行评价。

【问题 3】

（1）确定评价对象，下达评价通知书，组织成立评价工作组和专家咨询组。

（2）拟定评价工作方案，搜集基础资料。

（3）实施评价，征求专家意见和反馈企业，撰写评价报告。

（4）将评价报告送专家咨询组复核，向委托人送达评价报告，建立评价档案。

第9章 2017 上半年信息系统管理工程师 上午试题分析与解答

试题（1）

以下关于 CPU 的叙述中，正确的是 __(1)__ 。

（1）A．CPU 中的运算单元、控制单元和寄存器组是通过系统总线连接起来的

B．在 CPU 中，获取指令并进行分析是控制单元的任务

C．执行并行计算任务的 CPU 必须是多核的

D．单核 CPU 不支持多任务操作系统而多核 CPU 支持

试题（1）分析

本题考查计算机系统基础知识。

CPU 中主要部件有运算单元、控制单元和寄存器组，连接这些部件的是片内总线。系统总线是用来连接微机各功能部件而构成一个完整微机系统的，如 PC 总线、AT 总线（ISA 总线）、PCI 总线等。

单核 CPU 可以通过分时实现并行计算。

系统总线（System Bus）是微机系统中最重要的总线，对整个计算机系统的性能有重要影响。CPU通过系统总线对存储器的内容进行读写，同样通过系统总线，实现将 CPU 内数据写入外设，或由外设读入 CPU。按照传递信息的功能来分，系统总线分为地址总线、数据总线和控制总线。

参考答案

（1）B

试题（2）

采用 __(2)__ 技术，使得计算机在执行程序指令时，多条指令执行过程中的不同阶段可以同时进行处理。

（2）A．流水线 B．云计算 C．大数据 D．面向对象

试题（2）分析

本题考查计算机系统基础知识。

为提高 CPU 利用率，加快执行速度，将指令分为若干个阶段，可并行执行不同指令的不同阶段，从而使多个指令可以同时执行。在有效地控制了流水线阻塞的情况下，流水线可大大提高指令执行速度。经典的五级流水线为取指、译码/读寄存器、执行/计算有效地址、访问内存（读或写）、结果写回寄存器。

参考答案

（2）A

试题（3）

总线的带宽是指___（3）___。

（3）A．用来传送数据、地址和控制信号的信号线总数

B．总线能同时传送的二进制位数

C．单位时间内通过总线传送的数据总量

D．总线中信号线的种类

试题（3）分析

本题考查计算机系统基础知识。

总线的带宽即数据传输率，也就是单位时间内通过总线传输的数据量，以"字节/秒"为单位。

参考答案

（3）C

试题（4）

在计算机系统中，以下关于高速缓存（Cache）的说法正确的是___（4）___。

（4）A．Cache 的容量通常大于主存的存储容量

B．通常由程序员设置 Cache 的内容和访问速度

C．Cache 的内容是主存内容的副本

D．多级 Cache 仅在多核 CPU 中使用

试题（4）分析

本题考查计算机系统基础知识。

高速缓存（Cache）是随着 CPU 与主存之间性能间的差距不断增大而引入的，相对于主存，其容量小、速度快，所存储的内容是 CPU 近期可能会需要的信息，是主存内容的副本，因此 CPU 需要访问数据和读取指令时要先访问 Cache，若命中则直接访问，若不命中再去访问主存。

参考答案

（4）C

试题（5）

计算机中采用虚拟存储器的目的是___（5）___。

（5）A．提高访问外存的速度　　　　　　B．提高访问内存的速度

C．扩大外存的寻址空间　　　　　　D．扩大内存的寻址空间

试题（5）分析

本题考查计算机系统基础知识。

虚拟内存是计算机系统内存管理的一种技术，它使用外存（硬盘）空间的一部分作

为内存空间的补充，使得应用程序能使用的存储空间比实际的内存空间要大。

参考答案

（5）D

试题（6）

已知某字符的 ASCII 码值用十进制表示为 69，如果将最高位设置为偶校验位，则其二进制表示为　(6)　。

（6）A．11000101　　　　　　　　B．01000101

　　　C．11000110　　　　　　　　D．01100101

试题（6）分析

本题考查计算机系统中数据表示基础知识。

十进制数 69 的二进制形式为 01000101，其中有 3 个 1，采用偶校验时需要通过设置校验位使 1 的个数为偶数，因此编码为 11000101。

参考答案

（6）A

试题（7）

用高级语言编写的源程序被保存为　(7)　。

（7）A．位图文件　　　B．文本文件　　　C．二进制文件　　　D．动态链接库文件

试题（7）分析

本题考查程序语言基础知识。

源程序是以文本文件方式保存的。

参考答案

（7）B

试题（8）

将来源不同的编译单元装配成一个可执行程序的程序称为　(8)　。

（8）A．编译器　　　B．解释器　　　C．汇编器　　　D．链接器

试题（8）分析

本题考查程序语言翻译基础知识。

通过编译方式实现的编程语言需要经过编译（产生目标代码）、链接（产生可执行代码）才能在计算机上运行。有些语言（如 C/C++）还需在编译之前进行预处理。

参考答案

（8）D

试题（9）

通用编程语言是指能够用于编写多种用途程序的编程语言，　(9)　属于通用编程语言。

（9）A．HTML　　　　　B．SQL　　　　　C．Java　　　　　D．Verilog

试题（9）分析

本题考查程序语言基础知识。

HTML 即超文本标记语言，通过标记符号来标记要显示的网页中的各个部分。

SQL 即结构化查询语言，是一种特殊目的的编程语言，用于存取及查询、更新和管理关系数据库系统中的数据。

Verilog HDL 是一种硬件描述语言，以文本形式来描述数字系统硬件的结构和行为的语言，用它可以表示逻辑电路图、逻辑表达式，还可以表示数字逻辑系统所完成的逻辑功能。

Java 是一种通用的程序设计语言。

参考答案

（9）C

试题（10）

数据结构中的逻辑结构是指数据对象中元素之间的相互关系。按逻辑结构可将数据结构分为　（10）　。

（10）A．静态结构和动态结构　　　　B．线性结构和非线性结构

　　　 C．散列结构和索引结构　　　　D．顺序结构和链表结构

试题（10）分析

本题考查数据结构基础知识。

按照逻辑结构可将数据结构分为线性结构和非线性结构，线性表、栈、队列和字符串都属于线性的数据结构，树（二叉树）和图是非线性的数据结构。

参考答案

（10）B

试题（11）

　（11）　是按照"后进先出"原则进行插入和删除操作的数据结构。

（11）A．栈　　　　　B．队列　　　　C．散列表　　　　　D．字符串

试题（11）分析

本题考查数据结构基础知识。

栈是按"后进先出"的原则进行修改的。队列是按照"先进先出"的原则来修改的。

参考答案

（11）A

试题（12）

数据模型的三要素包括　（12）　。

（12）A．网状模型、关系模型、面向对象模型

　　　 B．数据结构、网状模型、关系模型

　　　 C．数据结构、数据操纵、关系模型

　　　　D．数据结构、数据操纵、完整性约束

试题（12）分析

　　本题考查数据库系统基础知识。

　　数据模型是数据库中非常核心的内容。一般来讲，数据模型是严格定义的一组概念的集合。这些概念精确地描述了系统的静态特性、动态特性和完整性约束条件。因此数据模型通常由数据结构、数据操纵和完整性约束三要素构成。外模式、模式和内模式是数据库系统的三级模式结构。数据库领域中常见的数据模型有网状模型、层次模型、关系模型和面向对象模型。实体、联系和属性是概念模型的三要素，概念模型又称为信息模型，是数据库中的一类模型，它和数据模型不同，是按用户的观点来对数据和信息建模的。

参考答案

　　（12）D

试题（13）

　　在数据库系统实施过程中，通过重建视图能够实现　　（13）　　。

　　（13）A．程序的逻辑独立性　　　　　　B．程序的物理独立性

　　　　　C．数据的逻辑独立性　　　　　　D．数据的物理独立性

试题（13）分析

　　本题考查数据库系统基础知识。

　　视图对应的是数据库系统三级模式/两级映象中的外模式，重建视图即是修改外模式及外模式/模式映象，实现了数据的逻辑独立性（即数据的独立性，而不是程序的独立性）。

参考答案

　　（13）C

试题（14）

　　数据库通常是指有组织、可共享、动态地存储在　　（14）　　的数据的集合。

　　（14）A．内存上的相互联系　　　　　　B．内存上的相互无关

　　　　　C．外存上的相互联系　　　　　　D．外存上的相互无关

试题（14）分析

　　本题考查数据库系统基础知识。

　　数据库是指长期储存在计算机外存上的、有组织的、可共享并相互联系的数据集合。数据库中的数据按一定的数学模型组织，描述和储存，具有较小的冗余度，较高的数据独立性和易扩展性，并可为各种用户共享。

参考答案

　　（14）C

试题（15）～（17）

在某企业的工程项目管理数据库中供应商关系 Supp（供应商号,供应商名,地址,电话）、项目关系 Proj（项目号,项目名,负责人,电话）和零件关系 Part（零件号,零件名）的 E-R 模型如下图所示。其中，每个供应商可以为多个项目供应多种零件，每个项目可由多个供应商供应多种零件。

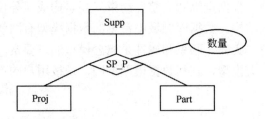

a）SP_P 需要生成一个独立的关系模式，其联系类型为 __(15)__ 。

（15）A. *:*:*　　　　　B. 1:*:*　　　　　C. 1:1:*　　　　　D. 1:1:1

b）给定关系模式 SP_P（供应商号,项目号,零件号,数量），按查询条件"查询至少供应了 6 个项目（包含 6 项）的供应商，输出其供应商号和供应零件数量的总和，并按供应商号降序排列"，将正确选项填入 SQL 语句的空项中。

```
SELECT 供应商号,SUM(数量)FROM  (16)
    GROUP BY 供应商号
    HAVING COUNT(DISTINCT(项目号))> 5
    (17) ;
```

（16）A. Supp　　　　　B. Proj　　　　　C. Part　　　　　D. SP_P

（17）A. ORDER BY 供应商号　　　　　B. GROUP BY 供应商号
　　　C. ORDER BY 供应商号 DESC　　　D. GROUP BY 供应商号 DESC

试题（15）～（17）分析

根据"一个供应商可以为多个项目供应多种零件，每个项目可由多个供应商供应多种零件"可知，SP_P 的联系类型为多对多对多（*:*:*），其 ER 模型如下图所示。而多对多对多的联系必须生成一个独立的关系模式，该模式是由多端的码即"供应商号""项目号""零件号"加上 SP_P 联系的属性"数量"构成。

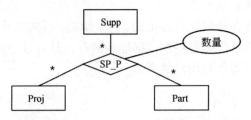

根据题中的关系模式 SP_P（供应商号,项目号,零件号,数量），查询至少供应了 6 个

项目（包含 6 项）的供应商，输出其供应商号和供应零件数量的总和，并按供应商号降序排列。

由于题目要求按供应商号降序排列，所以应采用"ORDER BY 供应商号 DESC"语句。

参考答案

（15）A　　（16）D　　（17）C

试题（18）、（19）

在 Windows 系统中，采用＿＿(18)＿＿程序可以合并卷上的可用空间，使每个文件和文件夹占用卷上连续的磁盘空间，这样可以使系统＿＿(19)＿＿。

（18）A．任务计划　　　B．资源监视器　　　C．碎片整理　　　D．性能监视器

（19）A．改变空闲区文件管理方案

　　　B．提高对文件和文件夹的访问效率

　　　C．提高对文件的访问效率，而对文件夹的访问效率保持不变

　　　D．提高对文件夹的访问效率，而对文件的访问效率保持不变

试题（18）、（19）分析

本题考查操作系统基础知识。

在 Windows 系统中，磁盘碎片整理程序可以分析本地卷，使每个文件或文件夹占用卷上连续的磁盘空间，合并卷上的可用空间使其成为连续的空闲区域，这样系统就可以更有效地访问文件或文件夹，以及更有效地保存新的文件和文件夹。通过合并文件和文件夹，磁盘碎片整理程序还将合并卷上的可用空间，以减少新文件出现碎片的可能性。合并文件和文件夹碎片的过程称为碎片整理。

参考答案

（18）C　　（19）B

试题（20）

某文件管理系统在磁盘上建立了位示图（bitmap），记录磁盘的使用情况。若计算机系统的字长为 32 位（注：每位可以表示一个物理块"使用"还是"未用"的情况），磁盘的容量为 200GB，物理块的大小为 1MB，那么位示图的大小需要＿＿(20)＿＿个字。

（20）A．600　　　　　B．1200　　　　　C．3200　　　　　D．6400

试题（20）分析

本题考查操作系统文件管理方面的基础知识。

根据题意，计算机系统中的字长为 32 位，每位可以表示一个物理块的"使用"还是"未用"，一个字可记录 32 个物理块的使用情况。

又因为磁盘的容量为 200GB，物理块的大小为 1MB，那么该磁盘有 200*1024=204800 个物理块，位示图的大小为 204800/32=6400 个字。

参考答案

（20）D

试题（21）

以下文件格式中属于音频文件的是 　(21)　 。

（21）A．PDF 　　　　B．WAV 　　　　C．AVI 　　　　D．DOC

试题（21）分析

本题考查对计算机各类媒体数据文件的了解和掌握。

"PDF"是 Adobe Systems 公司 1993 年用于文件交换推出的文件格式。通过把文件资料制作成 PDF 格式可以有效地防止他人复制、修改资料。

"WAV"是 Microsoft 公司的音频文件格式，它来源于对声音模拟波形的采样。

"AVI"是 Microsoft 公司的音频视频交错文件格式，可以将音频视频交织在一起进行同步播放。

"DOC"是 Microsoft 公司的 Office 套件中的文字处理软件 Word 的文件格式。

参考答案

（21）B

试题（22）

　(22)　 是用于纯音频信息处理的工具软件。

（22）A．3ds Max 　　　B．Audition 　　　C．Director 　　　　D．Photoshop

试题（22）分析

本题考查对常用计算机多媒体应用软件产品的了解和掌握。

3ds Max 是三维动画建模工具软件，Photoshop 是数字图像处理工具软件，Audition 是数字音频处理工具软件，Director 是多媒体应用软件创作工具。

参考答案

（22）B

试题（23）

以下关于 TCP/IP 协议栈中协议和层次的对应关系正确的是　(23)　 。

（23）A.

TFTP	Telnet
UDP	TCP
ARP	

B.

RIP	Telnet
UDP	TCP
ARP	

C.

HTTP	SNMP
TCP	UDP
IP	

D.

SMTP	FTP
UDP	TCP
IP	

试题（23）分析

本题考查 TCP/IP 协议栈中协议与层次关系。

选项 A、B 错在第 3 层应为 IP 协议；选项 D 错在 SMTP 采用的传输层协议为 TCP。

参考答案

（23）C

试题（24）、（25）

PING 发出的是＿＿（24）＿＿类型的消息，其报文封装在＿＿（25）＿＿协议数据单元中传送。

（24）A. TCP 请求　　　　　　　　　　B. TCP 响应

　　　C. ICMP 请求与响应　　　　　　D. ICMP 源点抑制

（25）A. IP　　　　　B. TCP　　　　　C. UDP　　　　　D. PPP

试题（24）、（25）分析

本题考查 ICMP 协议相关基础知识。

PING 命令是 ICMP 协议的一个应用，采用 ICMP 请求与响应类型，提供链路连通性测试。ICMP 封装在 IP 数据报报文中传送。

参考答案

（24）C　　（25）A

试题（26）

在异步通信中，每个字符包含 1 位起始位、7 位数据位和 2 位终止位，若每秒钟传送 500 个字符，则有效数据速率为＿＿（26）＿＿。

（26）A. 500b/s　　　B. 700b/s　　　C. 3500b/s　　　D. 5000b/s

试题（26）分析

本题考查异步传输协议基础知识。

每秒传送 500 字符，每字符 7 比特，故有效速率为 3500b/s。

参考答案

（26）C

试题（27）

以下 IP 地址中，属于网络 10.110.12.29 / 255.255.255.224 的主机 IP 是＿＿（27）＿＿。

（27）A. 10.110.12.0　　　　　　　　　B. 10.110.12.30

　　　C. 10.110.12.31　　　　　　　　D. 10.110.12.32

试题（27）分析

本题考查 IP 地址相关基础知识。

10.110.12.29 / 255.255.255.224 的地址展开为：**0000 1010.0110 1110.0000 1100.000**1 1101，可分配主机地址范围为 10.110.12.1～10.110.12.30。

参考答案

（27）B

试题（28）

如果防火墙关闭了 TCP 和 UDP 端口 21、25 和 80，则可以访问该网络的应用是 ___（28）___。

（28）A．FTP   B．Web   C．SMTP   D．Telnet

试题（28）分析

本题考查常用网络服务以及对应开放的端口，采用排除法即可。

通常情况下，FTP 默认的端口是 21，简单邮件传输协议使用的端口是 25，Web 默认的端口是 80，Telnet 默认的端口是 23。本题未指明防火墙关闭 23 端口，则可以访问的网络应用是 Telnet。

参考答案

（28）D

试题（29）

___（29）___ 不属于数字签名的主要功能。

（29）A．保证信息传输的完整性   B．防止数据在传输过程中被窃取

　　　C．实现发送者的身份认证   D．防止交易者事后抵赖对报文的签名

试题（29）分析

本题考查数字签名的基本概念。

数字签名技术是将摘要用发送者的私钥加密，与原文一起传送给接收者。接收者只有用发送者的公钥才能解密得到被加密的摘要。

数字签名技术可以保证接收者不能伪造对报文的签名、接收者能够核实发送者对报文的签名、发送者事后不能抵赖对报文的签名。同时，接收者可以用 Hash 函数对收到的原文再产生一个摘要，与收到的摘要对比，如果二者相同，则说明收到的信息是完整的，从而保证信息传输的完整性。

但是，数字签名技术不是加密技术，它不能防止数据在传输过程中被窃取。

参考答案

（29）B

试题（30）

防火墙不能实现 ___（30）___ 的功能。

（30）A．过滤不安全的服务   B．控制对特殊站点的访问

　　　C．防止内网病毒传播   D．限制外部网对内部网的访问

试题（30）分析

本题考查防火墙的基本概念。

防火墙是指一种逻辑装置，用来保护内部的网络不受来自外界的侵害，但是防火墙对内网病毒传播无法控制。防火墙是在内部网与外部网之间的界面上构造一个保护层，并强制所有的连接都必须经过此保护层，在此进行检查和连接。只有被授权的通信才能通过此保护层，从而保护内部网资源免遭非法入侵。

防火墙主要用于实现网络路由的安全性。其主要功能包括：限制外部网对内部网的访问，从而保护内部网特定资源免受非法侵犯；限制内部网对外部网的访问，主要是针对一些不健康信息及敏感信息的访问；过滤不安全的服务等。

参考答案

（30）C

试题（31）

DDOS（Distributed Denial of Service）攻击的目的是___（31）___。

（31）A．窃取账户　　　　　　　　B．远程控制其他计算机

　　　C．篡改网络上传输的信息　　　D．影响网络提供正常的服务

试题（31）分析

本题考查网络安全的基本概念。

DDOS（Distributed Denial of Service）即分布式拒绝服务。DDOS 攻击是借助 C/S 技术，将多个计算机联合起来作为攻击平台，对一个或多个目标发起 DDOS 攻击。其主要目的是阻止合法用户对正常网络资源的访问。

DDOS 的攻击策略侧重于通过很多"僵尸主机"（被攻击者入侵过或可间接利用的主机）向受害主机发送大量看似合法的网络包，从而造成网络阻塞或服务器资源耗尽而导致拒绝服务。分布式拒绝服务攻击一旦被实施，攻击网络包就会犹如洪水般涌向受害主机，从而把合法用户的网络包淹没，导致合法用户无法正常访问服务器的网络资源，因此，拒绝服务攻击又被称之为"洪水式攻击"，常见的 DDOS 攻击手段有 SYN Flood、ACK Flood、UDP Flood、ICMP Flood、TCP Flood、Connections Flood、Script Flood、Proxy Flood 等。

参考答案

（31）D

试题（32）

软件著作权中翻译权是指___（32）___的权利。

（32）A．将原软件从一种自然语言文字转换成另一种自然语言文字

　　　B．将原软件从一种程序设计语言转换成另一种程序设计语言

　　　C．软件著作权人对其软件享有的以其他各种语言文字形式再表现

　　　D．对软件的操作界面或者程序中涉及的语言文字翻译成另一种语言文字

试题（32）分析

软件著作权中翻译权是指以不同于原软件作品的一种程序语言转换该作品原使用的程序语言，而重现软件作品内容的创作的产品权利。简单地说，也就是指将原软件从一种程序语言转换成另一种程序语言的权利。

参考答案

（32）B

试题（33）

章铭购买了一张有注册商标的正版软件光盘，擅自将其复制出售，则该行为侵犯了该软件开发商的___（33）___。

（33）A．财产所有权　　　　　　　　　B．商标权

　　　　C．物权　　　　　　　　　　　　D．知识产权

试题（33）分析

本题考查知识产权基本知识，即区别侵犯物权与知识产权行为。

将他人的软件光盘占为己有，涉及的是物体本身，即软件的物化载体，该行为是侵犯财产所有权的行为。如果行为人虽未占有这一软件光盘，（如借或租他人一张软件光盘，使用后返还），但擅自将该软件光盘复制出售，则该行为涉及的是无形财产，即软件开发商的思想表现形式（知识产品），属于侵犯知识产权行为。

参考答案

（33）D

试题（34）

当软件交付运行后，___（34）___阶段引入的错误所需的修复代价最高。

（34）A．需求分析　　　　　　　　　　B．概要设计

　　　　C．详细设计　　　　　　　　　　D．编码

试题（34）分析

一般而言，在开发阶段越早期引入的错误，越早发现和修改，修复代价越小。越早期引入的错误，在软件交付后进行修复所需要的代价就越高。

参考答案

（34）A

试题（35）、（36）

某教务系统由模块 A 提供成绩给模块 B，模块 B 计算平均成绩、最高分和最低分，然后将计算结果返回给模块 A，模块 C 对课程信息进行增删改查，则模块 B 在软件结构图中属于___（35）___模块，模块 C 的内聚类型为___（36）___。

（35）A．传入　　　B．传出　　　C．变换　　　D．协调

（36）A．逻辑内聚　　B．信息内聚　　C．过程内聚　　D．功能内聚

试题（35）、（36）分析

在系统结构图中的模块类型有以下几类：

① 传入模块：从下属模块取得数据，经过某些处理，再将其传送给上级模块。它传送的数据流叫做逻辑输入数据流。

② 传出模块：从上级模块获得数据，进行某些处理，再将其传送给下属模块。它传送的数据流叫做逻辑输出数据流。

③ 变换模块：它从上级模块取得数据，进行特定的处理，转换成其他形式，再传

送回上级模块。

④ 协调模块：对所有下属模块进行协调和管理的模块。

内聚是度量模块独立性的一个重要指标。

① 逻辑内聚。指模块内执行若干个逻辑上相似的功能，通过参数确定该模块完成哪一个功能。模块 C 执行的增删改查不属于逻辑相似的功能。

② 过程内聚。指一个模块完成多个任务，这些任务必须按指定的过程执行。模块增删改查之间没有指定的顺序。

③ 通信内聚/信息内聚。指模块内的所有处理元素都在同一个数据结构上操作，或者各处理使用相同的输入数据或者产生相同的输出数据，模块 C 增删改查操作针对的都是课程信息同一数据结构，属于此类。

④ 功能内聚。这是最强的内聚，指模块内的所有元素共同作用完成一个功能，缺一不可。模块 C 的不同操作之间没有很强的关系。

参考答案

（35）C　　（36）B

试题（37）

以下关于进度管理工具甘特图的叙述中，不正确的是　__(37)__　。

（37）A．能清晰地表达每个任务的开始时间、结束时间和持续时间

　　　　B．能清晰地表达任务之间的并行关系

　　　　C．不能清晰地确定任务之间的依赖关系

　　　　D．能清晰地确定影响进度的关键任务

试题（37）分析

本题考查软件项目管理中的进度管理。

Gantt 图是一种简单的水平条形图，它以日历为基准描述项目任务。Gantt 图能清晰地描述每个任务从何时开始，到何时结束，任务的进展情况以及各个任务之间的并行性。清晰的表示哪个任务是关键任务。但是它不能清晰地反映出各任务之间的依赖关系，难以确定整个项目的关键所在，也不能反映计划中有潜力的部分。

参考答案

（37）D

试题（38）

某电商企业使用信息系统来进行产品和订单的管理，那么该系统应该是　__(38)__　。

（38）A．面向作业处理的系统　　　　　　B．面向管理控制的系统

　　　　C．面向决策计划的系统　　　　　　D．面向数据汇总的系统

试题（38）分析

本题考查信息系统类型的理解和认识。

根据信息服务对象的不同，企业的信息系统可以分为三类：面向作业处理的系统、

面向管理控制的系统和面向决策计划的系统。其中，面向作业处理的系统用于支持业务处理自动化；面向管理控制的系统辅助企业管理、实现管理自动化；面向决策计划的系统用于决策支持、企业竞争策略支持以及专家系统支持。产品和订单管理用于支持业务处理自动化，属于面向作业处理的系统。

参考答案

（38）A

试题（39）

以下不属于信息系统软件结构组成部分的是　__(39)__　。

（39）A．操作系统　　　　　B．通信网络　　　　C．数据库　　　　D．管理软件

试题（39）分析

本题考查信息系统软件结构组成部分。

信息系统的软件结构由操作系统、数据库和管理软件组成，通信网络不是软件。

参考答案

（39）B

试题（40）

以下关于信息系统开发方法说法不正确的是　__(40)__　。

（40）A．结构化分析与设计法是结构化、模块化、自顶向下对系统进行分析和设计

　　　　B．原型方法是先快速给出一个模型，然后与用户反复协商修改

　　　　C．面向对象方法是从结构组织角度模拟客观世界

　　　　D．系统开发的重心在设计实现阶段而不是调查分析阶段

试题（40）分析

本题考查信息系统的开发方法。

常见的信息系统开发方法包括结构化开发和设计方法、面向对象的开发方法、原型方法等。其中，结构化分析与设计法是结构化、模块化、自顶向下对系统进行分析和设计，面向对象方法是从结构组织角度模拟客观世界，原型方法是先快速给出一个模型，然后与用户反复协商修改。但不管采用何种开发方法，系统开发的重心都朝向调查分析阶段偏移。

参考答案

（40）D

试题（41）

以下不属于系统设计阶段任务的是　__(41)__　。

（41）A．总体设计　　　　　B．程序设计　　　　C．模块结构设计　　　　D．详细设计

试题（41）分析

本题考查系统设计阶段任务的理解。

系统设计阶段的任务包括总体设计和详细设计，总体设计又包括系统总体布局设计和系统模块结构设计。程序设计即编码实现，属于系统实现阶段的任务。

参考答案

（41）B

试题（42）

以下关于信息系统项目的说法中不正确的是__(42)__。

（42）A．信息系统项目的目标明确，任务边界清晰

　　　B．信息系统开发过程中客户需求会随项目进展而变化

　　　C．信息系统项目是智力密集、劳动密集型项目

　　　D．项目成员结构、责任心和能力对信息系统项目的质量有决定性影响

试题（42）分析

本题考查信息系统项目的基本概念。

信息系统项目的特点是目标不明确、任务边界模糊；在信息系统开发过程中，客户的需求不断被激发，不断被进一步明确，或者客户需求随项目进展而变化；信息系统项目是智力密集、劳动密集型项目，受人力资源影响最大，项目成员的结构、责任心和能力对信息系统项目的质量有决定性影响。

参考答案

（42）A

试题（43）

以下①～⑥中属于项目管理知识领域的是__(43)__。

① 项目范围管理

② 项目时间管理

③ 项目成本管理

④ 项目质量管理

⑤ 项目风险管理

⑥ 项目采购管理

（43）A．①②③　　　　　　　　　　B．①②③④

　　　C．①②③④⑤　　　　　　　　D．①②③④⑤⑥

试题（43）分析

本题考查项目管理的知识领域。

项目管理的知识领域包括项目范围管理、项目时间管理、项目成本管理、项目质量管理、项目人力资源管理、项目沟通管理、项目风险管理、项目采购管理、项目综合管理。

参考答案

（43）D

试题（44）

以下不属于项目成本管理的是__(44)__。

（44）A．资源计划　　B．成本预算　　　C．质量保证　　　D．成本控制

试题（44）分析

本题考查项目成本管理的概念。

项目成本管理包括资源计划、成本估算、成本预算和成本控制，质量保证是属于项目质量管理的范畴。

参考答案

（44）C

试题（45）

以下不属于数据字典的作用的是　（45）　。

（45）A．列出数据元素　　　　　　　B．相互参照，便于系统修改

　　　 C．一致性和完整性检验　　　　D．展示系统的处理逻辑

试题（45）分析

本题考查数据字典的概念。

数据字典是"关于系统数据的数据库"，数据字典的作用包括按要求列表、相互参照、由描述内容检索名称、一致性检验和完整性检验等。数据字典不用于展示系统的处理逻辑。

参考答案

（45）D

试题（46）

系统分析过程的先后顺序应该为　（46）　。

① 现行系统的详细调查

② 提出新系统的逻辑模型

③ 需求分析

④ 编写系统规格说明书

（46）A．①→②→④→③　　　　　B．①→③→④→②

　　　 C．①→③→②→④　　　　　D．①→②→③→④

试题（46）分析

本题考查系统分析的概念。

系统分析的过程为：①现行系统的详细调查；②在详细调查的基础上，进行需求分析；③提出新系统的逻辑模型；④编写系统规格说明书。

参考答案

（46）C

试题（47）

以下不属于实体联系图基本成分的是　（47）　。

（47）A．实体　　　　B．联系　　　　C．流程　　　　D．属性

试题（47）分析

本题考查实体联系图的基本概念。

　　实体联系图描述系统的逻辑结构，包括实体、联系和属性三个基本成分，流程不是实体联系图的组成部分。

参考答案

　　（47）C

试题（48）

　　系统设计的目标包括___（48）___。

　　① 系统的可靠性

　　② 较高的运行效率

　　③ 系统的可变更性

　　④ 系统的经济性

　　（48）A. ①②　　　　　　B. ①②④　　　　C. ①④　　　　　D. ①②③④

试题（48）分析

　　本题考查对系统设计目标的理解。

　　系统设计的目标就是在保证实现系统分析建立的逻辑模型的基础上，尽可能地提高系统的可靠性、运行效率、易更改性、灵活性和经济性，更快、更准、更多地提供资料，拥有更多、更细致的处理功能以及更有效、更科学的管理方法。

参考答案

　　（48）D

试题（49）

　　以下不属于系统详细设计的是___（49）___。

　　（49）A. 数据库设计　　　　　　　　B. 输入输出设计

　　　　　C. 处理过程设计　　　　　　　　D. 模块化结构设计

试题（49）分析

　　本题考查系统详细设计的基本概念。

　　系统的详细设计包括代码设计、数据库设计、输入设计、输出设计、用户接口界面设计以及处理过程设计。模块化结构设计属于总体设计的范畴。

参考答案

　　（49）D

试题（50）

　　模块间聚合方式不包括___（50）___。

　　（50）A. 偶然聚合　　B. 物理聚合　　C. 通信聚合　　D. 时间聚合

试题（50）分析

　　本题考查各种聚合形式的理解。

　　聚合形式包括偶然聚合、逻辑聚合、时间聚合、过程聚合、通信聚合、顺序聚合以及功能聚合。

参考答案

（50）B

试题（51）

以下不属于系统实施阶段任务的是　（51）　。

（51）A．系统架构设计　　B．软件编制　　C．硬件配置　　D．人员培训

试题（51）分析

本题考查对系统实施的任务的理解。

系统实施阶段的主要任务包括硬件配置、软件编制、人员培训和数据准备，系统架构设计属于系统设计阶段的任务。

参考答案

（51）A

试题（52）

以下不属于黑盒测试方法的是　（52）　。

（52）A．等价类划分法　　　　　　　B．边界值分析法

　　　C．因果图法　　　　　　　　　D．路径覆盖法

试题（52）分析

本题考查黑盒测试方法的基本概念。

常见的黑盒测试方法包括等价类划分法、边界值分析法、因果图法、决策表法、错误推测法等。而路径覆盖法是对程序中可执行路径进行覆盖测试的一种方法，属于白盒测试的范畴。

参考答案

（52）D

试题（53）

某公司要用一套新的订单管理系统替换旧的系统，为了实现平稳转换，公司决定先上线新系统的订单统计报表模块，再逐步上线其他模块。这种系统转换方式属于　（53）　。

（53）A．直接转换　　B．并行转换　　C．分段转换　　D．间接转换

试题（53）分析

本题考查新旧系统转换方式的理解。

新旧系统之间有三种转换方式：直接转换、并行转换和分段转换。其中，直接转换是在确定新系统试运行正常后，启用新系统的同时终止旧系统；并行转换是新旧系统并行工作一段时间，经过足够的时间考验后，新系统正式代替旧系统；分段转换则是用新系统一部分一部分的替换旧系统。

参考答案

（53）C

试题（54）

IT 系统管理工作主要是优化 IT 部门的各类管理流程，其分类可以按系统类型和流程类型来分，如果按照流程类型来分，下面__（54）__不属于流程分类划分的依据。

（54）A. 侧重于 IT 部门的管理

　　　 B. 侧重于业务部门的 IT 支持及日常作业

　　　 C. 侧重于 IT 信息检索速度

　　　 D. 侧重于 IT 基础设施建设

试题（54）分析

本题考查对信息系统管理类别划分的理解。

信息系统管理可以按系统类型和流程类型来分类。其中，按照流程类型划分主要依据三点：①侧重于 IT 部门的管理，从而保证能够高质量地为业务部门（客户）提供 IT 服务。② 侧重于业务部门的 IT 支持及日常作业，从而保证业务部门（客户）IT 服务的可用性和持续性。③侧重于 IT 基础设施建设，主要是建设企业的网络。

综上所述，可以看出信息检索速度不在划分依据之列。

参考答案

（54）C

试题（55）

IT 部门人员的管理中，涉及第三方的管理，在选择外包商时，通常要审查其资格。下面选项中，不属于资格范围的是__（55）__。

（55）A. 运行成本能力　　　　　　B. 技术能力

　　　 C. 经营管理能力　　　　　　D. 发展能力

试题（55）分析

本题考查对信息系统管理中的 IT 部门人员管理的理解。

IT 部门人员管理涉及因素较多，其中，在第三方/外包的管理中，既涉及外包商的选择，也有对外包合同的管理和风险控制。对于外包商的考查主要从三个方面着手，即技术能力、经营管理能力和发展能力。

无运行成本能力的提法。

参考答案

（55）A

试题（56）

系统用户管理是 IT 领域的重要问题。一个企业的信息系统的用户管理一定程度上影响企业的信息系统的实际使用效果。企业用户管理的功能涉及很多因素，下列选项中，不在企业用户管理功能考虑之列的是__（56）__。

（56）A. 用户使用效果管理　　　　B. 用户账号管理

　　　 C. 企业外部用户管理　　　　D. 用户安全审计

试题（56）分析

本题考查对信息系统管理中的用户管理内容的理解和认识。

企业用户管理的功能主要包括用户账号管理、用户权限管理、外部用户管理、用户安全审计等内容。

至于用户使用效果的评判不在企业用户管理的功能要求之列。

参考答案

（56）A

试题（57）

分布式环境下的系统管理是一个复杂的问题，采用分布式的系统管理可以解决很多问题，其优越特性表现在多个方面，下面__（57）__不在这些优越特性之列。

（57）A．跨平台管理　　　　　　　　　B．可扩展性和灵活性

　　　　C．软件错误率管理　　　　　　　D．可视化的管理

试题（57）分析

本题考查对分布式环境下的系统管理概念的理解。

分布式环境下的系统管理旨在管理复杂的环境、提高管理生产率及应用业务价值。其优越特性表现在：跨平台管理、可扩展性和灵活性、可视化的管理及智能化代理技术等。软件错误率管理不在分布式系统的管理的优越特性之列。

参考答案

（57）C

试题（58）

IT 资源管理就是洞察所有的 IT 资产，并进行有效管理。IT 资产管理的目的之一是为所有内外部资源提供广泛的发现和性能分析功能，实现资源的__（58）__。

（58）A．成本管控核拨　　　　　　　　B．工具分类及应用

　　　　C．合理使用和重部署　　　　　　D．回收及再生利用

试题（58）分析

本题考查对信息系统资源管理涉及的资产管理内容认知的掌握程度。

IT 资产管理目的就是为所有内外部资源提供广泛的发现和性能分析功能，实现资源的合理使用和重部署等。

参考答案

（58）C

试题（59）

COBIT（Control Objectives for Information and related Technology）是目前国际上通用的信息系统审计的标准，由信息系统审计与控制协会在 1996 年公布。是一个在国际上公认的、权威的安全与信息技术管理和控制的标准。该标准对 IT 资源进行了相关定义，

下面　(59)　不属于标准中定义的 IT 资源。

　　(59) A．数据　　　　　　B．应用系统　　　　C．设备和人员　　D．基线配置

试题 (59) 分析

　　本题考查对 COBIT 中关于 IT 资源定义的理解与掌握程度。

　　COBIT 中对 IT 资源的定义包括数据、应用系统、技术、设备和人员等五大类。

参考答案

　　(59) D

试题 (60)

　　软件分发管理是基础架构管理的重要组成部分，可以提高 IT 维护的自动化水平，实现企业内部软件使用标准化，减少维护 IT 资源的费用。下列选项中，　(60)　不属于软件分发管理工作内容。

　　(60) A．软件部署　　　　　　　　　B．编码与测试

　　　　 C．安全补丁分发　　　　　　　D．远程管理和控制

试题 (60) 分析

　　本题考查对软件分发管理中分发任务的理解程度。

　　软件分发管理可以自动化或半自动化地完成，其分发任务包括软件部署、安全补丁分发、远程管理和控制。而编码与测试属于软件开发阶段的工作。

参考答案

　　(60) B

试题 (61)

　　主机故障时通常需要启用系统备份进行恢复。根据所提供的备份类型不同，主机服务上有三种重启模式。下列选项中，　(61)　不属于这三种重启模式。

　　(61) A．无负载启动　 B．热重启　　　　 C．冷重启　　　　 D．暖重启

试题 (61) 分析

　　本题考查对主机故障时重启模式的理解与掌握程度。

　　主机故障时需要启用系统备份进行恢复。根据所提供的备份类型不同，主机服务上有三种重启模式分别是①恢复时间按最短的热重启，②需要最长启动时间的冷重启，③启动时间介于前述两者之间的暖重启。重启模式中没有无负载启动这样的提法。

参考答案

　　(61) A

试题 (62)

　　问题管理和控制的目标主要体现在三点。下列选项中，　(62)　不在问题管理和控制目标的三点内容之列。

　　(62) A．将由 IT 基础架构中的错误引起的故障和问题对业务的影响降到最低限度

　　　　 B．找出出现故障和问题的根本原因，防止再次发生与这些错误有关的故障

C．运行周期降到最低限度

D．实施问题预防，在故障发生之前发现和解决有关问题

试题（62）分析

本题考查对问题管理和控制的目标的理解和认识。

对于问题控制与管理，其主要目标是：①将由 IT 基础架构中的错误引起的故障和问题对业务的影响降到最低限度；②找出出现故障和问题的根本原因，防止再次发生与这些错误有关的故障；③实施问题预防，在故障发生之前发现和解决有关问题。它不涉及运行周期降低程度问题。

参考答案

（62）C

试题（63）

信息系统的安全保障能力取决于信息系统所采取的安全管理措施的强度和有效性，备份策略是这些措施中的一项。下列不属于备份策略的是　（63）　。

（63）A．磁带备份　　　　B．完全备份　　　C．差异备份　　　D．增量备份

试题（63）分析

本题考查对信息系统的安全保障措施中的备份策略内容的正确理解。

信息系统的安全保障能力涉及内容广泛，安全保障措施是其重要的一环，备份策略也是一种安全保障措施。从备份技术的角度来看通常有这么几种备份策略：完全备份、差异备份、增量备份；备份策略不涉及对具体备份介质的评价。

参考答案

（63）A

试题（64）

管理安全是使用管理的手段对系统进行安全保护。运行管理是过程管理，是实现全网安全和动态安全的关键。下列选项中，　（64）　不属于运行管理的内容。

（64）A．出入管理　　　　　　　　B．终端管理

　　　C．系统开发人员管理　　　　D．信息管理

试题（64）分析

本题考查对信息系统管理安全中的运行管理内容的理解程度。

系统运行管理内容有三个方面：①出入管理，根据安全等级和涉密范围进行分区控制，根据每个工作人员的实际工作需要规定所能进入的区域；②终端管理，增强对终端用户管理的有效性，提高终端用户的满意度，降低系统运营管理成本；③信息管理，运行管理过程中，对所有信息进行管理，对经营活动中的物理格式和电子格式的信息通过分类和信息控制，将所有抽象的信息记录下来并存档。

运行管理内容不涉及对系统开发人员技术水平的管理。

参考答案

（64）C

试题（65）

计算机系统性能评价技术是按照一定步骤，选用一定的度量项目，通过建模和实验，对计算机的性能进行测试并对测试结果作出解释的技术。反映计算机系统负载和工作能力的常用指标主要有三类。下列说法中，＿＿（65）＿＿不在这三类指标之列。

（65）A．系统响应时间　　　　　　　　B．系统吞吐率

　　　 C．资源利用率　　　　　　　　　D．平均维护时间

试题（65）分析

本题考查对计算机系统性能评价中的计算机系统负载和工作能力评价指标所包括的内容的掌握程度。

反映计算机系统负载和工作能力的常用指标主要有三类，①系统响应时间（Elapsed Time），时间是衡量计算机性能最主要和最为可靠的标准，系统响应能力根据各种响应时间进行衡量，它指计算机系统完成某一任务（程序）所花费的时间。②系统吞吐率（Throughput），是系统生产力的度量标准，描述了单位时间内系统处理的工作量。③资源利用率（Utilization Ratio），以系统资源处于忙状态的时间为度量标准。系统资源是计算机系统中能分配给某项任务的任何设施，包含系统中的任何硬件、软件和数据资源。

参考答案

（65）D

试题（66）

系统性能的评价方法中，排队模型包括三个部分，下列选项＿＿（66）＿＿不在这三部分之列。

（66）A．输出流　　 B．输入流　　　 C．排队规则　　　 D．服务机构

试题（66）分析

本题考查对系统性能评价方法和工具的正确理解与掌握程度。

系统性能评价方法大致可分为两类，即模型法和测量法，其中模型法又分为分析模型法和模拟模型法，排队模型是分析模型法里使用最多的一种方法。排队模型包括三部分：①输入流，指各种类型的"顾客"按什么样的规则到来；②排队规则，对于来的顾客按怎样的规则次序接受服务；③服务机构，指同一时刻有多少服务设备可接纳顾客，为每一顾客需要服务多少时间。此方法中，没有输出流这一提法。

参考答案

（66）A

试题（67）

在系统性能评价中对系统能力的管理涉及到设计和构建能力数据库。规划和构建能力数据库时应当考虑多方面问题，下列说法中，＿＿（67）＿＿不在应当考虑的范围之列。

(67) A. 用于集中式数据存储的硬件和软件的可用性

　　　　B. 指定专人负责能力数据库的更新和维护，其他人只有查阅权限

　　　　C. 定期对能力数据库的内容进行审查和核对

　　　　D. 平均维护时间一定要限定在毫秒级之内

试题（67）分析

本题考查对系统能力管理涉及到的设计和构建能力数据库所包括的内容的掌握程度。

能力数据库是成功实施能力管理流程的基础。规划和构建能力数据库时应当考虑主要的几方面问题：① 用于集中式数据存储的硬件和软件的可用性；② 指定专人负责能力数据库的更新和维护，其他人只有查阅权限；③ 定期对能力数据库的内容进行审查和核对。平均维护时间不是能力数据库构建必须考虑的主要问题，况且其限定较为苛刻。

参考答案

（67）D

试题（68）

信息系统成本的构成中不包括＿＿（68）＿。

（68）A. 输出成本　　　　　　　　　　B. 系统运行环境和设施费用

　　　　C. 系统开发成本　　　　　　　　D. 系统运行和维护成本

试题（68）分析

本题考查对信息系统成本的构成的正确理解与掌握程度。

信息系统的成本主要根据系统在开发、运行、维护、管理、输出等方面的资金耗费以及人力、能源的消耗和使用来确定。简单地说，系统的成本构成应该包括：①系统运行环境和设施费用；②系统开发成本；③系统运行和维护成本。信息系统成本的简单划分中，没有输出成本这一提法。

参考答案

（68）A

试题（69）

信息系统经济效益评价方法中，不包括下列选项中的＿＿（69）＿。

（69）A. 投入产出分析法　　　　　　　B. 分布均值计算法

　　　　C. 成本效益分析法　　　　　　　D. 价值工程方法

试题（69）分析

本题考查对信息系统经济效益评价方法的理解与掌握程度。

信息系统经济效益评价方法主要有这么几种，①投入产出分析法，经济学中常用的衡量某一经济系统效益的重要方法，分析手段主要是采用投入产出表；②成本效益分析法，成本效益分析即用一定的价格，分析测算系统的效益和成本，从而计算系统的净收益，以判断该系统在经济上的合理性；③价值工程方法，以价值工程的基本方程式（一

种产品的价值等于其功能与成本之比）为基础，判断功能与费用是否达到最佳配合比例。这些方法中，没有分布均值计算法这样的提法。

参考答案

（69）B

试题（70）

信息系统评价的主要方法有四类，它们是：专家评估法、技术经济评估法、模型评估法及系统分析法；灵敏度分析法属于＿＿（70）＿＿。

（70）A．专家评估法　　　　　　　　B．技术经济评估法

　　　 C．系统分析法　　　　　　　　D．模型评估法

试题（70）分析

本题考查对信息系统评价方法的理解与掌握程度。

信息系统评价的四类方法中，专家评估法包括：特尔斐法、评分法、表决法、检查表法；技术经济评估法包括：净现值法、利润指数法、内部报酬率法、索别尔曼法；系统分析法包括：决策分析、风险分析、灵敏度分析、可行性分析、可靠性分析；模型评估法包括：系统动力学模型、投入产出模型、计量经济模型、经济控制论模型、成本效益分析。

参考答案

（70）C

试题（71）～（75）

The purpose of a programming system is to make a computer easy to use. To do this, it furnishes languages and various facilities that are in fact programs invoked and controlled by language features. But these facilities are bought at a price: the external description of a programming system is ten to twenty times as large as the external description of the computer system itself. The user finds it far easier to specify any particular function, but there are far more to choose from, and far more options and formats to remember.

Ease of use is enhanced only if the time gained in functional specification exceeds the time lost in learning, remembering, and searching manuals. With modern programming systems this gain does exceed the cost, but in recent years the ratio of gain to cost seems to have fallen as more and more complex ＿＿（71）＿＿ have been added.

Because ease of use is the purpose, this ratio of function to conceptual complexity is the ultimate test of system design. Neither function alone nor simplicity alone ＿＿（72）＿＿ a good design.

This point is widely misunderstood. Function, and not simplicity, has always been the measure of excellence for its designers. As soon as ease of use is held up as the criterion, each of these is seen to be ＿＿（73）＿＿, reaching for only half of the true goal.

For a given level of function, however, that system is best in which one can specify things with the most simplicity and straightforwardness. ___（74）___ is not enough. Mooers's TRAC language and Algol 68 achieve simplicity as measured by the number of distinct elementary concepts. They are not, however, straightforward. The expression of the things one wants to do often requires involuted(复杂的) and unexpected combinations of the basic facilities. It is not enough to learn the elements and rules of combination; one must also learn the idiomatic usage, a whole lore of how the elements are combined in practice. Simplicity and straightforwardness proceed from conceptual ___（75）___. Every part must reflect the same philosophies and the same balancing of desiderata. Every part must even use the same techniques in syntax and analogous notions in semantics. Ease of use, then, dictates unity of design, conceptual integrity.

（71）A. systems   B. functions   C. programs   D. manuals
（72）A. defines   B. can be   C. constructs   D. costs
（73）A. stabilize   B. equalized   C. unbalanced   D. balanced
（74）A. Function   B. System   C. Straightforwardness D. Simplicity
（75）A. integrity   B. isolation   C. durability   D. consistency

参考译文

编程系统（软件）的目的是使计算机更加容易使用。为了做到这一点，计算机装备了语言和各种工具，这些工具实际上也是被调用的程序，受到编程语言的控制。使用这些工具是有代价的：软件外部描述的规模大小是计算机系统本身说明的 10～20 倍。用户会发现寻找一个特定功能是很容易的，但却有太多的选择，要记住太多的选项和格式。

只有当这些功能说明节约下来的时间，比用在学习、记忆和搜索手册上的时间要少时，易用性才会得到提高。现代编程系统省的时间的确超过了花费的时间，但是近年来，随着越来越多的功能添加，收益和成本的比率正逐渐地减少。

由于目标是易用性，功能与理解上复杂程度的比值才是系统设计的最终测试标准。单是功能本身或者易于使用都无法成为一个好的设计评判标准。

然而这一点被广泛地误解了。功能，而非简洁，总是被用来衡量设计人员工作的出色程度。但是，一旦以易用性作为衡量标准，单独的功能和易于使用都是不均衡的，都只达到了真正目标的一半。

对于给定级别的功能，能用最简洁和直接的方式来指明事情的系统是最好的。只有简洁（simplicity）是不够的，Mooers 的 TRAC 语言和 Algol 68 用很多独特的基本概念达到了所需的简洁特性，但它们并不直白（straightforward）。要表达一件待完成的事情，常常需要对基本元素进行意料不到的复杂组合。而且，仅仅了解基本要素和组合规则还不够，还需要学习晦涩的用法，以及在实际工作中如何进行组合。简洁和直白来自概念的完整性。每个部分必须反映相同的原理、原则和一致的折衷机制。在语法上，每个部分应使用相同的技巧；在语义上，应具有同样的相似性。因此，易用性实际上需要设计的一致性和概念上的完整性。

参考答案

（71）B　（72）A　（73）C　（74）D　（75）A

第10章 2017上半年信息系统管理工程师 下午试题分析与解答

试题一（共15分）

阅读下列说明，回答问题1至问题4，将解答填入答题纸的对应栏内。

【说明】

某婚庆公司为了便于开展和管理公司各项业务活动、方便用户，提高公司的知名度和影响力，拟构建一个基于网络的婚礼策划系统。

【需求分析】

1. 公司设有受理部、策划部和其他部门。部门信息包括部门号、部门名、部门主管、联系方式。每个部门只有一名主管，每个主管只负责一个部门的管理工作；一个部门有多名员工，每名员工只属于一个部门。

2. 员工信息包括员工号、姓名、部门号、职位、联系方式和薪资；其中，职位包括主管、业务员、策划员等。业务员负责受理用户申请，设置受理标志，并填写业务员的员工号。一名业务员可以受理多个用户申请，但一个用户申请只能由一名业务员受理。

3. 用户信息包括用户号、用户名、电话、联系地址。其中，用户号唯一标识用户信息中的每一个元组。

4. 用户申请信息包括申请号、婚礼日期、婚礼地点、用户号、预算费用、受理标志和业务员（参照员工关系的员工号）。申请号唯一标识申请信息中的每一个元组，且一个用户可以提交多个申请，但一个用户申请只对应一个用户号。

5. 策划部主管为已受理的用户申请制定婚礼策划任务。策划任务包括申请号、策划内容、参与人数、要求完成时间、主管（参照员工关系的员工号），申请号唯一标识策划任务的每一个元组。一个策划任务只对应一个已受理的用户申请，但一个策划任务可由多名策划员参与执行，且一名策划员可以参与执行多项策划任务。

【概念模型设计】

根据需求阶段收集的信息，设计的实体联系图和关系模式（不完整）如下：

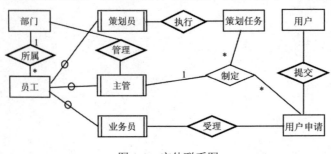

图 1-1 实体联系图

【关系模式设计】

　　部门(部门号，部门名称，主管，电话，邮箱号)
　　员工(员工号，姓名，__(a)__，职位，联系方式，薪资)
　　用户(用户号，用户名，联系电话，联系地址)
　　用户申请(申请号，婚礼日期，婚礼地点，用户号，__(b)__，受理标志，__(c)__)
　　策划任务(__(d)__，策划内容，参与人数，要求完成时间，主管)
　　执行(申请号，策划员，实际完成时间)

【问题1】(4 分)

　　根据题意，将关系模式中的空（a）～（d）的属性补充完整，并填入答题纸对应的位置上。

【问题2】(4 分)

　　根据需求分析，可以得出图 1-1 所示的实体联系图中联系的类型。请按以下描述确定联系类型并填入答题纸对应的位置上。

　　部门与主管之间的"管理"联系类型为 __(e)__；
　　策划员与策划任务之间的"执行"联系类型为 __(f)__；
　　用户申请与业务员之间的"受理"联系类型为 __(g)__；
　　用户与用户申请之间的"提交"联系类型为 __(h)__。

【问题3】(5 分)

　　用户申请关系的主键为 __(i)__，用户申请关系的外键为 __(j)__、__(k)__。
　　策划任务关系的主键为 __(l)__，策划任务关系的外键为 __(m)__。

【问题4】(2 分)

　　请问"执行"关系的主键为（申请号，策划员）的说法正确吗？为什么？

试题一分析

　　本题考查数据库系统中实体联系模型（E-R 模型）和关系模式设计方面的基础知识。

【问题1】

　　根据题意，员工信息包括员工号、姓名、部门号、职位、联系方式和薪资，所以空（a）应填写"部门号"。

　　用户申请信息包括申请号、婚礼日期、婚礼地点、用户号、预算费用、受理标志和业务员（即该业务员的员工号），故空（b）应填写"预算费用"，空（c）应填写"业务员"。

　　策划任务包括申请号、策划内容、参与人数、要求完成时间、主管（即策划部主管的员工号）。故空（d）应填写"申请号"。

【问题2】

　　根据题干 1 中所述"每个部门只有一名主管,每个主管只负责一个部门的管理工作",

故部门与主管之间的"管理"联系类型为 1:1。

根据题干 5 中所述"一个策划任务可由多名策划员参与执行，且一名策划员可以参与多项策划任务"，策划员与策划任务之间的"执行"联系类型为*:*（多对多）。

根据题干 2 中所述"一名业务员可以受理多个用户申请，但一个用户申请只能由一名业务员受理"，故用户申请与业务员之间的"受理"联系类型为*: 1（多对一）。

根据题干 4 中所述"一个用户可以提交多个申请，但一个用户申请只对应一个用户号"，故用户与用户申请之间的"提交"联系类型为 1:*（一对多）。

根据上述分析，完善图 1-1 所示的实体联系图如图 1-2。

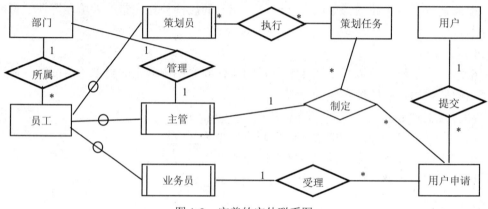

图 1-2　完善的实体联系图

【问题 3】

根据题干 4 中所述"申请号唯一标识申请信息中的每一个元组"，用户申请关系的主键为申请号。由于"用户号"为用户关系的主键，"员工号"为员工关系的主键，而"业务员"必须参照员工关系的员工号，故用户申请关系的外键为用户号、业务员。

根据题干 5 中所述"申请号唯一标识策划任务的每一个元组"，故策划任务关系的主键为申请号；又由于"主管"必须参照员工关系的员工号，故策划任务关系的外键为主管。

【问题 4】

"执行"关系的主键为（申请号，策划员）的说法是正确的。执行联系类型是*:*的必须建立一个独立的关系模式，该模式的属性由两端的码加上联系的属性构成。

参考答案

【问题 1】

（a）部门号

（b）预算费用

（c）业务员　　或员工号

（d）申请号

【问题 2】

（e）1:1

（f）*:*

（g）1:*

（h）*:1

注：1:1 答 一对一、1: * 答 一对多、*:1 答 多对一、*:* 答 多对多，均算正确。

【问题 3】

（i）申请号

（j）用户号

（k）业务员

注（j）、（k）可互换

（l）申请号

（m）主管

【问题 4】

正确。由于执行联系类型是*:*，必须建立一个独立的关系模式，该模式的主键由两端的码构成。

试题二（共 15 分）

阅读以下说明，回答问题 1 至问题 3，将答案填入答题纸的对应栏内。

【说明】

某物流公司为了有效管理公司的合同，拟在信息统一资源平台上增加合同管理软件模块。经过招标，合同管理软件开发项目由 M 软件公司中标，并将该项目交给李工负责设计和测试。

【需求分析】

合同管理系统主界面由系统维护、合同录入/查询、合同管理三大部分组成。

（1）系统维护模块的主要功能是：权限/密码管理、界面设置、路径设置、日志管理、数据备份/还原。

（2）合同管理模块的主要功能是：合同类型管理、合同审阅、合同签订、合同打印。

（3）合同录入/查询模块的主要功能是：导入合同、合同起草、合同修改查询。

根据需求分析的结果，李工设计的合同管理系统功能结构图如图 2-1 所示。

【问题 1】（9 分）

请将图 2-1 中的空（a）～（o）的功能补充完整，并填入答题纸问题 1 对应的位置上。

【问题 2】（4 分）

合同审阅流程图如图 2-2 所示，请从如下备选答案中选择合适的一项填入答题纸问题 2 空（a）～（h）对应的位置上。

① 合同编号有误请重输　② 重号次数超限　③ 编号是否正确？
④ 合同是否存在问题？　⑤ 登记相关问题　⑥ 显示合同并审阅
⑦ 置审阅通过标志　⑧ 输入合同编号

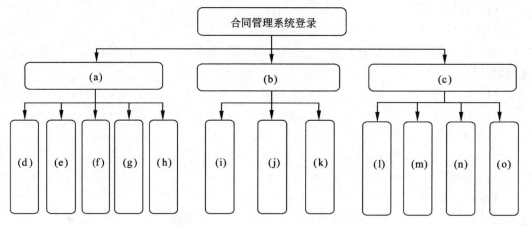

图 2-1　合同管理系统功能结构图

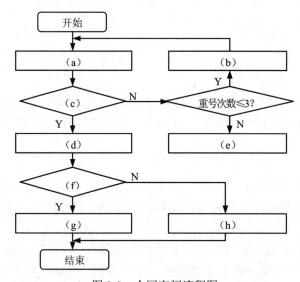

图 2-2　合同审阅流程图

【问题 3】（2 分）

李工采用白盒测试方法对某程序进行测试，该程序流程图如图 2-3 所示。为此，李工设计了 4 个测试用例①～④，测试用例如下所示：

① （X1=0，X2=3）

② （X1=1，X2=2）

③ （X1=-1，X2=2）

④（X1=3，X2=1）

（1）为了完成语句覆盖至少需要测试用例_____。

（2）为了完成路径覆盖至少需要测试用例_____。

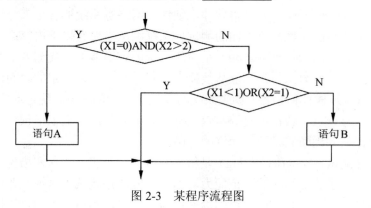

图 2-3 某程序流程图

试题二分析

【问题 1】

根据题意，合同管理系统主界面由系统设置、合同录入/查询、合同管理三大部分组成，而每部分有不同的功能需求，故不难得出空（a）～（o）应填写的内容。完善的合同管理系统功能结构图如图 2-4 所示。

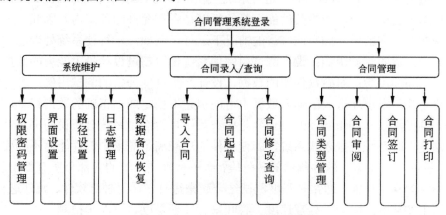

图 2-4 合同管理系统功能结构图

【问题 2】

软件测试主要包括单元测试、组装测试、确认测试和系统测试。其测试顺序为：单元测试→组装测试→确认测试→系统测试。

单元测试（unit testing）是对源程序中的每一个程序单元进行测试，验证每个模块是否满足系统设计说明书的要求。

组装测试（integration testing）是将已测试过的模块组合成子系统，重点测试各模块之间的接口和联系。

确认测试（validation testing）是对整个软件进行验收，根据系统分析说明书来考查软件是否满足要求。

系统测试（system testing）是将软件、硬件、网络等系统的各个部分连接起来，对整个系统进行总的功能、性能等方面的测试。系统测试主要有以下内容：

（1）恢复测试（Recovery testing）是检测系统的容错能力。检测方法是采用各种方法让系统出现故障，检验系统是否能从故障中恢复过来，并在预定的时间内开始事务处理，而且不对系统造成任何损害。如果系统的恢复是自动的（由系统自动完成），需要验证重新初始化、检查点、数据恢复等是否正确。如果恢复需要人工干预，就要对恢复的平均时间进行评估并判断它是否在允许的范围内。

（2）安全性测试（Security testing）是检测系统的安全机制、保密措施是否完善且没有漏洞。主要是为了验证系统的防范能力。测试的方法是测试人员模拟非法入侵者，采用各种方法冲破防线。例如，以系统的输入作为突破口，利用输入的容错性进行正面攻击；故意使系统出错，利用系统恢复的过程，窃取口令或其他有用的信息；想方设法截取或破译口令；利用浏览非保密数据，获取所需信息等等。从理论上说，只要时间和资源允许，没有进入不了的系统。所以，系统安全性设计准则是使非法入侵者所花费的代价比进入系统后所得到的好处要大，此时非法入侵已无利可图。

（3）强度测试（Stress testing）是对系统在异常情况下的承受能力的测试，检查系统在极限状态下运行情况，观察其性能下降的幅度是否在允许的范围内。因此，强度测试要求系统在非正常数量、频率或容量的情况下运行，例如，运行使系统处理超过设计能力的最大允许值的测试用例；设计测试用例使系统传输超过设计最大能力的数据，包括内存的写入和读出等；对磁盘保留的数据，设计产生过度搜索的测试用例；等等。强度测试主要是为了发现在有效的输入数据中可能引起不稳定或不正确的数据组合。

（4）性能测试（Performance test）是检查系统是否满足系统分析说明书对性能的要求。特别是实时系统或嵌入式系统，即使软件的功能满足需求，但性能达不到要求也是不行的。性能制试覆盖了软件测试的各阶段，而不是等到系统的各部分所有都组装之后，才确定系统的真正性能。通常与强度测试结合起来进行，并同时对软件、硬件进行测试。软件方面主要从响应时间、处理速度、吞吐量、处理精度等方面来检测。

（5）可靠性测试（Reliability testing）对于系统分析说明书中提出了可靠性要求时，要对系统的可靠性进行测试。通常使用平均失效间隔时间 MTBF 和因故障而停机时间 MTTR 这两个指标来衡量系统的可靠性。

（6）安装测试（Installation testing）在安装软件系统时，会有多种选择。安装测试就是为了检测在安装过程中是否有误、是否易操作等。主要检测：系统的每一个部分是否齐全；硬件的配置是否合理；安装中需要产生的文件和数据库是否已产生，其内容是否正确；等等。

【问题 3】

测试用例①（X1=0, X2=3）在第一个判断结果为 Y, 执行语句 A; 测试用例②（X1=1, X2=2）在第一个判断结果为 N, 第二个判断结果为 N, 执行语句 B; 测试用例③（X1=-1, X2=2）和④（X1=3, X2=1）在第一个判断结果为 N, 第二个判断结果为 Y。

综上分析，至少需要测试用例①②才能完成语句覆盖，至少需要测试用例①②③或①②④才能完成路径覆盖。

参考答案

【问题 1】

（a）系统维护

（b）合同录入/查询

（c）合同管理

（d）权限/密码管理

（e）界面设置

（f）路径设置

（g）日志管理

（h）数据备份/还原

注：（d）～（h）可互换

（i）导入合同

（j）合同起草

（k）合同修改/查询

注：（i）～（k）可互换

（l）合同类型管理

（m）合同审阅

（n）合同签定

（o）合同打印

注（l）～（o）可互换

【问题 2】

（a）⑧　或　输入合同编号

（b）①　或　合同编号有误请重输

（c）③　或　编号是否正确？

（d）⑥　或　显示合同并审阅

（e）②　或　重号次数超限

（f）④　或　合同是否存在问题？

（g）⑤　或　登记相关问题

（h）⑦　或　置审阅通过标志

【问题 3】

（1）①②

（2）①②③或①②④

试题三（共 15 分）

阅读以下说明，回答问题 1 至问题 3，将解答填入答题纸的对应栏内。

【说明】

某 IT 企业承接了为用户开发 ERP 软件系统的项目，并向用户单位派驻了工程师小张负责业务沟通。请围绕小张在工作期间遇到的情况进行分析，并回答相关问题。

情况 1： 项目开始后，用户对软件系统的管理流程、业务功能、软件可操作性进行了调整。经过测算，调整工作会增加 5% 的开发成本，并导致软件的实际交付时间推后 40 天。因此小张坚持以双方签订软件合同为准，避免调整工作内容。

情况 2： 小张认为软件开发工作需要软件企业和用户双方共同合作完成，希望用户能参与一部分软件测试工作。而用户认为软件测试工作是软件企业的事情，在软件系统交付前不需要参与测试工作。

【问题 1】（4 分）

（1）在情况 1 中小张的处理方式是否合适，并说明理由。

（2）该案例中，软件企业如何应对用户需求变更。

【问题 2】（6 分）

（1）在情况 2 中用户的观点是否合适，并说明理由。

（2）请选择正确的测试方法并将其与下列软件测试内容连线。

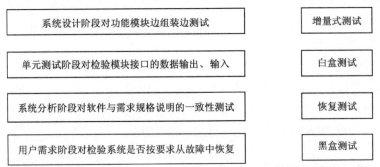

【问题 3】（5 分）

（1）软件测试实际上分成如下四个步骤，请给出正确的测试顺序。

①系统测试　②组装测试　③单元测试　④确认测试

（2）请简单说明系统测试主要包括哪些部分。

试题三分析

本题考查信息系统管理知识及应用。

信息系统项目的全过程主要包括立项、可行性研究、招投标、设计、建设准备、开发、实施、竣工、交付使用、维护等。在项目的建设过程中，有关项目的变更时经常发生的事项，并且项目变更的范围、结果对项目的建设成正比例关系，变更常伴随项目合同价格和实施进度的调整，是项目各方利益的焦点。合理确定并处理好项目变更，可以避免纠纷保证合同顺利实施的前提。项目变更的形式主要是增加、转换和减少三种情形，都会对项目的进度、成本、风险和合同等产生影响。因此在项目变更过程中必须做好变更事项的事前控制、项目各方的有效沟通、项目各方对变更的确认等工作。

软件测试通常包括两个方面的含义，第一是检验软件是否正确的实现了产品规格所定义的系统功能和特性，第二是确认软件是否满足用户真正的活动需求。软件测试可以从测试方法、测试阶段或层次和测试目标特性三个大的方面进行分类，也可以按测试过程中软件是否被执行分为静态和动态测试，因此说软件测试是一个较为广泛的概念。

在本题中，白盒测试和黑盒测试是基于是否关注软件结构与算法进行的测试方法的分类；增量测试是将未测试的模块在集成的过程中边连接边测试，以便发现连接过程中产生的问题；恢复测试主要检查系统的容错功能，当系统出现错误时，能否在指定条件下修正并重启动。

系统测试是针对整个产品系统进行的测试，目的是验证系统是否满足了需求规格的定义，找出与需求规格不符或与之矛盾的地方，从而提出更加完善的方案。系统测试对象不仅包括需测试的软件，还要包含软件所依赖的硬件、外设甚至包括某些数据、某些支持软件及其接口等。系统测试包括恢复测试、安全性测试、强度测试、性能测试、可靠性测试、安装测试等内容。

参考答案

【问题 1】

（1）不合适。用户的需求随项目的进展进一步明确，导致费用、进度计划更改，是信息系统项目的特点。

（2）企业做好项目的监控和变更计划，加强与用户的沟通和变更的确认工作。

【问题 2】

（1）不合适。系统测试需要用户参与共同完成。

（2）

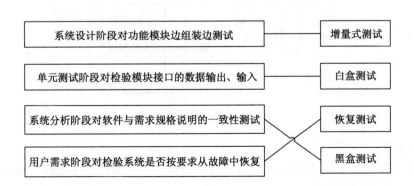

【问题 3】

（1）③→②→④→①

（2）以下 6 项答出 3 项即可

① 恢复测试

② 安全性测试

③ 强度测试

④ 性能测试

⑤ 可靠性测试

⑥ 安装测试

试题四（共 15 分）

阅读以下说明，回答问题 1 至问题 3，将解答填入答题纸的对应栏内。

【说明】

故障处置是信息管理的日常工作之一，故障产生有因设备部件损坏发生的硬件故障、错误配置发生的软件故障及不符合标准的人为操作等原因。当故障出现时应该在技术上或者管理措施上尽快处置，减少因为服务中断和服务质量降低造成的损失。

请围绕日常故障处置情况，从规范故障管理的角度回答下列问题。

【问题 1】（5 分）

从故障监视的过程中发现故障到对故障信息的调研，再到故障的恢复处理和故障排除，形成了一个完整的故障管理活动。

（1）请将图中空 A、空 B 的正确答案填入答题纸对应的栏目中，以完善图 4-1 故障管理流程的内容。

（2）简要回答：在故障管理中针对不同监视对象有哪些监视方法。

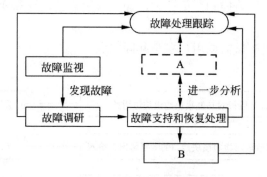

图 4-1　故障管理流程

【问题 2】（6 分）

数据库故障是维护工作中常见故障，请说明不同类型的数据库故障的处置措施。

【问题 3】（4 分）

在问题控制与管理中，问题经常是在分析多个呈现相同症状的故障后被发现的。请简要说明：

（1）问题控制目标

（2）问题控制步骤

试题四分析

本题考查信息系统管理知识及应用。

故障管理是信息系统管理基本要求之一。信息系统在运行中不可避免地会产生故障，当系统中某个组件失效时，必须迅速查找到故障所在并进行及时排除。一般情况下，迅速隔离某个故障的可能性不大，因为产生信息系统故障的因素常常都是很复杂的，尤其是由多个组件共同引起的故障。在这种状况下，需要通过发现故障、分析定位、故障恢复，进一步对故障进行跟踪等多个步骤进行修复，防止类似故障的再度发生。故障定位是故障维护中不可或缺的一个环节，目的是确定系统中故障的位置。为确定故障根源，常常需要将诊断、测试及性能监测获得的数据结合起来进行分析。故障管理的结果是故障的排除或者故障的终止。

数据库系统中常见的四种故障主要有事务内部的故障、系统故障、介质故障以及病毒故障。

事务故障表明事务没有提交或撤销就结束了，因此数据库可能处于不准确的状态。事务内部故障可分为预期的和非预期的。预期的事务内部故障是指可以通过事务程序本身发现的事务内部故障，需要将事务回滚，撤销对数据库的修改；非预期的事务内部故障是不能由事务程序处理的，如运算溢出故障、并发事务死锁故障、违反了某些完整性限制而导致的故障等，需要进行强制回滚事务，在保证该事务对其他事务没有影响的条件下，利用日志文件撤销其对数据库的修改。

系统故障也称为软故障，是指数据库在运行过程中，由于硬件故障、数据库软件及操作系统的漏洞、突然停电灯情况，导致系统停止运转。出现这类故障需要启动系统，对于未完成的事务可能写入数据库的内容，需要回滚所有未完成的事务写的结果；对于已完成的事务，可能部分或全部留在缓冲区的结果，需要重做所有已提交的事务。

介质故障也称为硬故障，是指在运行过程中，由于磁头碰撞、磁盘损坏、强磁干扰、天灾人祸等情况，使得数据库中的数据部分或全部丢失的一类故障。介质故障的软件容错使用数据库备份及事务日志文件，通过恢复技术，恢复数据库到备份结束时的状态。介质故障的硬件容错是采用双物理存储设备，使两个硬盘存储内容相同，当其中一个硬盘出现故障时，及时使用另一个备份硬盘。

病毒故障是一种恶意的计算机程序，它可以像病毒一样繁殖和传播，在对计算机系统造成破坏的同时也可能对数据库系统造成破坏（破坏方式以数据库文件为主）。使用防火墙软件防止病毒侵入，对于已感染病毒的数据库文件，使用杀毒软件进行查杀，如果杀毒软件杀毒失败，此时只能用数据库备份文件，以软件容错的方式恢复数据库文件。

参考答案

【问题 1】

（1）A．故障分析定位 或确定故障

　　　 B．故终止 或故障排除

（2）监视的方法包括：

① 对于人员的操作行为监视主要采取跟踪和记录的方式。

② 对于硬件和软件性能的监视主要采用监控工具软件。

③ 对于应用系统的缺陷主要由测试工程师和用户监视。

【问题 2】

① 事务故障，处理措施通过事务回滚撤销数据库的修改。

② 系统故障，处理措施重启系统。

③ 介质故障，重装数据库，重做已经完成的事务；或者采取软硬件容错的方式。

④ 病毒故障，安装防火墙，杀毒，软件容错方式恢复。

【问题 3】

（1）问题控制的目标是防止再次发生错误。

（2）答出以下两点即可。

① 发现和记录问题。

② 问题分类。

③ 调查和分析。

试题五（共 15 分）

阅读以下说明，回答问题 1 至问题 4，将解答填入答题纸的对应栏内。

【说明】

某 IT 部门的小张在撰写本企业的信息化管理报告时，提到企业信息安全的管理所存在的问题时有如下表述（下面方框内）。

> 企业销售系统数据库没有配置安全审计策略，数据安全没有保障。
>
> 网上销售系统采用的 HTTP 协议，需要升级成 HTTPS 协议，确保在传输过程中的数据安全。
>
> 企业各部门人员进出数据机房存在记录日志不规范的现象，有些记录缺少人员出入的时间、运维内容、维护结果的登记。
>
> 企业仅有一条百兆网络出口线路，当网络线路出现故障时不能保障业务的连续性。

请分析小张提出的企业信息安全问题，并结合信息安全管理的相关知识回答下列问题。

【问题 1】（6 分）

请简要说明安全审计对数据安全保障的作用。

【问题 2】（4 分）

（1）HTTPS 协议在传输过程中如何确保数据的安全。

（2）访问 HTTPS 网站与访问 HTTP 网站的区别是什么。

【问题 3】（3 分）

简要叙述对信息化人员的安全管理包括哪些方面。

【问题 4】（2 分）

为了保障业务的连续性，拟配置两条百兆网络出口线路，请简要说明应该如何配置策略路由。

试题五分析

本题考查信息系统安全知识及应用。

信息系统安全审计是评判一个信息系统是否真正安全的重要标准之一。通过安全审计收集、分析、评估安全信息、掌握安全状态，制定安全策略，确保整个安全体系的完备性、合理性和适用性，才能将系统调整到"最低风险"的状态。安全审计已成为企业内控、信息系统安全风险控制等不可或缺的关键手段，也是威慑、打击内部计算机犯罪的重要手段。

信息系统安全审计主要指对与安全有关的活动的相关信息进行识别、记录、存储和分析；审计记录的结果用于检查网络上发生了哪些与安全有关的活动，结果的承担责任。

超文本传输安全协议（Hypertext Transfer Protocol Secure，也被称为 HTTP over TLS，HTTP over SSL 或 HTTP Secure）是一种网络安全传输协议。在网络上传输，HTTPS 经由超文本传输协议进行通信，并利用 SSL/TLS 来对数据包进行加密。HTTPS 的主要目的是提供对网络服务器的身份认证，保护交换数据的隐私与完整性。网站要实现 HTTPS 访问，需要在 CA 机构申请申请 SSL 证书，并将 SSL 证书部署到服务器端，开启 443 端口实现 HTTPS 访问。

对信息化人员的安全管理包括对人员资格的审核、对相关法律法规的培训和考核等内容，包括对信息系统权限的授权原则和权限的设置，包括信息系统操作日志的管理等内容。

业务的连续性是信息系统安全运行的重要指标之一。要保证信息系统的安全运行，要考虑在软、硬件设备的配置符合运行的需求，网络配置一定的冗余度适应环境的变化。双出口的策略路由配置可以避免由于网络环境的变化对信息业务产生影响。

参考答案

【问题 1】

① 对数据库进行安全审计分析，可以改善数据库性能，防范数据故障。

② 审计对数据库的访问，进行审计跟踪、入侵检测。

③ 对操作人员的操作行为进行审计，加强内部风险控制。

【问题 2】

（1）HTTPS 由于采用了 SSL/TLS 加密措施，可保证用户和服务器之间的数据传输不被窃听或篡改。

（2）访问 HTTPS 网站时需要使用数字证书（或答 CA 证书，或答 SSL 证书），在浏览器中使用 HTTPS 协议；而 HTTP 网站则不需要。

【问题 3】

① 强化人员的审查、培训、考核工作

② 做好权限控制和安全保密工作

③ 做好人员的交接日志记录

【问题 4】

① 策略路由可以根据数据包的源地址/目标地址的 IP 或者端口、协议进行配置。

② 当一条线路出现故障自动切换到另外的线路上。

第11章 2018上半年信息系统管理工程师 上午试题分析与解答

试题（1）

中央处理器（CPU）中的控制器部分不包含 ___(1)___ 。

(1) A. 程序计数器（PC）　　　　　　　B. 指令寄存器（IR）

　　 C. 算逻运算部件（ALU）　　　　　D. 指令译码器

试题（1）分析

本题考查计算机系统硬件知识。

中央处理器是计算机系统中硬件部分的一个核心部件，主要包括控制单元（控制器）、运算单元（运算器）和寄存器组，其中控制单元根据程序计数器给出的指令地址从内存读取指令，先将读取到的指令暂存在指令寄存器中，然后用指令译码器进行分析，最后通过发出相应的控制命令来完成指令的执行。其中，程序计数器、指令寄存器和指令译码器都属于控制器的组成部分。

参考答案

(1) C

试题（2）

以下关于 GPU 的叙述中，错误的是 ___(2)___ 。

(2) A. GPU 是 CPU 的替代产品

　　 B. GPU 目前大量用在比特币的计算方面

　　 C. GPU 采用单指令流多数据流计算架构

　　 D. GPU 擅长进行大规模并发计算

试题（2）分析

本题考查计算机系统硬件知识。

CPU 和 GPU 有不同的设计目标，分别针对不同的应用场景。

CPU 虽然有多核，每个核都有足够大的缓存和足够多的数字和逻辑运算单元，但是需要很强的通用性来处理各种不同的数据类型，同时又要逻辑判断又会引入大量的分支跳转和中断的处理。这些都使得 CPU 的内部结构异常复杂。

GPU 的核数远超 CPU，被称为众核（NVIDIA Fermi 有 512 个核）。每个核拥有的缓存相对较小，数字逻辑运算单元也少而简单（GPU 初始时在浮点计算上一直弱于 CPU），面对的则是类型高度统一的、相互无依赖的大规模数据和不需要被打断的纯净的计算环境。

参考答案

(2) A

试题（3）

计算机在执行程序指令时，将指令的执行过程分为若干个子过程，每个子过程与其他子过程并行进行，这种处理属于___(3)___技术。

（3）A．云计算　　　　B．大数据　　　　C．流水线　　　　D．冗余设计

试题（3）分析

本题考查计算机系统知识。

云计算（Cloud Computing）是基于互联网的相关服务的增加、使用和交付模式，通常涉及通过互联网来提供动态易扩展且经常是虚拟化的资源。云是网络、互联网的一种比喻说法。

大数据（Big Data）是巨量数据的集合，无法在一定时间范围内用常规软件工具进行捕捉、管理和处理的数据集合，是需要新处理模式才能具有更强的决策力、洞察发现力和流程优化能力的海量、高增长率和多样化的信息资产。

从技术上看，大数据与云计算的关系就像一枚硬币的正反面一样密不可分。大数据必然无法用单台的计算机进行处理，必须采用分布式架构。它的特色在于对海量数据进行分布式数据挖掘。但它必须依托云计算的分布式处理、分布式数据库和云存储、虚拟化技术。

流水线又称为装配线，是一种工业上的生产方式，指每一个生产单位只专注处理某一个片段的工作，以提高工作效率及产量。

参考答案

（3）C

试题（4）

在计算机系统的存储层次结构中，能被 CPU 中的计算单元和控制单元以最快速度来使用的是___(4)___。

（4）A．高速缓存（Cache）　　　　　　B．主存储器（DRAM）

　　　C．闪存（Flash Memory）　　　　D．寄存器（Registers）

试题（4）分析

本题考查计算机存储系统知识。

寄存器是 CPU 中的存储单元，存储速度比高速缓存 Cache 和主存都要快。

参考答案

（4）D

试题（5）

固态硬盘采用___(5)___来存储信息。

（5）A．磁盘存储器　　　　　　　　B．半导体存储器

　　　C．光盘存储器　　　　　　　　D．虚拟存储器

试题（5）分析

本题考查计算机存储系统知识。

目前广泛使用的固态硬盘采用半导体存储器来存储信息，可作为计算机系统的硬盘来使用，与采用磁存储器的传统机械硬盘相比，体积更小、重量更轻，同时具有更快的访问速度。

参考答案

（5）B

试题（6）

如果在 n 位数据中增加 1 位偶校验位进行传输，那么接收方收到的 n+1 位二进制信息中，__(6)__。

（6）A. 有 1 位出错时可以找出错误位置

B. 有 1 位出错时可以发现传输错误但不能确定出错位置

C. n 个数据位中有偶数个位出错时，可以检测出传输错误并确定出错位置

D. n 个数据位中有奇数个位出错时，可以检测出传输错误并确定出错位置

试题（6）分析

本题考查计算机中的数据校验知识。

采用偶校验的数据传输过程中，如果有 1 位或奇数个位出错（0 变成 1 或者 1 变成 0），都导致被校验的二进制序列中 1 的个数的奇偶性发生变化，但是无法确定是哪一位或哪些位出错。

参考答案

（6）B

试题（7）

计算机程序的三种基本控制结构是顺序、选择和__(7)__。

（7）A. 循环　　　　　B. 递归　　　　　C. 函数调用　　　　　D. 动态绑定

试题（7）分析

本题考查计算机程序设计基础知识。

计算机程序的三种基本控制结构是顺序结构、分支（或选择）结构和循环结构，任何程序的处理逻辑总能够分解为这三种基本结构。

参考答案

（7）A

试题（8）

在编译过程中，将源程序通过扫描程序（或词法分析程序）进行处理的结果称为__(8)__。

（8）A. 中间代码　　　B. 目标代码　　　C. 语法树　　　　　D. 记号

试题（8）分析

本题考查计算机程序语言基础知识。

以编译方式将源程序翻译为机器语言的过程中，需要进行词法分析、语法分析、语义分析、中间代码生成、代码优化和目标代码生成等阶段，其中词法分析是唯一与源程序打交道的阶段，它通过扫描构成源程序的字符序列，将构成语义的一个个记号（即单词、常数、符号等）分析出来，供语法分析阶段使用。

参考答案

（8）D

试题（9）

数据是程序操作的对象，具有类型、名称、存储类别、作用域和生存期等属性，其中，__（9）__说明数据占用内存的时间范围。

（9）A．存储类别　　　　B．生存期　　　　C．作用域　　　　D．类型

试题（9）分析

本题考查计算机程序语言基础知识。

数据的存储类别说明了其在内存中所占用的存储区域，不同内存区域的管理方式是不同的。作用域说明数据在代码中可以访问的代码范围，生存期是指数据占用内存的时间范围。

参考答案

（9）B

试题（10）

假设某树有 n 个结点，则其中连接结点的分支数目为__（10）__。

（10）A．n–1　　　　B．n　　　　C．n+1　　　　D．n/2

试题（10）分析

本题考查计算机科学基础部分的数据结构知识。

树由若干结点组成，其中有且仅有一个结点称为根结点，除了根结点之外，其余的结点都有唯一的父亲结点，每个结点与都与其父亲结点之间通过一条分支连接。根结点没有父亲，因此，n 个结点中的 n–1 个结点有分支。

参考答案

（10）A

试题（11）

在 Web 中，各种媒体按照超链接的方式组织，承担超链接任务的计算机语言是__（11）__。

（11）A．SGML　　　　B．XML　　　　C．HTML　　　　D．VRML

试题（11）分析

本题考查计算机程序语言基础知识。

SGML（标准通用标记语言）是一种定义电子文档结构和描述其内容的国际标准语言。SGML 提供了异常强大的工具，同时具有极好的扩展性，因此在数据分类和索引中非常有用；SGML 是所有电子文档标记语言的起源，早在万维网发明之前就已存在。

XML（可扩展标记语言）是标准通用标记语言的子集，是一种用于标记电子文件使其具有结构性的标记语言。

HTML（超文本标记语言）是 WWW 的描述语言，由 Tim Berners-lee 提出，HTML 命令可以说明文字、 图形、动画、声音、表格、链接等，可以把存放在不同计算机中的媒体方便地联系在一起，形成有机的整体。

VRML（虚拟现实建模语言）是一种用于建立真实世界的场景模型或人们虚构的三维世界的场景建模语言，具有平台无关性。

参考答案

（11）C

试题（12）

在 Windows 资源管理器中，若要选择窗口中离散的文件，在缺省设置下，可以先选择一个文件，然后按住　（12）　。

（12）A．Ctrl 键不放，并用鼠标右键单击要选择的文件

　　　　B．Ctrl 键不放，并用鼠标左键单击要选择的文件

　　　　C．Shift 键不放，并用鼠标右键单击要选择的文件

　　　　D．Shift 键不放，并用鼠标左键单击要选择的文件

试题（12）分析

在 Windows 资源管理器中，若要选择窗口中离散的文件，可以先选择一个图标，然后按住 Ctrl 键不放，并用鼠标左键单击要选择的文件即可；若要选择窗口中连续的文件，可以先选择一个图标，然后按住 Shift 键不放，并用鼠标左键单击要选择的文件即可。

参考答案

（12）B

试题（13）

在 Windows 系统中，以下关于文件的说法正确的是　（13）　。

（13）A．文件一旦保存后则不能被删除　　　B．文件必须占用磁盘的连续区域

　　　　C．扩展名为"xls"的是可执行文件　　　D．不同文件夹下的文件允许同名

试题（13）分析

选项 A 是错误的，用户的文件一旦保存后仍然可以被删除；选项 B 是错误的，Windows 文件管理中文件是可以不占用连续的磁盘区域；选项 C 是错误的，因为扩展名为"xls"的是 Microsoft Office Excel 文件；选项 D 是正确的，因为在 Windows 系统中，不同文件夹下的文件允许同名。

参考答案

（13）D

试题（14）

若某文件系统的目录结构如下图所示，假设用户要访问文件 rw.dll，且当前工作目录为 swtools，则该文件的相对路径和绝对路径分别为　　(14)　　。

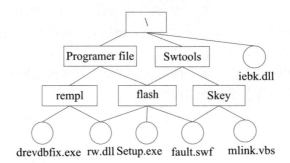

（14）A．\swtools\flash\和\flash\　　　　　B．flash\和\swtools\flash\

　　　C．\swtools\flash\和 flash\　　　　　D．\flash\和 swtools\flash\

试题（14）分析

本题考查操作系统的文件管理基础知识。

按查找文件的起点不同可以将路径分为：绝对路径和相对路径。从根目录开始的路径称为绝对路径；从用户当前工作目录开始的路径称为相对路径。显然，相对路径是随着当前工作目录的变化而改变的。

参考答案

（14）B

试题（15）

数据库通常是指有组织地、动态地存储在　　(15)　　。

（15）A．内存上的相互联系的数据的集合

　　　B．内存上的相互无关的数据的集合

　　　C．外存上的相互联系的数据的集合

　　　D．外存上的相互无关的数据的集合

试题（15）分析

本题考查对数据库系统的基本概念。

数据库（DataBase，DB）是指长期储存在计算机外存上的、有组织的、可共享并相互联系的数据集合。数据库中的数据按一定的数学模型组织、描述和储存，具有较小的冗余度，较高的数据独立性和易扩展性，并可被各种用户共享。

应用数据库系统是为了管理大量信息，给用户提供数据的抽象视图，即系统隐藏有关数据存储和维护的某些细节，其主要的目的是为了解决多用户对数据的共享问题。

参考答案

（15）C

试题（16）

在数据库管理系统中，视图是一个　　（16）　　。

（16）A．真实存在的表，保存了待查询的数据

　　　 B．真实存在的表，只有部分数据来源于基本表

　　　 C．虚拟表，查询时只能从一个基本表中导出的表

　　　 D．虚拟表，查询时可以从一个或者多个基本表或视图中导出的表

试题（16）分析

本题考查数据库系统基础知识。

在数据库系统中，当视图创建完毕后，数据字典中存放的是视图定义。视图是从一个或者多个表或视图中导出的表，其结构和数据是建立在对表的查询基础上的，与真实的表一样，视图也包括几个被定义的数据列和多个数据行。但从本质上讲，这些数据列和数据行来源于其所引用的表。因此，视图不是真实存在的基础表而是一个虚拟表，视图所对应的数据并不实际地以视图结构存储在数据库中，而是存储在视图所引用的基本表中。

参考答案

（16）D

试题（17）

关系数据库是　　（17）　　的集合，它由一个或多个关系模式定义。

（17）A．表　　　　　　 B．列　　　　　　 C．字段　　　　　　 D．元组

试题（17）分析

本题考查关系数据库基础知识。

关系数据库系统采用关系模型作为数据的组织方式，在关系模型中用表格结构表达实体集，以及实体集之间的联系，其最大特色是描述的一致性。关系模型是由若干个关系模式组成的集合。关系数据库是表的集合，它由一个或多个关系模式定义。

参考答案

（17）A

试题（18）

某销售公司数据库的仓库关系模式为：仓库（仓库号，地址，电话，商品号，库存量），其函数依赖集 F={仓库号→地址，仓库号→电话，（仓库号，商品号）→库存量}。以下描述正确的是　　（18）　　。

（18）A．"仓库号"为仓库关系的主键，该关系模式属于 1 范式

　　　 B．"仓库号"为仓库关系的主键，该关系模式属于 2 范式

　　　 C．"仓库号，商品号"为仓库关系的主键，该关系模式属于 1 范式

　　　 D．"仓库号，商品号"为仓库关系的主键，该关系模式属于 2 范式

试题（18）分析

本题考查关系模式知识。

根据题干中的函数依赖集 F 可知"仓库号，商品号"决定仓库关系的全属性，故"仓库号，商品号"为该关系的主键。由于非主属性"地址"和"电话"都部分函数依赖于码，即该关系模式没有消除部分函数依赖，故该关系模式属于 1 范式。

参考答案

（18）C

试题（19）~（21）

给定学生关系 Students（学号，姓名，性别，学历，身份证号），学历取值为本科生或研究生（含在职研究生）；教师关系 Teachers（教师号，姓名，性别，身份证号，工资）。查询既是研究生，又是女性，且工资大于等于 3500 元的教师的身份证号和姓名的 SQL 语句如下：

```
(SELECT  身份证号,姓名
 FROM  Students
 WHERE   (19) )
  (20)
(SELECT  身份证号,姓名
 FROM  Teachers
 WHERE   (21) );
```

（19）A．工资>=3500　　　　　　　　B．工资>='3500'

　　　　C．性别＝女 AND 学历＝研究生　　D．性别＝'女' AND 学历＝'研究生'

（20）A．EXCEPT　　　　　　　　　　　B．INTERSECT

　　　　C．UNION　　　　　　　　　　　D．UNION ALL

（21）A．工资 >=3500　　　　　　　　　B．工资 >='3500'

　　　　C．性别＝女 AND 学历＝研究生　　D．性别＝'女' AND 学历＝'研究生'

试题（19）~（21）分析

本题考查 SQL 应用基础知识。

试题（19）的正确选项为 D，试题（20）的正确选项为 B，试题（21）的正确选项为 A。因为第一条 SELECT 语句是从 Students 关系中查找女研究生的姓名和通信地址，故用条件"性别＝'女' AND 类别＝'研究生'"来限定；第二条 SELECT 语句查询是从 Teachers 关系中查找工资大于等于 3500 元的教师姓名和通信地址，故用条件"工资>= 3500"限定。又因为，第一条 SELECT 语句查询和第二条 SELECT 语句查询的结果集模式都为（姓名，通信地址），故可以用"INTERSECT"对它们取交集。

参考答案

（19）D　　（20）B　　（21）A

试题（22）

以下对 NoSQL 特点描述中，错误的是___(22)___。

（22）A．简单易部署，基本都是开源软件

　　　　B．当插入数据时，不需要预先定义其模式

　　　　C．支持 SQL，用户学习使用很方便

　　　　D．数据存储不需要固定的表结构，通常也不存在连接操作

试题（22）分析

本题考查数据库发展新技术的理解。

NoSQL（Not Only SQL）简单易部署，基本都是开源软件，是非关系型数据存储的广义定义。它打破了长久以来关系型数据库与 ACID 理论大一统的局面。NoSQL 数据存储不需要固定的表结构，通常也不存在连接操作。NoSQL 不需要事先定义数据模式，预定义表结构。数据中的每条记录都可能有不同的属性和格式。当插入数据时，并不需要预先定义它们的模式。但 NoSQL 不提供对 SQL 的支持，由于不支持 SQL 这样的工业标准，用户学习和使用需要一定成本。

参考答案

（22）C

试题（23）

防止计算机病毒的措施很多，但不包括___(23)___。

（23）A．定期备份重要数据、修补系统漏洞

　　　　B．经常运行查毒软件查杀计算机病毒

　　　　C．不要下载来历不明的电子邮件附件

　　　　D．重要的文件或数据应存放到计算机的系统盘中

试题（23）分析

本题考查信息安全基础知识。

防止计算机病毒的措施很多，包括定期备份重要数据、修补系统漏洞，经常运行查毒软件查杀计算机病毒，不要下载来历不明的电子邮件附件等。重要的文件或数据应进行备份，而不是存放到计算机的系统盘中。

参考答案

（23）D

试题（24）

信息安全的基本要素包括真实性、机密性、不可抵赖性、可审查性等方面。建立有效的责任机制，防止用户否认其行为属于___(24)___。

（24）A．真实性　　　　B．机密性　　　　C．不可抵赖性　　　D．可审查性

试题（24）分析

本题考查信息安全基础知识。

信息安全的基本要素包括真实性、机密性、完整性、可用性、不可抵赖性、可控性和可审查性。其中：

- 真实性：对信息的来源进行判断，能对伪造来源的信息予以鉴别。
- 机密性：确保信息不暴露给未授权的实体或进程。
- 完整性：保证数据的一致性，防止数据被非法用户篡改。
- 可用性：保证合法用户对信息和资源的使用不会被不正当地拒绝。
- 不可抵赖性：建立有效的责任机制，防止用户否认其行为，这一点在电子商务中是极为重要的。
- 可控性：可以控制授权范围的信息内容、流向和行为方式。
- 可审查性：为出现的网络安全问题提供调查的依据和手段。

参考答案

（24）C

试题（25）

假设某高校信息统一管理平台的使用人员分为学生、教师和行政管理人员 3 类，那么用户权限管理的策略适合采用　（25）　。

（25）A．建立用户角色并授权

B．对关系进行分解，每类人员对应一组关系

C．建立每类人员的视图并授权给每个人

D．针对所有人员建立用户名并授权

试题（25）分析

信息统一管理平台的使用人员可能很多，而且也可能经常变动，因此针对每个使用人员都创建数据库用户可能不切实际，也没有必要。因为权限问题对关系模式修改不可取。正确的策略是根据用户角色共享同一数据库用户，个人用户的标识和鉴别通过建立用户信息表存储，由应用程序来管理，用户对数据库对象的操作权限由 DBMS 的授权机制管理。

参考答案

（25）A

试题（26）

软件著作权保护的对象不包括　（26）　。

（26）A．源程序　　　B．目标程序　　　C．流程图　　　D．算法思想

试题（26）分析

本题考查知识产权基础知识。

软件著作权保护的对象是指著作权法保护的计算机软件，包括计算机程序及其有关文档。计算机程序是指为了得到某种结果而可以由计算机等具有信息处理能力的装置执行的代码化指令序列，或可被自动转换成代码化指令序列的符号化指令序列或符号化语

句序列，通常包括源程序和目标程序。软件文档是指用自然语言或者形式化语言所编写的文字资料和图表，用来描述程序的内容、组成、设计、功能、开发情况、测试结果及使用方法等，如程序设计说明书、流程图、数据流图、用户手册等。

著作权法只保护作品的表达，不保护作品的思想、原理、概念、方法、公式、算法等，对计算机软件来说，只有程序的作品性能得到著作权法的保护，而体现其功能性的程序构思、程序技巧等却无法得到保护。如开发软件所用的思想、处理过程、操作方法或者数学概念等。

参考答案

（26）D

试题（27）

某公司员工赵忻是一名软件设计师，按公司规定编写软件文档需要上交公司存档。这些软件文档属于职务作品，　(27)　。

（27）A．其著作权由公司享有

　　　　B．其著作权由软件设计师享有

　　　　C．除其署名权以外，著作权的其他权利由软件设计师享有

　　　　D．其著作权由公司和软件设计师共同享有

试题（27）分析

本题考查知识产权知识。

公民为完成法人或者其他组织工作任务所创作的作品是职务作品。职务作品可以是作品分类中的任何一种形式，如文字作品、电影作品、计算机软件等。职务作品的著作权归属分两种情形：

一般职务作品的著作权由作者享有。所谓一般职务作品是指虽然是为完成工作任务而创作的作品，但非经法人或其他组织主持，不代表其意志创作，也不由其承担责任的职务作品。对于一般职务作品，法人或其他组织享有在其业务范围内优先使用的权利，期限为二年。优先使用权是专有的，未经单位同意，作者不得许可第三人以与法人或其他组织使用的相同方式使用该作品。在作品完成两年内，如单位在其业务范围内不使用，作者可以要求单位同意由第三人以与法人或其他组织使用的相同方式使用，所获报酬由作者与单位按约定的比例分配。

特殊的职务作品，除署名权以外，著作权的其他权利由法人或者其他组织（单位）享有。所谓特殊职务作品是指著作权法第十六条第二款规定的两种情况：一是主要利用法人或者其他组织的物质技术条件创作，并由法人或者其他组织承担责任的工程设计、产品设计图、计算机软件、地图等科学技术作品；二是法律、法规规定或合同约定著作权由单位享有的职务作品。

参考答案

（27）A

试题（28）

在 TCP/IP 体系结构中，将 IP 地址转化为 MAC 地址的协议是 __(28)__ 。

（28）A. RARP   B. ARP   C. ICMP   D. TCP

试题（28）分析

本题考查网络协议及其功能。

在 TCP/IP 体系结构中，将 IP 地址转化为 MAC 地址的协议是 ARP；DNS 属于应用层协议，UDP 是传输层协议，IP 和 ARP 是网络层协议。

参考答案

（28）B

试题（29）

局域网中某主机的 IP 地址为 202.116.1.12/21，该局域网的子网掩码为 __(29)__ 。

（29）A. 255.255.255.0   B. 255.255.252.0

       C. 255.255.248.0   D. 255.255.240.0

试题（29）分析

本题考查 IP 地址及其计算。

网络 202.116.1.12/21 子网掩码为 21 位，对应的子网掩码为 255.255.248.0。

参考答案

（29）C

试题（30）

一个虚拟局域网是一个 __(30)__ 。

（30）A. 广播域   B. 冲突域   C. 组播域   D. 物理上隔离的区域

试题（30）分析

本题考查 VLAN 原理。

VLAN 工作在 OSI 参考模型的第 2 层和第 3 层，一个虚拟局域网是一个广播域。

参考答案

（30）A

试题（31）

登录在某网站注册的 Web 邮箱，"草稿箱"文件夹一般保存的是 __(31)__ 。

（31）A. 从收件箱移动到草稿箱的邮件

     B. 未发送或发送失败的邮件

     C. 曾保存为草稿但已经发出的邮件

     D. 曾保存为草稿但已经删除的邮件

试题（31）分析

本题考查互联网基础知识。

目前，互联网为用户提供了非常多的服务，邮件服务就是其中的一种。一般在互联网服务提供商所提供的邮件服务中，有已发送、收件箱、草稿箱等几种功能。其中已发送文件夹中所存放的是已经发送成功的邮件，所有收到的邮件会默认存放到收件箱中，草稿箱中的文件一般是已经编辑好或者尚未编辑完成，还没有发送或者发送失败的邮件。

参考答案

（31）B

试题（32）

在排除网络故障时，若已经将故障位置定位在一台路由器上，且这台路由器与网络中的另一台路由器互为冗余，那么最适合采取的故障排除方法是___（32）___。

（32）A．对比配置法　　　　　　　B．自底向上法

　　　　C．确认业务流量路径　　　　D．自顶向下法

试题（32）分析

本题考查网络故障排查的基础知识。

题目中故障路由器与其他路由器互为冗余，即这两台路由器的主要配置相近似，通过查看正常路由器的配置并与之相比较，确认故障路由器配置的异常，该网络故障排查法符合对比配置法的含义。

参考答案

（32）A

试题（33）

在网络安全管理中，加强内防内控可采取的策略有___（33）___。

① 控制终端接入数量

② 终端访问授权，防止合法终端越权访问

③ 加强终端的安全检查与策略管理

④ 加强员工上网行为管理与违规审计

（33）A．②③　　　　B．②④　　　　C．①②③④　　　　D．②③④

试题（33）分析

本题考查校网络安全方面的基础知识。

加强完善内部网络的安全要通过访问授权、安全策略、安全检查与行为审计等多种安全手段的综合应用实现。终端接入数量跟网络的规模、数据交换性能，出口带宽的相关性较大，不是内防内控关注的重点。

参考答案

（33）D

试题（34）

软件系统的维护包括多个方面，增加一些在系统分析和设计阶段中没有规定的功能与性能特征，从而扩充系统功能和改善系统性能，属于___（34）___维护。

（34）A．正确性　　　B．适应性　　　C．完善性　　　D．预防性

试题（34）分析

本题考查软件维护相关知识。

按照具体目标分类，软件维护分为四种：

① 完善性维护。在应用软件系统使用期间为不断改善和加强系统的功能和性能，以满足用户日益增长的需求所进行的维护工作是完善性维护。

② 适应性维护。为了让应用软件系统适应运行环境的变化而进行的维护活动是适应性维护。

③ 纠错性维护。目的在于发现在开发期间未能发现的遗留错误并进行诊断和改进的过程称为纠错性维护。

④ 预防性维护。维护人员不被动的等待用户提出要求才做维护工作，而是选择那些还有较长使用寿命的部分加以维护的称为预防性维护。

本题中说明要增加在系统分析和设计阶段没有规定的功能或性能特征，从而扩充系统功能和改善系统性能，属于完善性维护。

参考答案

（34）C

试题（35）

某考务处理系统的部分需求包括：检查考生递交的报名表；检查阅卷站送来的成绩清单；根据考试中心指定的合格标准审定合格者。若用顶层数据流图来描述，则如下选项不属于数据流的是 （35） 。

（35）A．考生　　　　B．报名表　　　　C．成绩清单　　　　D．合格标准

试题（35）分析

本题考查数据流图基础知识。

数据流图是一种最常用的结构化分析工具，是一种能全面的描述信息系统逻辑模型的主要工具。包括四个基本符号：外部实体、数据流、数据存储和处理逻辑。外部实体指不受系统控制，在系统以外又与系统有联系的事务或人，它表达了目标系统数据的外部来源或去处；数据流表示数据的流动方向，一般由一些数据项组成；数据存储表述数据保存的地方；处理逻辑指对数据的逻辑处理功能，也就是对数据的变换功能。

本题中，报名表、成绩清单、合格标准都属于数据流，考生属于外部实体。

参考答案

（35）A

试题（36）

以下关于 CMM 的叙述中，不正确的是 （36） 。

（36）A．CMM 是指软件过程能力成熟度模型

　　　　B．CMM1 级被认为成熟度最高，5 级被认为成熟度最低

　　　　C．CMMI 的任务是将已有的几个 CMM 模型结合在一起构造成为"集成模型"

　　D. 采用更成熟的 CMM 模型，一般来说可以提高最终产品的质量

试题（36）分析

　　本题考查应试者对 CMM 的了解。

　　CMM 是指软件过程能力成熟度模型，是一种开发模型，1 级被认为是成熟度最低，5 级被认为是成熟度最高。CMMI 的任务是将已有的几个 CMM 模型结合在一起构造成"集成模型"，采用更成熟的 CMM 模型可以提高最终产品的质量。

参考答案

　　（36）B

试题（37）

　　某高校要上线一套新的教务系统，为了实现老系统到新系统的平稳过渡，采用逐步替换方式更新老系统中的课表、成绩、课程等模块，这种系统转换方式属于__（37）__。

　　（37）A. 直接转换　　　　　　　　　B. 并行转换

　　　　　C. 分段转换　　　　　　　　　D. 串行转换

试题（37）分析

　　本题考查新旧系统转换方式相关知识。

　　新旧系统之间有三种转换方式：直接转换、并行转换和分段转换。其中，直接转换是在确定新系统试运行正常后，启用新系统的同时终止旧系统；并行转换是新旧系统并行工作一段时间，经过足够的时间考验后，新系统正式代替旧系统；分段转换则是用新系统一部分一部分的替换旧系统。

　　本题中新系统逐步替换旧系统功能，属于分段转换。

参考答案

　　（37）C

试题（38）

　　某企业使用 App 来管理员工，该 App 支持打卡、考勤等功能。请问该 App 应该属于__（38）__。

　　（38）A. 面向作业处理的系统　　　　B. 面向管理控制的系统

　　　　　C. 面向决策计划的系统　　　　D. 面向数据汇总的系统

试题（38）分析

　　本题考查对企业中信息系统主要类型的掌握情况。

　　根据信息服务对象的不同，企业中的信息系统分为以下三类：面向作业处理的系统是用来支持业务处理，实现处理自动化的信息系统；面向管理控制的系统是指辅助企业管理，实现管理自动化的信息系统；还有面向决策计划的系统。

　　本题 App 支持打卡，考勤等功能来管理员工，是面向管理控制的系统。

参考答案

　　（38）B

试题（39）

以下不属于信息系统概念结构的是 __（39）__ 。

（39）A. 信息源 　　　 B. 信息处理器 　　　 C. 信息收集器 　　　 D. 信息用户

试题（39）分析

本题考查对信息系统概念结构的熟悉程度。

信息系统从概念上来看是是由信息源，信息处理器，信息用户和信息管理者四大部分组成的。

根据以上描述，信息系统不包括信息收集器。

参考答案

（39）C

试题（40）

以下关于信息系统组成的叙述中，不正确的是 __（40）__ 。

（40）A. 信息系统包括计算机硬件系统和软件系统

　　　 B. 信息系统包括数据及其存储介质

　　　 C. 信息系统不包括非计算机系统的信息收集和处理设备

　　　 D. 信息系统包括相关的规章制度和工作人员

试题（40）分析

本题考查应试者对信息系统组成的掌握情况。

信息系统组成包括以下七大部分：计算机硬件系统，计算机软件系统，数据及其存储介质，通信系统，非计算机系统的信息收集、处理设备，规章制度，工作人员。

参考答案

（40）C

试题（41）

以下关于信息系统开发方法的叙述中，不正确的是 __（41）__ 。

（41）A. 结构化分析与设计法是结构化、模块化、自顶向下进行分析与设计

　　　 B. 面向对象分析与设计法是把客观世界中的实体抽象为对象

　　　 C. 原型法是快速给出一个模型然后与用户协商修改

　　　 D. 面向对象分析与设计法要优于结构化分析与设计法

试题（41）分析

本题考查应试者对信息系统开发方法的掌握情况。

信息系统开发方法包括结构化开发方法，面向对象的开发方法及原型方法。结构化系统分析和设计方法是一种系统化、模块化和自顶向下的系统开发方法。面向对象的开发方法的出发点和基本原则是尽可能模拟人类习惯的思维方式，使开发软件的方法和过程尽可能接近人类认识世界、解决问题的方法和过程。由于客观世界的问题都是由客观世界中的实体及实体相互间的关系构成的，因此把客观世界中的实体抽象为对象。原型

方法要求在获得一组基本的用户需求后快速地实现一个新系统的"原型",用户、开发者以及其他有关人员在试用原型的过程中不断评价和修改原型系统以提高新系统的质量。综上所述,开发中需要根据情况选择合适的开发方法,各种方法之间不存在谁优谁劣。

参考答案

(41) D

试题(42)

信息系统项目的风险管理不包括　(42)　。

(42) A. 风险识别　　　　　　　　　B. 风险定性分析

　　　C. 风险响应计划　　　　　　　D. 风险预警

试题(42)分析

本题考查风险管理的基本概念。

风险是指某种破坏或损失发生的可能性。风险管理是指识别、评估、降低风险到可以接受的程度,并实施适当机制控制风险保持在此程度之内的过程。风险管理包括风险分析,风险评估和风险控制。风险分析包括风险定性分析和风险定量分析,风险控制包括风险相应计划。

根据以上描述,风险预警不包括在风险管理内。

参考答案

(42) D

试题(43)

以下关于项目的说法中,不正确的是　(43)　。

(43) A. 项目具有明确的目标　　　　B. 项目有特定的委托人

　　　C. 项目的实施是一次性的　　　D. 项目的结果是可逆转的

试题(43)分析

本题考查项目的基本概念。

所谓项目,是指在既定的资源和要求约束下,为实现某种目的而相互联系的一次性工作任务。项目的基本特征包括:明确的目标,独特的性质,有限的生命周期,特定的委托人,实施的一次性,组织的临时性和开放性,项目的不确定性和风险性,结果的不可逆转性。

根据以上描述,项目的结果是不可逆转的。

参考答案

(43) D

试题(44)

以下选项中,　(44)　不属于项目人力资源管理。

(44) A. 团队建设　　B. 工资发放　　C. 人员获得　　D. 组织计划

试题(44)分析

本题考查项目人力资源管理的相关概念。

项目人力资源管理是一种管理人力资源的方法和能力。项目人力资源管理是组织计划编制也可以看作战场上的"排兵布阵"，就是确定、分配项目中的角色、职责和回报关系。包括人员获得、团队建设和组织计划等。

工资发放不属于项目人力资源管理。

参考答案

（44）B

试题（45）

UML 中的关系不包括　（45）　。

（45）A. 多态　　　　　　B. 依赖　　　　　　C. 泛化　　　　　　D. 实现

试题（45）分析

本题考查统一建模语言的相关知识。

关系是统一建模语言（UML）建立的模型的三要素之一，是关系把事物结合在了一起。在 UML 中有依赖、关联、泛化、实现等 4 种关系。

多态不是 UML 中的关系。

参考答案

（45）A

试题（46）

系统说明书的内容不包括　（46）　。

（46）A. 项目背景和目标　　　　　　　　B. 项目概述

　　　C. 实施计划　　　　　　　　　　　D. 实施结果

试题（46）分析

本题考查系统说明书的相关知识。

系统说明书是系统分析阶段的全面总结。作为系统分析阶段的技术文档，系统说明书通常包括以下内容：引言、项目概述和实施计划。引言中包括项目的名称、目标、功能、背景、引用资料以及文中所用的专业术语等。

实施结果不是系统说明书中的内容。

参考答案

（46）D

试题（47）

实体联系图中不包括　（47）　。

（47）A. 实体　　　　　　B. 联系　　　　　　C. 加工　　　　　　D. 属性

试题（47）分析

本题考查实体联系图的相关概念。

实体联系图又称 E-R 图，它提供了表示实体类型、属性和方法的方法，是一种用来描述现实世界的概念模型。

加工不属于实体联系图。

参考答案

（47）C

试题（48）

以下选项中，　(48)　不属于系统总体设计阶段的任务。

（48）A．系统类型　　　　B．代码设计　　　C．处理方式　　　D．数据存储

试题（48）分析

本题考查系统设计的内容。

系统设计包括总体设计和详细设计。总体设计的主要内容是完成对系统总体结构和基本框架的设计，包括系统总体布局设计和系统模块化结构设计；详细设计是为总体设计的框架添加血肉，一般包括代码设计、数据库设计、输入/输出设计、用户界面设计和处理过程设计等。

代码设计不属于总体设计。

参考答案

（48）B

试题（49）

以下选项中，　(49)　不属于软件系统结构设计的原则。

（49）A．分解-协调原则　　　　　　　　B．一致性原则

　　　C．自底向上原则　　　　　　　　D．信息隐藏原则

试题（49）分析

本题考查应试者对软件系统结构设计原则是否熟悉。

软件总体结构设计的主要任务是将整个系统合理划分为各个功能模块，正确地处理模块之间与模块内部的联系以及它们之间的调用关系和数据联系，定义各模块的内部结构等。总体结构设计的主要原则有：分解-协调原则、信息隐蔽和抽象的原则、自顶向下原则、一致性原则和面向用户原则。

自底向上原则不属于软件系统结构设计的原则。

参考答案

（49）C

试题（50）

数据库设计正确的步骤是　(50)　。

（50）A．用户需求分析→概念结构设计→逻辑结构设计→物理结构设计

　　　B．用户需求分析→逻辑结构设计→概念结构设计→物理结构设计

　　　C．用户需求分析→概念结构设计→物理结构设计→逻辑结构设计

　　　D．用户需求分析→物理结构设计→概念结构设计→逻辑结构设计

试题（50）分析

本题考查数据库设计流程的相关知识。

数据库的设计过程可以分为 4 个阶段，即用户需求分析、概念结构设计、逻辑结构设计和物理结构设计。用户需求分析是对现实世界的调查和分析；概念结构设计是从现实世界到信息世界的转换；逻辑结构设计是信息世界向数据世界的转化；物理结构设计是为数据选择合适的存储结构和存储方法。这四个阶段应按顺序进行，不可调换顺序。

参考答案

（50）A

试题（51）

优秀代码的特点不包括　（51）　。

（51）A．设计复杂　　B．容易修改　　C．运行效率高　　D．易于维护

试题（51）分析

本题考查对优秀代码的理解认识。

优秀代码的特点包括设计简单，容易修改，运行效率高和易于维护。

设计复杂不是优秀代码的特点。

参考答案

（51）A

试题（52）

以下选项中，　（52）　不属于系统测试的范畴。

（52）A．强度测试　　B．安全测试　　C．单元测试　　D．性能测试

试题（52）分析

本题考查系统测试过程中系统测试的相关概念。

系统测试是将已经确认的软件、计算机硬件、外设、网络等其他元素结合在一起，进行信息系统的各种组装测试和确认测试。其目的是通过与系统的需求相比较，发现所开发的系统与用户需求不符或矛盾的地方。常见的系统测试主要包括恢复测试、安全性测试、强度测试、性能测试、可靠性测试和安装测试。

单元测试是系统测试之前的一个测试，不属于系统测试的范畴。

参考答案

（52）C

试题（53）

以下选项中，　（53）　不属于逻辑覆盖的测试方法。

（53）A．语句覆盖　　B．功能覆盖　　C．条件覆盖　　D．路径覆盖

试题（53）分析

本题考查软件测试中逻辑覆盖的基本概念。

逻辑覆盖是以程序内部的逻辑结构为基础的测试技术。它考虑的是测试数据执行

（覆盖）程度的逻辑程度。根据覆盖情况的不同，逻辑覆盖可分为语句覆盖、判定覆盖、条件覆盖、判断/条件覆盖、多重覆盖、路径覆盖和循环覆盖。

根据如上描述，功能覆盖不属于逻辑覆盖的测试方法。

参考答案

（53）B

试题（54）

IT 系统管理工作的分类可以按系统类型和流程类型来分，如果按照系统类型来分，通常会分为四个类别，但不包括___（54）___。

（54）A．信息系统：企业的信息处理基础平台，直接面向业务部门（客户）

　　　B．网络系统：企业的基础架构，其他方面的核心支撑平台

　　　C．人员系统：企业的基础，各方面管理工作的执行者

　　　D．运作系统：企业 IT 运行管理的各类系统，IT 部门的核心管理平台

试题（54）分析

本题考查应试者对 IT 系统管理工作类别的认识。

信息系统管理可以按系统类型和流程类型来分类。其中，按照系统类型划分主要包括四点。

① 信息系统：企业的信息处理基础平台，直接面向业务部门（客户）。

② 网络系统：企业的基础架构，其他方面的核心支撑平台。

③ 运作系统：企业 IT 运行管理的各类系统，IT 部门的核心管理平台。

④ 设施及设备：设施及设备管理为保证计算机处于适合其连续工作的环境。

综上所述，可以看出此划分中没有人员系统的提法。

参考答案

（54）C

试题（55）

IT 系统运行过程中的关键操作、非正常操作、故障、性能监控、安全审计等信息应形成相应的系统运作报告，以利于分析并改进系统管理水平。下面选项中，不属于系统运作报告范围的是___（55）___。

（55）A．企业财务状况报告　　　　　　B．系统日常操作日志

　　　C．性能/能力规划报告　　　　　　D．安全审计日志

试题（55）分析

本题考查应试者对信息系统管理中的系统运作报告的理解。

IT 系统运行过程中的关键操作、非正常操作、故障、性能监控、安全审计等信息应形成相应的系统运作报告，以利于分析并改进系统管理水平。这些报告包括：系统日常操作日志、性能/能力规划报告、故障管理报告以及安全审计日志，没有专门针对企业财务状况的报告。

综上所述，可以看出无企业财务状况报告的提法。

参考答案

（55）A

试题（56）

IT 部门人员管理涉及的主要工作内容有三大方面，它不包括下列选项中的　（56）　。

（56）A．用户网络资源使用考核　　　　B．IT 组织及职责设计

　　　　C．IT 人员的教育与培训　　　　D．第三方/外包的管理

试题（56）分析

本题考查应试者对 IT 部门人员管理涉及的主要工作内容的理解。

IT 部门人员管理涉及的主要工作内容包括三个大的类别，分别是 IT 组织及职责设计、IT 人员的教育与培训和第三方/外包的管理，主要工作包括 IT 组织设计原则、IT 组织设计考虑的因素、IT 组织及职责设计、IT 人员的教育与培训、外包商的选择、外包合同管理及外包风险控制等。不涉及对用户网络资源使用考核的问题。

综上所述，用户网络资源使用考核不在 IT 部门人员管理要求之列。

参考答案

（56）A

试题（57）

IT 资源管理中的配置管理提供的有关基础架构的配置信息可以为其他服务管理流程提供支持。配置管理作为一个控制中心，其主要目标表现在四个方面，下列　（57）　不在这四个方面之列。

（57）A．计量所有 IT 资产

　　　B．为其他 IT 系统管理流程提供准确信息

　　　C．软件正确性管理

　　　D．验证基础架构记录的正确性并纠正发现的错误

试题（57）分析

本题考查应试者对 IT 资源管理中的配置管理的理解。

IT 资源管理中，配置管理作为一个控制中心，其主要目标表现在四个方面：①计量所有 IT 资产；②为其他 IT 系统管理流程提供准确信息；③作为故障管理、变更管理和新系统转换等的基础；④验证基础架构记录的正确性并纠正发现的错误。IT 资源管理不涉及软件正确性管理。

综上所述，软件正确性管理不在选项之列。

参考答案

（57）C

试题（58）

IT 资源管理中的软件管理涉及软件构件管理。软件构件是软件系统的一个物理单

元，它驻留在计算机中而不是只存在于系统分析员的脑海里。构件有一些基本属性，下列选项中，__（58）__不属于软件构件的基本属性。

（58）A．构件是可独立配置的单元，因此构件必须自包容

　　　　B．构件强调与环境和其他构件的分离，构件的实现是严格封装的

　　　　C．构件的测试是不需要进行黑盒测试的

　　　　D．构件可以在适当的环境中被复合使用，因此构件需要提供清楚的接口规范

试题（58）分析

本题考查应试者对 IT 资源管理中的软件管理涉及的软件构件管理内容的理解。

IT 资源管理中的软件管理涉及软件构件管理。软件构件是软件系统的一个物理单元，它驻留在计算机中而不是只存在于系统分析员的脑海里。像数据表、数据文件、可执行文件、动态链接库等都可以称为构件，构件的基本属性包括：①构件是可独立配置的单元，因此构件必须自包容；②构件强调与环境和其他构件的分离，构件的实现是严格封装的，外界没机会或没必要知道构件内部的实现细节；③构件可以在适当的环境中被复合使用，因此构件需要提供清楚的接口规范；④构件不应当是持续的，即构件没有个体特有的属性。构件的测试是不需要进行黑盒测试的不符合构件基本属性特征。

综上所述，构件的测试是不需要进行黑盒测试的，这不是软件构件的基本属性。

参考答案

（58）C

试题（59）

IT 资源管理中的网络资源管理涉及网络管理的五部分内容，下面__（59）__不属于这五部分内容。

（59）A．网络性能管理　　　　　　　　B．网络设备和应用配置管理

　　　　C．网络利用和计费管理　　　　　D．网络审计配置管理

试题（59）分析

本题考查应试者对 IT 资源管理中的网络资源管理内容的理解。

IT 资源管理中的网络资源管理涉及网络管理的五部分内容，包括网络性能管理、网络设备和应用配置管理、网络利用和计费管理、网络设备和应用故障管理以及安全管理。没有网络审计配置管理的提法，网络审计划分在网络审计支持里。

综上所述，网络审计配置管理不属于这五部分内容。

参考答案

（59）D

试题（60）

在网络资源管理中，识别网络资源是其重要的工作内容。下面选项中，__（60）__不属于网络资源。

（60）A．通信线路　　　B．通信服务　　　C．网络设备　　　D．厂房与场地

试题（60）分析

本题考查应试者对网络资源管理中的网络资源认知。

在对网络资源管理过程中，企业的网络资源通常包括四大类别：①通信线路；②通信服务；③网络设备故此题应选择；④网络软件。厂房与场地不在此四个分类中。

参考答案

（60）D

试题（61）

数据管理中的安全性管理是数据生命周期中的一个比较重要的环节。要保证数据的安全性，须保证数据的保密性和完整性。下列选项中，__（61）__不属于数据安全性管理的特性。

（61）A. 用户登录时的安全性　　　　B. 数据加工处理的算法

　　　　C. 网络数据的保护　　　　　　D. 存贮数据以及介质的保护

试题（61）分析

本题考查应试者对数据管理中的安全性管理内容的理解。

数据的安全性管理目的是增强用户对数据使用的合法性和有效性，在进行数据输入和存取控制的时候，企业必须首先保证输入数据的合法性，保证数据的保密性和完整性。所以数据的安全性管理主要表现在五个方面：①用户登录时的安全性；②网络数据的保护；③存贮数据以及介质的保护；④通信的安全性；⑤企业和 Internet 网的单点安全登录。

综上所述，数据加工处理的算法不属于数据安全性管理特性。

参考答案

（61）B

试题（62）

通信应急设备管理中，应该注意企业网络环境的布线问题，企业局域网应进行结构化布线，结构化布线系统由六个子系统组成。下面__（62）__不属于这六个子系统。

（62）A. 水平子系统　　B. 垂直子系统　　C. 建筑群子系统　　D. 输出子系统

试题（62）分析

本题考查应试者对 IT 资源管理中企业网络环境的布线的认识。

企业局域网应进行结构化布线，结构化布线系统通常由六个子系统组成。它们是：①工作区子系统；②水平子系统；③主干子系统；④设备室子系统；⑤建筑群子系统；⑥管理子系统。

这些子系统划分中，没有专设输出子系统。

参考答案

（62）D

试题（63）

在故障管理中，有三个描述故障的特征，下列___（63）___不属于这三个特征。

（63）A. 影响度　　　B. 紧迫性　　　C. 优先级　　　D. 处理方法

试题（63）分析

本题考查应试者对故障管理中的故障特征的认识。

在故障管理中，三个描述故障的特征联系紧密而又相互区分，它们分别是：①衡量故障影响业务大小程度的指标——影响度；②评价故障和问题危机程度的指标——紧迫性；③根据影响程度和紧急程度而制定的处理故障的先后次序的优先级。处理方法不在故障特征之列。

综上所述，描述故障特征中没有处理方法。

参考答案

（63）D

试题（64）

错误控制是管理、控制并成功纠正已知错误的过程，它通过变更请求向变更管理部门报告需要实施的变革，确保已知错误被完全消除，避免再次发生故障。错误控制的过程中不包括下列___（64）___的工作内容。

（64）A. 无负载加载启动　　　　　　B. 发现和记录错误

　　　　C. 记录错误解决过程　　　　　D. 跟踪监督错误解决过程

试题（64）分析

本题考查应试者对故障及问题管理中的错误控制过程的理解。

错误控制是管理、控制并成功纠正已知错误的过程，它通过变更请求向变更管理部门报告需要实施的变革，确保已知错误被完全消除，避免再次发生故障。错误控制的过程中包括：①发现和记录错误；②评价错误；③记录错误解决过程；④终止错误；⑤跟踪监督错误解决过程。错误控制过程中没有无负载启动这样的工作内容。

参考答案

（64）A

试题（65）

信息系统管理中的安全管理涉及安全管理措施的制定，信息系统的安全保障能力取决于信息系统所采取的安全管理措施的强度和有效性。这些措施可以按五个层面划分，下列___（65）___不在这五个层面的划分之列。

（65）A. 安全设备　　　B. 安全策略　　　C. 安全组织　　　D. 安全人员

试题（65）分析

本题考查应试者对安全管理措施的理解。

信息系统的安全保障能力取决于信息系统所采取的安全管理措施的强度和有效性。这些措施可以按五个层面划分：①安全策略；②安全组织；③安全人员；④安全技术；

⑤安全运作。不涉及具体设备。

综上所述，安全管理措施的五个层面中没有具体的安全设备要求。

参考答案

（65）A

试题（66）

计算机系统性能评价技术是按照一定步骤，选用一定的度量项目，通过建模和实验，对计算机的性能进行测试并对测试结果作出解释的技术。在系统性能的评价方法中，最直接最基本的方法是测量法，使用测量法需解决三类问题，下列选项中，　　（66）　　不属于要解决问题。

（66）A．选择测量时的工作负载

　　　　B．选择测量的方法和工具

　　　　C．运行周期降到最低限度

　　　　D．根据系统评价目的和需求，确定测量的系统参数

试题（66）分析

本题考查应试者对性能及能力管理中的方法和工具的认知及理解。

在系统性能的评价方法中包括模型法和测量法，最直接最基本的方法是测量法，使用测量法需解决三类问题：①将根据系统评价目的和需求，确定测量的系统参数；②选择测量的方法和工具；③选择测量时的工作负载。它不涉及运行周期降低程度问题。

综上所述，使用测量法需解决三类的问题中不涉及运行周期降低程度。

参考答案

（66）C

试题（67）

信息系统的技术性能评价包括六方面内容，　　（67）　　不属于信息系统技术性能评价的内容。

（67）A．系统离线磁带备份的能力　　　　B．系统的总体技术水平

　　　　C．系统的功能覆盖范围　　　　　　D．信息资源开发和利用的范围和深度

试题（67）分析

本题考查应试者对信息系统的技术性能评价内容的理解。

信息系统的技术性能评价内容包括六个方面：①系统的总体技术水平；②系统的功能覆盖范围；③信息资源开发和利用的范围和深度；④系统质量；⑤系统安全性；⑥系统文档资料的规范、完备与正确程度。由于是系统的技术性能评价，不涉及具体的系统离线磁带备份的能力。

综上所述，系统离线磁带备份的能力不在要求评价内容范围之列。

参考答案

（67）A

试题（68）

利用不同基准测试程序对计算机系统进行测试可能会得到不同的性能评价结果，对这些评价结果进行统计和比较分析，可以得到较为准确的接近实际的结果。在性能评价中，持续性能最能体现系统的实际性能。下列选项中，___(68)___ 不是常用的表示持续性能的计算方法。

(68) A. 几何性能平均值 G_m　　　　　B. 算术性能平均值 A_m

　　　C. 卷积性能平均值 C_m　　　　　D. 调和性能平均值 H_m

试题（68）分析

本题考查应试者对性能及能力管理中评价结果的统计与比较内容的理解。

性能及能力管理中，性能评价的结果通常有两个指标，峰值性能和持续性能，持续性能常用的三种平均值计算方法是：①算术性能平均值；②几何性能平均值；③调和性能平均值。对评价结果进行统计和比较分析的常用计算方法中没有使用卷积处理方法。

综上所述，由于卷积性能平均值计算不是持续性能常用的三种平均值计算方法。

参考答案

(68) C

试题（69）

在能力管理活动中，能力数据库是成功实施能力管理流程的基础。该数据库中的数据被所有能力管理的子流程存储和使用，因为该数据库中包含了各种类型的数据。下列数据选项中，___(69)___ 不在这些数据类型之列。

(69) A. 业务数据　　　　　　　　　B. 服务数据

　　　C. 技术数据　　　　　　　　　D. 浮点型数据

试题（69）分析

本题考查应试者对能力管理活动中的能力数据库内容的理解。

能力数据库是成功实施能力管理流程的基础。该数据库中的数据被所有能力管理的子流程存储和使用，因为该数据库中包含了各种类型的数据，即业务数据、服务数据、技术数据、财务数据和应用数据。这里的数据类型是按照系统大类别的抽象层次划分的，不涉及具体实现环境的细节数据类型。

综上所述，浮点型数据不是此处数据类型划分的类型。

参考答案

(69) D

试题（70）

信息系统评价中，系统的质量评价需要定出质量的指标以及评定优劣的标准。对管理信息系统的质量评价而言，其特征和指标通常包含九个方面。下列选项 ___(70)___ 不在这九项之列。

(70) A. 输出数据格式是否规范　　　B. 系统对用户和业务需求的相对满意程度

C．系统的开发过程是否规范　D．系统运行结果的有效性和可行性

试题（70）分析

本题考查应试者对信息系统评价中的运行质量评价标准内容的理解。

对管理信息系统的质量评价而言，其特征和指标通常包含九个方面：①系统对用户和业务需求的相对满意程度；②系统的开发过程是否规范；③系统的先进性、有效性和完备性；④系统的性能、成本、效益综合比；⑤系统运行结果的有效性和可行性；⑥结果是否完整；⑦信息资源利用率；⑧提供信息的质量如何；⑨系统实用性。这些特征和指标中没有输出数据格式是否规范这一要求。

综上所述，输出数据格式是否规范不属于管理信息系统质量评价中的特征和指标要求。

参考答案

（70）A

试题（71）～（75）

Because the Internet __（71）__ computers all over the world, any business that engages in electronic commerce instantly becomes an international business. One of the key issues that any company faces when it conducts international commerce is trust.

It is important for all businesses to establish __（72）__ relationships with their customers. Companies with established reputations in the physical world often create trust by ensuring that customers know who they are. These businesses can rely on their __（73）__ brand names to create trust on the Web. New companies that want to establish online businesses face a more difficult __（74）__ because a kind of anonymity(匿名) exists for companies trying to establish a Web presence.

Because Web site visitors will not become customers unless they trust the company behind the site, a plan for establishing __（75）__ is essential. Customers' inherent lack of trust in "strangers" on the Web is logical and to be expected; sellers on the Web cannot assume that visitors will know that the site is operated by a trustworthy business.

（71）A．establishes　　B．includes　　　C．engages　　　D．connects
（72）A．accepting　　　B．trusting　　　C．believing　　　D．real
（73）A．own　　　　　B．registered　　　C．established　　D．online
（74）A．debate　　　　B．problem　　　C．way　　　　　D．challenge
（75）A．credibility　　B．infrastructure　C．quality　　　　D．capability

参考译文

由于因特网连接着世界各地的计算机，任何从事电子商务的企业都将立即成为一家国际企业。任何公司在开展国际商务时都面临的一个关键问题是信任。

对所有企业来说，与客户建立起信任关系是很重要的。在物理世界中拥有良好声誉的公司通常会通过确保客户知道他们是谁来建立信任。这些企业可以依靠已建立的品牌

名称在网络上建立信任。希望建立在线业务的新公司面临更大的挑战，原因是试图建立网络存在的公司存在一种匿名性。

　　网站访问者不会成为客户，除非他们相信网站背后的公司，因此建立可信度的计划至关重要。客户对网络上"陌生人"的固有缺乏信任是合乎逻辑的，也是可以预料的。网站上的卖家不能假设访问者会知道该网站是由值得信赖的企业所运营的。

参考答案

　　（71）D　　（72）B　　（73）C　　（74）D　　（75）A

第12章　2018上半年信息系统管理工程师 下午试题分析与解答

试题一（共15分）

阅读以下说明，回答问题1至问题4，将解答填入答题纸的对应栏内。

【说明】

某集团公司拥有多个大型超市，为了方便集团公司对超市的各项业务活动进行有效管理，公司决定构建一个信息系统以满足公司的业务管理需求。

【需求分析】

1. 超市需要记录的信息包括超市编号、超市名称、经理号（参照员工关系的员工号）、联系地址和电话。超市编号唯一标识超市信息中的每一个元组；每个超市只有一名经理，负责该超市的管理工作；每个超市包含有不同的部门（如：财务部、采购部、销售部等）。

2. 部门需要记录的信息包括部门号、部门名称、超市编号、主管号（参照员工关系的员工号）、电话和位置分布（如：超市一层、超市二层、超市负一层等），部门号唯一标识部门信息中的每一个元组。每个部门只有一名主管，负责部门的工作。每个部门有多名员工处理日常事务，每名员工只能隶属于一个部门。

3. 员工需要记录的信息包括员工号、姓名、隶属部门（参照部门关系的部门号）、岗位，电话号码和基本工资。其中，员工号唯一标识员工信息中的每一个元组；岗位包括：经理、主管、理货员、收银员等。

【概念模型设计】

根据需求阶段收集的信息，设计的实体联系图和关系模式（不完整）如图1-1所示。

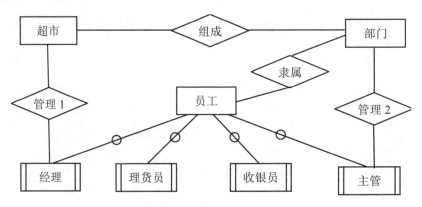

图1-1　实体联系图

【关系模式设计】

超市（超市编号，超市名称，__(a)__，联系地址，电话）

部门（部门号，部门名称，__(b)__，电话，__(c)__，位置分布）

员工（员工号，姓名，__(d)__，岗位，电话，基本工资）

【问题 1】（4 分）

根据题意，将以上关系模式中的空（a）～（d）的属性补充完整，并填入答题纸对应的位置上。

【问题 2】（4 分）

请根据以上需求分析，结合图 1-1 所示的实体联系图按以下描述确定联系类型并填入答题纸对应的位置上。

超市与部门之间的"组成"联系类型为__(e)__；

超市与经理之间的"管理 1"联系类型为__(f)__；

部门与主管之间的"管理 2"联系类型为__(g)__；

部门与员工之间的"隶属"联系类型为__(h)__。

【问题 3】（5 分）

（1）部门关系的主键为__(i)__，部门关系的外键为__(j)__、__(k)__。

（2）员工关系的主键为__(l)__，员工的外键为__(m)__。

【问题 4】（2 分）

假设集团公司要求系统能记录部门历任主管的任职时间和任职年限，请问"在数据库设计时需要增设一个实体"的说法是否正确？为什么？

试题一分析

本题考查数据库系统中实体联系模型（E-R 模型）和关系模式设计方面的基础知识。

【问题 1】

根据需求分析 1. 超市需要记录的信息包括超市编号、超市名称、经理号、联系地址和电话，空（a）应填写"经理号"。

根据需求分析 2. 部门需要记录的信息包括部门号、部门名称、主管号（参照员工关系的员工号）、电话、超市编号和位置分布，空（b）应填写"主管号"，空（c）应填写"超市编号"。

根据需求分析 3. 员工需要记录的信息包括员工号、姓名、隶属部门、岗位、电话号码和基本工资，空（d）应填写"隶属部门"。

【问题 2】

根据需求分析 1.所述"每个超市包含有不同的部门（如财务部、采购部、销售部等）"，故超市与部门之间的"组成"联系类型为 1:*。

　　根据需求分析 1.所述"每个超市只有一名经理，负责该超市的管理工作"，超市与经理之间的"管理 1"联系类型为 1:1。

　　根据需求分析 2.所述"每个部门只有一名主管，负责部门的业务管理工作"，故部门与主管之间的"管理 2"联系类型为 1:1 的。

　　根据需求分析 2.所述"每个部门有多名员工处理日常事务，每名员工只能隶属于一个部门"，故部门与员工之间的"隶属"联系类型为 1:*（一对多）。

　　根据上述分析，完善图 1-1 所示的实体联系图如图 1-2 所示。

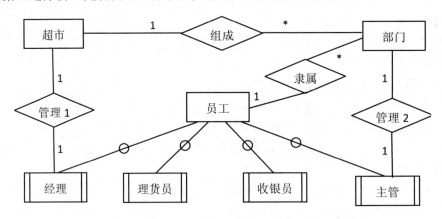

图 1-2　完善的实体联系图

【问题 3】

　　根据题干 2. 所述"部门号唯一标识部门信息中的每一个元组"，部门关系的主键为部门号。由于部门感谢中的"主管号"必须参照员工关系的员工号，"超市编号"必须参照超市关系的超市编号，故部门关系的外键为主管号、超市编号。

　　根据题干 3. 所述"员工号唯一标识员工信息中的每一个元组"，故员工关系的主键为员工号；又由于隶属部门必须参照部门关系的部门号，故员工关系的外键为隶属部门。

【问题 4】

　　如果需要系统能记录部门历任主管的任职时间，那么"在数据库设计时需要增设一个实体"的说法是正确的。因为部门与历任主管之间的联系类型是*:*的，必须建立一个独立的关系模式，该模式为（部门号，历任主管，任职时间）。

参考答案

【问题 1】

　　（a）经理号或员工号

　　（b）主管号或员工号

　　（c）超市编号

　　（d）隶属部门或部门号

【问题 2】

　　（e）1: *

　　（f）1:1

　　（g）1:1

　　（h）1: *

【问题 3】

　　（1）（i）部门号

　　　　　（j）主管号或员工号

　　　　　（k）超市编号

　　注：（j）、（k）可互换。

　　（2）（l）员工号

　　　　　（m）隶属部门或部门号

【问题 4】

　　正确。集团公司要求系统能记录部门历任主管的任职时间和任职年限，而部门与历任主管之间的联系类型是*:*的必须建立一个独立的关系模式，该模式的属性由两端的码加上联系的属性构成。

试题二（共 15 分）

　　阅读以下说明，回答问题 1 至问题 3，将解答填入答题纸的对应栏内。

【说明】

　　某大型企业由于员工人数多，为了便于管理拟在人力资源管理系统平台上增加考勤管理、系统管理和预警管理 3 个子系统，目的是帮助企业管理者通过有效组织管理降低成本和加速增长来创造价值链利润。经过招标，将该项目交给 M 公司张工主管的项目组进行设计和测试。

【需求分析】

　　需求调研与分析的结果如下。

　　（1）考勤管理子系统由企业各个部门分别负责，并将考勤情况按月及年统计上报。

　　（2）预警管理子系统由人事科负责，如：合同续签提醒、员工转正提醒等功能。

　　（3）系统管理子系统由系统管理员负责，管理员可以进行在线用户查看、设置用户权限，还可通过业务监控台查看系统中所有工作流业务的运行状态。

　　根据企业的业务流程，项目组将考勤管理、预警管理和系统管理功能模块中应包含的功能列表如表 2-1 所示。

表 2-1　功能列表

序号	功　　能	序号	功　　能
1	劳动合同期满提醒	9	考勤登记（如事假、公差、旷工等）
2	考勤查询	10	员工生日提醒
3	合同续签提醒	11	加班登记
4	员工转正提醒	12	业务监控台
5	系统日志管理	13	权限设置
6	在线用户查看	14	数据恢复
7	调休申请	15	调班登记
8	数据备份	16	考勤统计

【问题 1】（8 分）

请将表 2-1 中序号为 1～16 的功能模块区分出来，分别归入考勤管理、预警管理和系统管理中，并填入答题纸对应的位置上。

（1）考勤管理包含的功能：_____。

（2）预警管理包含的功能：_____。

（3）系统管理包含的功能：_____。

【问题 2】（4 分）

在张工主管的项目组，每当完成一个模块的设计后，就需要对该模块进行测试。该项目组应该从　（1）　、　（2）　、重要的执行路径、　（3）　和　（4）　五个方面入手进行测试。

（1）～（4）的备选答案：

　　A．模块接口　　　　　B．可移植性　　　　　C．局部数据结构

　　D．出错处理　　　　　E．边界条件　　　　　F．全局数据结构

【问题 3】（3 分）

企业提出在保证系统安全的基础上，允许员工查询个人考勤、工资等信息。为此，张工提出了如下两种方案，请比较分析这两种方案的利弊。

方案 1：将权限设置下放，由部门管理员为部门员工设置查询权限。

方案 2：建立关系模式（岗位，权限），由系统管理员按岗位赋予不同权限。

试题二分析

【问题 1】

根据题意，考勤管理包含的功能有考勤查询、调休申请、考勤登记、加班登记、调班登记、考勤统计；预警管理包含的功能有劳动合同期满提醒、合同续签提醒、员工转正提醒、员工生日提醒。系统管理包含的功能有系统日志管理、在线用户查看、数据备份、业务监控、权限管理、数据恢复。

【问题 2】

模块测试也称为单元测试（Unit Testing），通常在编码阶段进行，是软件测试的最

基本的部分。主要从模块的五个方面进行检查，即模块接口、局部数据结构、重要的执行路径、出错处理和边界条件。

【问题 3】

方案 1 与方案 2 相比安全低，因为一旦将权限设置下放到部门意味着部门管理员具备了系统管理员的权力，安全的可控性降低。

方案 2 按企业员工所在岗位赋予不同的权限，系统可以通过建立权限关系模式，即权限（岗位，权限），由系统管理员为不同岗位赋予不同权限。这样不但保证数据的安全，而且还能保证权限信息的一致性，因为岗位调整其权限自然就变化了。

参考答案

【问题 1】

（1）考勤查询、调休申请、考勤登记、加班登记、调班登记、考勤统计

　　或　2、7、9、11、15、16

（2）劳动合同期满提醒、合同续签提醒、员工转正提醒、员工生日提醒

　　或　1、3、4、10

（3）系统日志管理、在线用户查看、数据备份、业务监控台、权限管理、数据恢复

　　或　5、6、8、12、13、14

【问题 2】

（1）A 或 模块接口

（2）C 或 局部数据结构

（3）D 或 出错处理

（4）E 或 边界条件

注：（1）～（4）答案可互换。

【问题 3】

方案 1 与方案 2 相比安全低（或答方案 2 与方案 1 相比安全高）。因为一旦将权限设置下放到部门意味着部门管理员具备了系统管理员的权力，安全可控性降低。方案 2 不但保证数据的安全，而且还能保证权限信息的一致性，因为岗位调整其权限自然就变化了。

试题三（共 15 分）

阅读以下说明，回答问题 1 至问题 3，将解答填入答题纸的对应栏内。

【说明】

某企业的 IT 部门为了细化工作分工，理顺管理流程，安排工程师小张负责本企业的网络硬件及相关设施管理。小张在明确了工作范围后，对工作内容做了初步规划，列出了以下三项主要工作。

（1）对网络硬件设备进行统计，登记各部门的设备并检查设备管理情况。

（2）通过对比企业网络配置连接图，对网络设备的配置进行梳理，对用户的访问权限进行确认。

（3）对网络运行涉及的相关设施的安全和运行情况进行检查。

请结合自己的工作实际，回答以下问题。

【问题 1】（6 分）

简要说明硬件设备管理应遵循的基本要求。

【问题 2】（5 分）

从 ISO 网络管理模型的角度，简要说明网络管理包括哪些方面。

【问题 3】（4 分）

简要说明与网络相关的设施管理包括哪些内容。

试题三分析

本题考查 IT 资源管理的相关内容，IT 资源包括硬件管理、软件管理、数据管理、网络管理、设施及设备管理等内容。从题目的描述来看，工程师小张主要从事的是硬件资源和网络资源以及相关设施的管理。

【问题 1】

进行 IT 资源的管理，首先是识别企业待管理的硬件有哪些？搞清楚企业有哪些硬件设备，那些设备需要管理。这就是小张进行的工作的一个重点内容。在此基础上，设备管理基本要求包括以下几个方面。

（1）所有硬件设备必须由专人负责管理，管理员必须定期对各种设备进行清理检查，确保设备处于正常使用状态；用电设备要按时进行线路检查，防止漏电、打火现象，确保设备、库房的安全，对故障设备应随时登记，并及时向上级汇报妥善处理。

（2）所有硬件应该严格遵循部门制定的硬件管理条例，例如：一律不得擅自外借或者挪作他用，非本部门人员未经许可不得擅自使用本部门的设备等。

（3）硬件设备在平时应该定期进行清点和检测，发现问题的应该及时进行处理。硬件系统应该定期进行备份，备份的硬盘要妥善保管、做好标签，以防止数据丢失，各种设备使用说明、保修卡、用户手册等也应该妥善保管。

【问题 2】

网络管理包含五个部分：网络性能管理、网络设备和应用配置管理、网络利用和计费管理、网络设备和应用故障管理以及安全管理。ISO 包含的这五部分概念性定义如下。

（1）性能管理。衡量即利用网络性能，实现网络性能监控和优化。

（2）配置管理。监控网络和系统配置信息，从而可以跟踪和管理各个版本的硬件和软件元素的网络操作。

（3）计费管理。衡量网络利用、个人或者小组网络活动，主要负责网络使用规则和账单等。

（4）故障管理。负责监测、日志、通告用户自动解决网络问题，以确保网络高效运行。

（5）安全管理。控制网络资源访问权限，确保网络不会遭到未授权用户的破坏等。

【问题 3】

　　网络相关设施和设备包括为了保障网络正常运行而提供必要保证的设施和设备。包括电源设备管理、机房空调设备管理、通信应急设备的管理（主要指在特殊危急时刻能保障网络通信的正常进行，结构化的布线系统）、楼宇管理、防护设备管理以及信息安全标准等方面的内容。

参考答案

【问题 1】

　　（1）硬件设备必须由所在部门专人负责管理

　　（2）硬件设备遵循部门制定的硬件设备管理条例

　　（3）硬件设备应定时清点和检测

【问题 2】

　　（1）性能管理

　　（2）配置管理

　　（3）计费管理

　　（4）故障管理

　　（5）安全管理

【问题 3】

　　（1）电源设备管理

　　（2）空调设备管理

　　（3）网络应急设备管理

　　（4）楼宇管理

　　（5）防护设备管理

　　（6）信息安全设施标准化管理

试题四（共 15 分）

　　阅读以下说明，回答问题 1 至问题 3，将解答填入答题纸的对应栏内。

【说明】

　　在系统投入正常运行之后，系统就进入了运行与维护阶段，要保证系统正常而可靠的运行，维护要有计划有组织的对系统进行必要的改动，以确保系统的各个要素随着环境的变化始终处于最新的和正确的工作状态。

　　某高校实验中心因职能调整，需要在 OA 办公系统中增加提供技术服务的业务流程。该校 IT 部门对此制订了相应的维护计划，组织了维护工作的实施。请结合系统维护的相关要求，回答下列问题。

【问题 1】（6 分）

　　请根据上述说明，在制订维护计划之前需要考虑哪些因素？

【问题2】（4分）

请用给出的选项补充完善如图 4-1 所示系统维护工作程序。

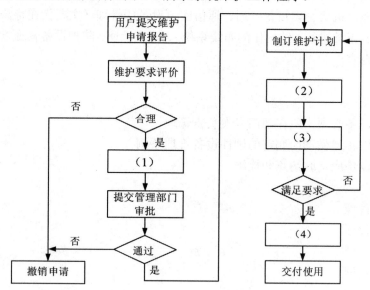

图 4-1　系统维护工作程序

（1）～（4）的备选答案：

A．用户及管理部门审核　　B．维护经费预算　　C．进行维护并测试

D．编制维护报告　　E．更新系统文档

【问题3】（5分）

（1）按照维护具体目标可以将维护分成哪几类？

（2）指出本案例中的维护工作属于哪一类？

试题四分析

本题考查系统维护的相关知识。

此类题目要求考生了解维护计划的制定、维护程序的实施以及维护工作的基本分类等基础知识，并能将基本理论与维护工作的实际情况结合，熟练运用。

【问题1】

系统的维护工作不仅范围很广，而且影响因素多。因此，在设计维护计划之前，需要考虑下列三个方面的因素。

（1）维护的背景。包括系统当前的情况、维护的对象、维护工作的复杂性与规模。

（2）维护工作的影响。包括对新系统目标的影响、对当下工作进度的影响、对本系统其他部分的影响、对其他系统的影响。

（3）资源的要求。包括对维护提出的时间要求、维护所需费用、维护所需的工作人员等。

【问题 2】

系统维护工作的主要过程描述如下：

执行维护工作的过程从用户提出"维护申请报告"开始，维护管理员要根据用户提交的申请，召集相关人员对申请内容进行审核，情况属实就按照维护的性质、内容、预计工作量等内容编制维护报告，提交管理部门审批。

管理部门从整个系统出发，从合理性和技术可行性方面对维护报告进行分析与审查，对于不妥的维护要求，在与用户协商的条件下予以修改或者撤销。

通过审批的维护报告，由维护管理员根据具体情况指定维护计划。对于纠错性维护，可以根据影响程度进行安排，立即开始或者结合其他项目统筹安排。维护管理员将维护计划下达给系统管理员。系统管理员要根据单位的实际情况制定实施计划，计划维护工作的具体实施步骤的细节，然后开始具体的维护工作，修改内容要经过测试与管理部门的审核确认，只有经过确认的维护成果才能对系统进行相应的文档更新，最后交付用户使用。

【问题 3】

按照维护的具体目标可将将维护工作分为以下四类。

（1）完善性维护，即在应用软件系统使用期间为了不断改善和加强系统的功能和性能，以满足用户日益增长的需求进行的维护性工作。

（2）适应性维护，即指为了让应用软件系统适应运行环境的变化而进行的维护活动。

（3）纠错性维护，即纠正在开发期间未能发现的遗留错误。

（4）预防性维护，即维护人员不是被动的等待用户提出要求，而是主动选择那些有较长使用寿命的部分加以维护。

本题涉及的维护是适应性维护。

参考答案

【问题 1】

（1）维护背景

（2）维护工作的影响

（3）资源的要求

【问题 2】

（1）D

（2）C

（3）A

（4）E

【问题 3】

（1）完善性维护、适应性维护、纠错性维护、预防性维护

（2）适应性维护

试题五（共 15 分）

阅读以下说明，回答问题 1 至问题 3，将解答填入答题纸的对应栏内。

【说明】

在信息系统管理中，访问控制是保障信息安全的主要措施，通过访问控制可以防止对计算机及计算机系统进行非授权的访问和存取，避免因越权操作导致泄密事件的发生。审计日志是信息安全事件追查的依据和线索，企业如果发生信息系统安全事件，通过审计日志可以排查责任，降低安全事件造成的损失。

前不久，某企业由于系统维护需要，在一段时间内有多家技术支持厂商在同一台计算机上进行了系统维护操作，由于该企业没有设置适当的权限并忽视了审计环节，也没有及时对该计算机日志进行维护，致使该计算机上的一份重要文件泄漏，因缺少证据和线索，无法对该事件进行追查。

请结合上述案例，从系统维护、权限管理以及信息安全防范的角度回答下列问题。

【问题 1】（6 分）

根据上述说明，对访问和使用该计算机的人员应采取哪些安全措施？

【问题 2】（6 分）

针对本案例，为避免再次发生无从追责的情况，应如何进行权限管理和日志审计？

【问题 3】（3 分）

运行管理是实现动态安全的关键环节，请简要说明运行管理的主要内容。

试题五分析

本题考查信息系统安全的相关知识，通过一个缺乏访问控制安全管理的维护工作的案例导致的信息泄密事件来考察考生对相关信息安全概念的理解和实际运用能力。

【问题 1】

对访问和使用该计算机的人员采取的措施包含两个方面的含义，其一是对访问和使用该计算机的人员可以采用的访问控制策略，简单说就是对用户进行授权和验证，例如说设置用户名、密码等；其二是对用户的操作进行的访问控制，就是对用户的操作或者说存取进行限制，例如说用户进入系统以后，对于文件程序类的资源进行读、写、创建、删除、修改等进行控制。

【问题 2】

为了确保安全责任的落实，从权限管理和日志审计的角度避免再次发生安全责任事件。结合本案例，首先要做到的就是从源头即从业务系统中启用权限管理，做到不同用户访问系统使用不同的账户和口令，禁止共用账户和口令；其次是要开启操作系统、应用系统的审计功能，确保用户的每一步操作都要产生日志记录，每一步操作都是可追溯。

【问题 3】

在本案例中，安全管理措施出现问题，本质上也是信息系统的运行管理出现了问题。运行管理是实现全网安全和动态安全的关键，有关的信息安全政策、计划和管理手段最终都会在运行管理机制上体现出来。一般来说，运行管理包括以下三个方面。

（1）出入管理。根据安全等级和涉密范围进行区分和控制，对人员的进入和离开以及进入的理由进行登记等限制措施。

（2）终端管理。通过终端管理对软硬件资源进行有效地管理，对应各种紧急情况的发生，不让终端处于失控状态。终端管理包括三个模块，分别是事件管理、配置管理与软件分发管理。

（3）信息管理。要对所有信息进行管理，提供信息分类和控制，健全信息管理的内容，在本案例中就包括对机密数据的特别处理流程，数据的管理职责、数据的保存期限和销毁方法等。

参考答案

【问题 1】

（1）对用户授权与验证限制访问。

（2）通过存取控制来限制进入系统的用户所能做的操作。

【问题 2】（6 分）

（1）加强各业务系统的权限管理，用户权限管理到人，要禁止共用账户和口令。

（2）开启操作系统、应用系统的审计功能，确保操作人员的每一步操作内容可追溯。

【问题 3】（3 分）

（1）出入管理，落实人员进出区域、时间的审批与登记制度。

（2）终端管理，包括事件管理、配置管理和软件分发管理。

（3）信息管理，运行管理过程中，要将信息进行分类与控制。